新时代财富管理研究文库

Study on philanthropy in modern Yantai

烟台慈善事业研究

魏春洋　王湘越／著

经济管理出版社
ECONOMY & MANAGEMENT PUBLISHING HOUSE

图书在版编目（CIP）数据

烟台慈善事业研究/魏春洋，王湘越著 . —北京：经济管理出版社，2023.9
ISBN 978-7-5096-9242-4

Ⅰ.①烟⋯　Ⅱ.①魏⋯ ②王⋯　Ⅲ.①慈善事业—发展—研究—烟台　Ⅳ.①D632.1

中国国家版本馆 CIP 数据核字（2023）第 177961 号

组稿编辑：赵天宇
责任编辑：赵天宇
责任印制：黄章平
责任校对：蔡晓臻

出版发行：经济管理出版社
　　　　　（北京市海淀区北蜂窝 8 号中雅大厦 A 座 11 层　100038）
网　　　址：www. E-mp. com. cn
电　　　话：（010）51915602
印　　　刷：唐山玺诚印务有限公司
经　　　销：新华书店
开　　　本：720mm×1000mm/16
印　　　张：19
字　　　数：384 千字
版　　　次：2023 年 10 月第 1 版　　 2023 年 10 月第 1 次印刷
书　　　号：ISBN 978-7-5096-9242-4
定　　　价：88.00 元

"新时代财富管理研究文库"总序

我国经济持续快速发展，社会财富实现巨量积累，财富管理需求旺盛，财富管理机构、产品和服务日渐丰富，财富管理行业发展迅速。财富管理实践既为理论研究提供了丰富的研究素材，同时也越发需要理论的指导。

现代意义上的财富管理研究越来越具有综合性、跨学科特征。从其研究对象和研究领域看，财富管理研究可分为微观、中观、宏观三个层面。微观层面，主要包括财富管理客户需求与行为特征、财富管理产品的创设运行、财富管理机构的经营管理等。中观层面，主要包括财富管理行业的整体性研究、基于财富管理视角的产业金融和区域金融研究等。宏观层面，主要包括基于财富管理视角的社会融资规模研究、对财富管理体系的宏观审慎监管及相关政策法律体系研究，以及国家财富安全、全球视域的财富管理研究等。可以说，财富管理研究纵贯社会财富的生产、分配、消费和传承等各个环节，横跨个人、家庭、企业、各类社会组织、国家等不同层面主体的财富管理、风险防控，展现了广阔的发展空间和强大的生命力。在国家提出推动共同富裕取得更为明显的实质性进展的历史大背景下，财富管理研究凸显出更加重要的学术价值和现实意义。"新时代财富管理研究文库"的推出意在跟踪新时代下我国财富管理实践发展，推进财富管理关键问题研究，为我国财富管理理论创新贡献一份力量。

山东工商学院是一所以经济、管理、信息学科见长，经济学、管理学、理学、工学、文学、法学多学科协调发展的财经类高校。学校自 2018 年第三次党代会以来，立足办学特点与优势，紧密对接国家战略和经济社会发展需求，聚焦财商教育办学特色和财富管理学科特色，推进"学科+财富管理"融合发展，构建"素质+专业+创新创业+财商教育"的复合型人才培养模式，成立财富管理学院、公益慈善学院等特色学院和中国第三次分配研究院、共同富裕研究院、中国艺术财富高等研究院、黄金财富研究院等特色研究机构，获批慈善管理本科专业，深入推进财富管理方向研究生培养，在人才培养、平台搭建、科学研究等方面有了一定的积累，为本文库的出版奠定了基础。

未来，山东工商学院将密切跟踪我国财富管理实践发展，不断丰富选题，提高质量，持续产出财富管理和财商教育方面的教学科研成果，把"新时代财富管理研究文库"和学校 2020 年推出的"新时代财商教育系列教材"一起打造成为姊妹品牌和精品项目，为中国特色财富管理事业持续健康发展做出贡献。

前　言

近代烟台于 1861 年开埠，是山东第一个对外通商口岸，一直到青岛和济南开埠（分别为 1897 年、1904 年），"山东一省惟烟台，而迄西两千余里无闻焉。奉天一省惟牛庄。而迄东千余里无闻焉。故是时烟台商务。西可由陆以达济南之西，北可由帆船而达于金复安东诸处。号称极盛"。① 与经济发展相适应，从清末到民国，烟台慈善业一直是山东慈善之先进。因此，研究近代烟台不同历史时期的各类慈善救济活动，找出其演变的内在规律，对今后烟台慈善事业的发展无疑具有极为重要的意义。

一、学术价值和现实意义

《烟台慈善事业研究》是一部区域性慈善通史，有着极为重要的学术价值和现实意义。

首先，本书能丰富中国慈善史的内容。目前，学术界在中国慈善史研究的方面，无论是慈善组织、慈善人物、思想、慈善法制、义赈、灾荒，还是救济研究都取得了丰富的研究成果。在区域慈善史方面研究成果也更加丰富，如研究山东慈善的著作《山东慈善史》《青岛慈善史》已出版，但作为近代山东乃至中国慈善事业重要的一部分的烟台慈善史至今无人进行系统、全面的梳理和分析。本书作为一部烟台慈善通史，找出其演变的内在联系和规律，总结其经验和不足，能够进一步丰富中国慈善史的内容，且具有重要的学术价值。

其次，本书具有重要的现实关怀和应用价值。对烟台慈善史的研究，可以对近代烟台慈善组织，如胶东第一广仁堂、烟台红卍字会、烟台恤养院的慈善救济

---

① 于宗潼等：《福山县志稿》卷五《商埠志》，烟台福裕东书局 1931 年铅印本。

活动，以及山东第一个红十字分会——烟台红十字会如何开展慈善活动进行学术总结，可为今后中国慈善事业的发展提供历史经验与教训。慈善事业成为中国社会文明进步、和谐发展的一个重要标志，慈善的主题实已超越了单纯的慈善史或社会史的范畴，具有社会建设的重要意义。

二、研究现状

20世纪80年代初，中国近代慈善事业史的学术研究才重新起步。慈善史研究成果日趋丰富，国内外先后出版了一批颇有分量的学术专著。这些学术专著研究内容相当广泛，既有专题性质的，也有通史性质的；有总论全国的，还有专述某区域或某组织的。就中国慈善史的研究而言，大体为两大系统：

一是侧重于灾荒救济史的研究。以中国人民大学李文海为首的人大学者的成果最为突出，其先后出版了《灾荒与饥馑（1840-1919）》《中国近代十大灾荒》《民国时期的自然灾害与乡村社会》《地方性流动及其超越——晚清义赈与近代中国的新陈代谢》《民胞物与：中国近代义赈（1876-1912）》等著作，还编辑出版了《近代中国灾荒纪年》《近代中国灾荒纪年续编》《中国荒政全书》《中国荒政书集成》等史料图书。研究山东灾荒救济史的著作主要有王林的《山东近代灾荒史》《山东近代救济史》。上述主要是关于中国近代灾荒救济史方面的著作。王林的著作侧重于山东近代灾荒救济史，烟台也有所涉及，但作为一部通史著作，对烟台的研究还谈不上深入研究。

二是侧重于慈善史研究。例如：日本学者夫马进的《中国善会善堂史研究》；梁其姿的《施善与教化——明清的慈善组织》；周秋光主编的《中国慈善简史》《湖南慈善史》《中国近代慈善事业研究》；王卫平等著的《中国慈善史纲》；池子华著的《百年红十字》《红十字与近代中国》；张玉法主编，周秋光、张建俅等撰的《中华民国红十字会百年会史（1904-2003）》（台北红十字会总会2004年刊印）；王德春著的《联合国善后救济总署与中国（1945-1947）》；蔡勤禹著的《民间组织与灾荒救治——民国华洋义赈会研究》；赵宝爱著的《慈善救济事业与近代山东社会变迁》。

在慈善史研究著作中，涉及山东慈善史研究的著作有王林的《山东慈善史》、蔡勤禹和张家惠的《青岛慈善史》。王林的《山东慈善史》侧重于山东各个历史时期官方与民间的各类慈善救济活动，是一部山东慈善通史。对不同时期烟台慈善事业尽管有所涉及，但没有进行深入研究。蔡勤禹和张家惠的《青岛慈善史》侧重青岛的慈善机构及慈善事业的研究，是一部青岛慈善通史，因此对烟台慈善事业涉及较少。

近代山东慈善事业主要集中在烟台、济南和青岛三个城市，而烟台作为山东第一个对外通商口岸，且山东近代慈善事业首先在烟台出现，烟台慈善事业的广度、深度和影响度远超当时的济南和青岛，而且其慈善事业也最具特色，但至今缺乏一部烟台慈善史著作。因此，作为近代山东乃至中国慈善事业重要一部分的近代烟台慈善事业，亟须进行系统、全面的整理和研究。

三、各类概念的界定

何为慈善？目前学术界存在分歧。一种观点认为慈善是指民办的救灾济贫事业，而官办的救灾济贫事业应称为"社会救济"，不是慈善，如曾桂林认为："慈善事业是由民间公益团体或个人组织和开展，社会成员广泛参与，对遭遇灾难与不幸的人实施民间性的社会救济行为体系。"[1] 黄鸿山也认为："但凡政府之外的个人或机构不计经济效益地增进社会福利的举措均可纳入慈善事业的范畴。"[2]

另一种观点认为，慈善有官办慈善、民办慈善或官民合办等各种形式，如周秋光认为："慈善内容，不纯粹是专业民间慈善组织和从事慈善事业的同乡、同业、宗教等带有慈善功能的民间组织，还包括政府兴办而有社会捐赠支持的官办民助救济组织。之所以将这类组织纳入慈善范畴，是因为其资金和物资来源已经不是单一的政府公共财政支出，而是包含了许多社会公众出于爱心自愿地为需要帮助的人提供的多种形式的捐助。"[3] 本书采用周秋光的观点，慈善既包括官方的赈灾恤贫，也包括民间各类慈善组织的善行义举。

此外，本书中关于"烟台"的范围。烟台在开埠前，属于登州府福山县。烟台开埠后，烟台是登莱青道的驻地，登莱青道管辖登州、莱州、青州 3 个府，计 26 个州县。民国初期，烟台是胶东道尹驻地，胶东道辖 26 个县。登莱青道和胶东道管辖范围远远超过现在的烟台市辖区。因此，本书以烟台市为主，对登莱青道和胶东道管辖的其他县市也会有所涉及。

---

① 曾桂林：《近 20 年来中国近代慈善事业史研究述评》，《近代史研究》2008 年第 2 期，第 147-160 页。

② 黄鸿山：《中国近代慈善事业研究——以晚清江南为中心》，天津古籍出版社 2011 年版，第 1 页。

③ 蔡勤禹、张家惠：《青岛慈善史》，中国社会科学出版社 2014 年版，第 3 页。

四、主要内容

本书主要研究自 1861 年烟台开埠至中华人民共和国成立前，近代烟台地区不同时期的各类慈善救济活动，既包括官方的赈灾恤贫，也包括民间各类慈善组织的善行义举，是一部区域慈善通史。

在结构设计上，以时间为经、以内容为纬。先后论述了清末时期烟台慈善救济与慈善事业、民国时期烟台的灾荒救济与慈善事业、日伪统治时期烟台的慈善救济、抗日根据地时期的慈善救济事业、抗战胜利后的善后救济、解放战争时期国民政府的慈善救济、解放区时期民主政府的救济事业，并突出了近代烟台慈善事业在山东慈善史乃至中国慈善史上的贡献。例如，1877～1878 年"丁戊奇荒"期间，烟台是中国近代"教赈"的发源地；近代山东最大的慈善组织——广仁堂的研究；1894 年甲午中日战争期间，稻惟德医生开设了红十字会医院；民国时期全国民办慈善机构的典范——烟台红卍字会举办的恤养院。

本书共分十三章，各章内容简述如下：

第一章，烟台慈善概述。对近代烟台慈善救济环境进行概括介绍。

第二章，烟台传统慈善救济机构。主要论述清代烟台地区的传统慈善救济机构及烟台开埠后所设慈善机构。

第三章，清末烟台慈善救济事业。主要论述近代烟台的灾害救济，主要有自然灾害救济和社会灾害救济。

第四章，"丁戊奇荒"与烟台慈善事业。主要论述"丁戊奇荒"中，教赈、义赈的兴起，以及对烟台慈善事业的影响。

第五章，清末官办慈善组织——烟台广仁堂。主要论述登莱青道道员盛宣怀创办的官办综合性善堂、近代山东最大的慈善组织——烟台广仁堂。

第六章，民国前期烟台慈善救济。主要论述政府与民间力量对烟台地区灾荒的救助。

第七章，民国前期新型慈善救济机构。主要论述近代新设的救济机构，如国际红十字委员会、世界红卍字会，以及赈务会、贫民工厂和救济院等。

第八章，烟台红十字会。主要论述 1895 年芝罘红十字医院，1904 年的万国红十字会烟台分会，民国时期烟台红十字会的慈善业绩。

第九章，烟台红卍字会。主要论述世界红卍字会烟台分会的慈善业绩及其特点。

第十章，日占时期的慈善救济。主要论述日伪时期烟台慈善救济环境的变化，日伪当局的灾荒救济活动及慈善组织的变化，以及解放区的社会救助。

第十一章，抗战后胶东解放区的善后救济。主要论述国民政府行政院善后救济总署鲁青分署和烟台办事处在胶东解放区实施的善后救济。

第十二章，解放战争时期的慈善救济。主要论述在解放战争期间，烟台民主政府和国民政府所做的慈善救济。

第十三章，近代烟台慈善事业及其基本特征。对近代烟台慈善事业及其基本特征进行概括。

五、创新与不足

本书的创新点有以下几点：

第一，内容上，本书对一些以往研究的空白点和薄弱点有所补充或加强，如本书对近代山东最大的慈善组织——广仁堂的慈善活动，日伪统治时期的慈善救济活动，内战期间国民党政府的救济活动，以及世界红卍字会等进行了较为详细的论述，并总结出烟台慈善救济事业的若干特征，这些都极大地丰富了烟台慈善史的内容，推进并深化了烟台慈善史的研究。

第二，史料的发掘和利用上，既注重运用地方志、报刊资料、国内图书馆的烟台慈善档案文献，也采用民间族谱、家信、文书、村镇志、征信录等在内的民间文献；充分借助数据信息平台，运用流失海外的烟台慈善史料文献，如英、美、日等外文文献。同时，也尽可能利用近年来新出版的史料，如《中国荒政全书》、《中国荒政书集成》、《民国赈灾史料初编》及《续编》、《民国史料丛刊》及《续编》等。

第三，本书也尝试挖掘近代烟台慈善事业发展背后的文化基因。近代烟台虽然是一个北方城市，但慈善事业、慈善人物却与江南善士、善堂联系密切。近代烟台慈善事业中隐藏了哪些江南慈善基因。

另外，本书也还存在一些不足之处，主要表现在：

第一，近代烟台历史资料极为匮乏。近代烟台是兵家必争之地，先后发生过很多次战乱，大量的官方、民间资料或销毁或散失。以致到目前为止，还没有一本烟台通史著作整理出版。没有烟台通史著作的辅助、指导，对近代烟台慈善救济活动很难做到全面、准确的论述。

第二，烟台近代历史资料的分散性。近代烟台是山东第一个通商口岸，先后有 10 多个国家在烟台设立领事馆等。这些领事官员、传教士留下了很多与烟台慈善相关的资料，但却分散在欧美国家，多为英文、日文、俄文、德文等。这些资料除少数可以获得之外，大部分在国内无缘见到。近代历史资料的匮乏，严重影响了对近代烟台慈善救济活动的深入研究。

第三，由于专业的限制，本书对烟台慈善救济活动的论述还不够充分。

目　录

第四编　抗日战争和解放战争时期烟台慈善

第一编

烟台慈善概述与传统慈善事业

第一章　烟台慈善概述

一、烟台历史与地理

（一）烟台历史沿革

烟台地处黄海之滨，历史悠久。早在唐虞时为青州莱夷嵎地，夏商时为青州地，周朝为青州牟子国地。秦始皇析腄县属齐郡。南北朝属东莱郡。唐为牟平县地。蓬莱县地属登州。贞观元年置两水镇于此。宋因之。金天会年间，伪齐刘豫以两水镇西北诸小地称为福地。随即置镇福山县属登州。元明清以逮民国，烟台俱为福山县属登州府。[①]

在 1861 年开埠前，烟台本福山县之一渔村。明时曾设烽火瞭望台于沿岸，以防海寇，故名烟台。咸丰八年（1858 年），英借口广东亚罗船案，法借口广西戕杀教士案，联军犯粤，继陷大沽，迫订和约，赔款四百万两，并开牛庄、登州（烟台）、台湾、潮州、琼州五口为通商口岸，所谓英法联军之役是也。自是以后，烟台遂由渔村之小部落，一跃而为通商口岸。不数年间，商贾麇集，市面益趋发达。清同治元年，乃设关征税，俨然鲁东之重镇矣。[②]

1. 清末时期

1861 年开埠使烟台走上了发展的快车道。1862 年 3 月，登莱青道正式迁驻烟台，烟台也成为整个胶东地区的政治、经济中心。光绪三十年（1904 年）改称登莱青胶道，辖登州府、莱州府、青州府和胶州。

清末，登莱青道辖登州、莱州、青州 3 个府，计 26 个州县，有宁海州、平

---

① 刘精一等：《烟台概览》，复兴印刷局 1937 年版。
② 山东省公署秘书处：《烟台市特辑》，《山东省公报》1939 年第 52 期，第 61 页。

度州、胶州、荣成县、文登县、海阳县、福山县、蓬莱县、黄县、栖霞县、莱阳县、招远县、掖县、昌邑县、潍县、高密县、即墨县、高苑县、博兴县、乐安县、寿光县、临淄县、益都县、临朐县、安丘县、诸城县，并兼兵备道。登莱青道的职责是辅佐省布政使司、按察使司两衙门，对所辖之府、县（州）的政务进行督察，考核其政绩，督察其粮赋税收；"推贤举能""教化平民"；督察地方驻军，加强国防，巩固地方统治。

2. 民国时期

民国北洋政府时期，烟台地区先后属于胶东道和东海道。国民政府时期，烟台及其各县直属山东省政府。

北洋政府时期。民国初，撤销府、州。1913 年 1 月，设胶东观察使。1914 年 5 月，设胶东道（治所烟台）。胶东道管辖 26 县，即福山县、蓬莱县、黄县、栖霞县、招远县、莱阳县、牟平县、文登县、荣成县、海阳县、掖县、平度县、潍县、昌邑县、胶县、高密县、即墨县、益都县、临淄县、广饶县、寿光县、昌乐县、临朐县、安邱县、诸城县、日照县。

民国学者林传甲编纂的《附山东四道百七县歌》中，对胶东道各县特点作了概括：

胶东道福山县，蓬莱蜃楼有时见，黄县龙口通轮船，栖霞夫妇学业专，招远招工游海外，莱阳梨美樱桃大，牟平养马岛中舟，文登靖海客帆收，荣成海角波涛涌，海阳海口渔团勇，掖县开放虎头崖，平度金矿技术佳，潍县外交坊子重，昌邑游欧人接踵，胶县商港塔埠头，高密勘路向徐州，即墨火牛善攻守，益都旧府青州久，临淄殷富有霸才，广饶阡陌乐安开，寿光羊角沟通海，昌乐养鸡大一倍，临朐蚕茧鲁桑多，安邱景芝富烧锅，诸城人向诸冯拜，日照海船周世界。[①]

1925 年，胶东道析为东海道（治所烟台）和莱胶道（治所胶县）。东海道辖 10 县，莱胶道辖 16 县。其中，东海道辖黄县、蓬莱县、栖霞县、莱阳县、海阳县、招远县、福山县、牟平县、文登县、荣成县；莱胶道辖 16 县，其中境内只有掖县现在属于烟台。

国民政府时期。1928 年废道，烟台各县直属山东省政府。1928 年 6 月 1 日国民党山东省政府正式成立，行政区划乃实行省、县两级制，全省 107 县均由省政府直辖。但在 1928 年 9 月到 1932 年底，军阀刘珍年以二十一师师长身份占据烟台，控制了胶东地区的军政，被称为"胶东王"。1932 年 9～12 月，韩刘大战（刘珍年与韩复榘部战争）后，1932 年底刘珍年撤出胶东，烟台才真正归山东省直辖。

---

① 林传甲：《附山东四道百七县歌》，《大中华山东地理志》，1920 年 1 月 1 日，第 321 页。

1933 年，山东省政府决议烟埠划为特区，设行政专员主持之。1933 年 10 月 16 日，烟台特区行政专员公署正式成立。烟台特区行政直属省政府，张奎文任行政专员。烟台特区范围是："东至卡子门，北至北海，南至塔顶，西至芝罘屯"；区内的"奇山所等十三村粮银，仍归福山县征收"。①

1937 年"七七事变"后，日本发动全面侵华战争。1938 年 2 月 3 日，日军侵占了烟台。日伪暂在烟台组织胶东善后委员公署，改烟台特别区为烟台市，委任张化南为伪市长。1938 年 4 月 17 日，烟台市划属伪鲁东道（后改称登州道）管辖，又加委张化南为伪鲁东道尹兼伪烟台市市长。伪鲁东道管辖福山、莱阳、牟平、海阳、蓬莱、黄县、招远、栖霞、文登、荣成十个县及烟台市和威海、龙口两个特区。

1945 年 8 月 15 日，日本宣布投降，同年 8 月 24 日，沦陷近八年的烟台被八路军收复，成为当时八路军解放得最早、最大的沿海港口城市，这是烟台市的第一次解放。

1947 年 10 月 1 日，国民党军队占领烟台。1947 年 10 月 1 日到 1948 年 10 月 15 日，国民党在烟台统治了一年的时间。1948 年 10 月 15 日，烟台获得第二次解放。

（二）烟台地理

烟台地理位置极为优越。既是交通便利的通商良港，又是海防重地。战略地位极为重要，是各路兵家必争之地。

1. 通商良港

烟台港口是中国北方优良海港之一。"烟台港口南有奇山，蜿蜒起伏以为保障。北有芝罘山，绵亘纵横以为屏藩。崆峒岛挺峙于东，八角嘴遥悬于西固。所谓雄港也。"②

早在春秋战国时期，烟台就已经有了航海活动。秦始皇五次巡幸天下，其中就有三次抵临芝罘。汉武帝刘彻于公元前 94 年登芝罘。

烟台因良港而成为开埠城市。第二次鸦片战争中于 1858 年签订的《天津条约》规定，开放山东的登州为通商口岸。战争结束后，英国公使便派领事官马礼逊到登州筹办领事和开埠事宜。马礼逊经过调查后认为，登州港口水浅，并且非常无遮蔽，不适宜作为通商口岸。接着他去登州府所属的烟台考察，认为烟台港的地理位置、自然条件和当时的贸易规模都超过了登州港。③ 因此马礼逊建议开放烟台为通商口岸，英国遂决定将开埠口岸从登州改为烟台，并得到了清政府的

---

① 刘精一等：《烟台概览》，复兴印刷局 1937 年版，第 2 页。

② 《烟台数十年未有之大风灾》，《申报》（上海版），1910 年 11 月 26 日。

③ R. C. Forsyth Shantung，"The Sacred Province of China Shanghai"，1912，p. 7.

许可。

烟台开埠后，轮船往来渐多。是时轮船之所至，山东一省唯烟台，而迄西两千余里无闻焉。奉天一省唯牛庄，而迄东千余里无闻焉。故是时烟台商务。西可由陆以达济南之西，北可由帆船而达于金、复、安东诸处。号称极盛。①

烟台因港口而兴，但开埠初期烟台港口是一个天然港口，有着严重缺陷。既无防浪堤，又无深水码头。严重影响了交通、贸易的发展。光绪十八年（1892年），一江苏人乘船经过烟台，对在烟台港口的冒险乘船经历记忆颇深，"二十五日，微风，夜雪。午过烟台，山皆积素，有三五夷楼，峙于山颠。附轮船者登降皆汛小艇，俯仰惊涛中，如落叶之随飘风，殊可危也。停轮逾时，复行。"②

至19世纪末，"泊大连为俄所经营，胶州为德所经营也。渤海之商潮忽然一变。胶埠联铁路、引矿山，一面控制直鲁两省，一面直成东海之吞吐口。连埠赖东清路，远联欧洲，而直成满洲之吞吐口。至此芝罘一埠，殆为连胶两埠所牵制，两臂全无所用，商务一落千丈，致无人复说烟埠者。"③

1904年，"胶济铁路开通后，芝罘昔日的盛况同青岛的繁荣相比而黯淡下去了。从此，商业范围逐渐缩小，芝罘仅作为山东北方的一个港口而存在了"。④

有识之士看到了烟台港口存在的问题，便提出建设近代化港口建议。首先，是烟台和记洋行经理爱克夫（V. R. Eckford）。1900年，爱克夫即倡议修筑海坝，建造人工港池，但当时没有引起多大反响。直到1913年5月，经烟台中外各方协商，成立海坝工程会准备建设海港。随着烟台海坝工程的完成，也结束了烟台港天然港湾的历史，克服了天然港湾长期受北风和偏北风威胁的重大缺陷。烟台港自此真正跨入了近代港口的行列。

2. 海防重地

烟台地理位置优越，为中国北部沿海之要害，战略地位极为重要。"烟台港三面负山，北临黄海，芝罘半岛环抱于西北，烟台山兀峙于东南。港口有崆峒岛，迤逦而东北，成锁钥之势。岛西南端之沙嘴，分隔海面为东西二入港口门……地当黄渤之咽喉，北控满洲，东北近朝鲜，故极占贸易上重要地位。沿岸筑有炮台，与崆峒岛之炮台相对峙。实为中国北部沿海之要害。"⑤

早在唐代，烟台就是唐朝军队跨海征伐高句丽的基地之一。"戈船屯于不夜，剑骑聚于之罘。"⑥ 明代，为防御倭寇入侵，明洪武三十一年（1398年）在芝罘

① 刘精一等：《烟台概览》，复兴印刷局1937年版。
② 蒋师辙：《台游日记》，《全台文》（第54册），文听阁图书有限公司2007年版，第107页。
③ 《欢迎山东绅商团之来连考察》，《泰东日报》，1911年10月5日。
④ 《芝罘领事馆辖内事情》（日文），大正八年版。
⑤ 白眉初：《中华民国省区全志》（第三册），中央地学社1925年版，第123页。
⑥ 《唐莱州司马上轻车都尉河南于公墓志铭并序》。

设立了奇山守御千户所。"驻防军东通宁海卫，西由福中前所，以达登州卫。设墩台狼烟，以资警备。因俗呼之为烟台"。①

清末，烟台作为海防重地，战略地位日益重要。"自道光中海禁大开，形势一变，海防益重。海防向分南北洋。山东烟台归北洋兼辖。闽、浙、粤三口，归南洋兼辖。"② 光绪十年（1884 年），直隶总督李鸿章即以"渤海大势，京师以天津为门户，天津以旅顺、烟台为锁钥"。

然而，因地理位置优越，近代烟台频频受到战争的威胁。

例如，1860 年 6 月 8 日，法国远征军进占烟台，完成了对渤海湾的封锁。并以烟台为基地，北上打败了清政府。1861 年、1867 年捻军两次进军胶东。1895 年甲午中日战争中日军对烟台的骚扰。1913 年辛亥革命中，烟台是北方革命中心，也是抗击清军的北方主战场。1914 年的日德战争中，烟台地区是所谓的"中立区"。1928～1932 年，烟台更是多路军阀混战的主战场。1945 年 8 月 24 日，烟台被八路军收复，成为当时解放最早、最大的沿海港口城市。解放战争中，烟台是解放军的交通供应根据地。1947 年 10 月 1 日，国军胶东兵团占领烟台，达成作战预定目标：切断关内外共军的海上交通线。

也正是由于近代烟台战乱频频，兵灾不断，在客观上促进了烟台慈善救济事业的发展。

二、开埠对烟台慈善业的影响

1861 年开埠对烟台影响巨大。一是登莱青道正式迁驻烟台，使烟台成为整个胶东地区的政治中心。二是烟台成为清末北方三大商埠之一，成为山东对外开放的唯一窗口。这些都直接影响了清末烟台慈善事业的发展走向。

（一）登莱青道台与慈善事业

1. 烟台开埠后的登莱青道台

1861 年烟台开埠，1862 年登莱青道由莱州移驻烟台，并兼任东海关监督。烟台成为登莱青道管辖地区的政治中心。但由于"登莱青（胶）道实际上并不是一级独立的行政单位，而是属于省政府派出的专门的办事机构。道所辖区的各级官员虽然也听从道员的指导，但道台衙门并不负责地方具体的行政、司法、税

---

① 刘精一等：《烟台概览》，复兴印刷局 1937 年版。
② 赵尔巽：《清史稿》（第 15 部），第 1005 页。

收等事务"。① 因此，登莱青道只管有关的海关事务和外交，并不直接管理烟台，对烟台的城市建设和发展长期不管不问。

自1862年登莱青道移驻烟台始至1911年。据统计，驻扎烟台的登莱青道共有20任道员（道台）。这20任道员中，何彦升分别在光绪二十九年（1903年）和光绪三十三年（1907年）连续两次任登莱青道，故共有19人担任过登莱青道。担任登莱青道台或署理道台的有崇芳、潘霨、刘达善、龚易图、张荫桓、方汝翼、盛宣怀、鲁琪光、李正荣、刘含芳、李兴锐、锡桐、李希杰、何彦升、蔡汇沧、潘志俊、徐抚辰、余则达、徐世光。在这20任登莱青道台中，几乎全部来自外省。其中，潘霨、刘达善、龚易图、张荫桓、方汝翼、盛宣怀等来自南方江浙闽地区，而近代江南地区是中国慈善事业最为发达的地区。明清时期，江南地区就有"东南好义之名称天下"② 之美誉。来自江南地区的道台对烟台慈善事业有着重要的影响。

2. 登莱青道台与慈善事业

尽管登莱青（胶）道并不负责地方具体的行政、司法、税收等事务，但早期登莱青道台却对烟台的慈善事业贡献甚大。其中，刘达善"捐廉创设粥厂、庇寒所"。龚易图"购置房屋，立为兼善堂，添设种牛痘、施棉衣"。张荫桓"添设给棺木，修义冢"。方汝翼"又添购地亩，将兼善堂房屋扩充，增设施送医药"。盛宣怀在担任登莱青道台时，在登莱青三府分别创建了青郡广仁堂、莱郡广仁堂和登郡烟台广仁堂。其中，登郡烟台广仁堂是一家综合性官办慈善组织，是近代山东最大的慈善组织。

对烟台慈善事业贡献最大的道台是盛宣怀。盛宣怀不但是近代著名政治家，还是著名慈善家。清末封疆大吏陈夔龙在为盛宣怀撰写的神道碑中，对盛宣怀所办慈善评价：

天性仁厚，勇于为善。前后所筹大小赈务，至不可胜计，捐私帑无虑百数十万。最后被朝旨为红十字会会长，专以慈善为职志，其规抚皆公所手定者。③

在《清史稿》中，对盛宣怀所办慈善总结：

宣怀有智略，尤善治赈。自咸丰季叶畿辅被水灾，嗣是而晋边，而淮、徐、海，而浙，而鄂，而江、皖，皆起募款，筹赈抚。因讨测受灾之故，益究心水利，其治小清河利尤溥。④

盛宣怀在光绪十二年到十八年（1886～1892年）期间担任登莱青道台，他除

① 王守中、郭大松：《近代山东城市变迁史》，山东教育出版社2001年版，第3页。
② 刘宗志：《清代慈善机构的地域分布及其原因》，《河南师范大学学报》2007年第5期。
③ （清）陈夔龙：《盛公神道碑》，盛宣怀《愚斋存稿》（卷首）。
④ 赵尔巽：《清史稿》（列传·卷二百五十八）。

创办青郡、莱郡和登郡烟台广仁堂外，还在山东组织多次赈灾活动。直接参与的赈灾活动就有：

（1）光绪十三年至十四年（1887~1888 年），郑州黄河决口（郑工捐输）。

（2）光绪十四年（1888 年），奉天营口水灾赈济。同年，山东济南府、武定府、青州府的高宛、乐安、博兴县等地水灾赈济。

（3）光绪十五年（1889 年），潍县海潮成灾赈济。同年，青州旱灾，水灾赈济。同年，江浙赈捐、安徽赈济。

（4）光绪十六年（1890 年），山东水灾赈济。同年，顺天府义赈。

（5）光绪十五年至十七年（1889~1891 年），山东小清河工程①。

（二）西方人与烟台慈善事业

1861 年烟台开埠后，以英国为首的各国领事、商人、传教士等纷纷来烟开设领事馆、经商、传教。他们利用与清政府签订的不平等条约，在烟台租赁民房或购地自行营建住宅、医院、教堂等。随着西方文化的进入，也深深影响了烟台慈善事业的发展。

烟台开埠后，逐渐形成了外人居留区。1897 年前，烟台是山东境内居住外国人最多的城市。这些外国人中，有商人、领事馆官员等，尤以传教士最多。1882~1901 年驻烟台的外国人统计如表 1-1 所示。

表 1-1　1882~1901 年驻烟台的外国人统计

年份	总数（人）	驻地	
		烟台（人）	内地（人）
1882	250		
1891	370	170	200
1901	655	293	362

资料来源：Decennial Reports, 1882~1891, 1892~1901, Chefoo. 转引自王守中、郭大松：《近代山东城市变迁史》，山东教育出版社 2001 年版，第 130 页。

民国以后，在烟台的外国人大为增加。到 1916 年，已达 1306 人，其中英国504 人，日本 375 人，美国 236 人，其他暹罗、德国、法国、比利时、瑞典、丹麦、荷兰、挪威、奥地利、意大利等国都在 50 人以下。

1938 年，烟台有日侨 587 人，其他各国侨民总计 436 人。其中，英国 211人、美国 72 人、白俄 53 人、德国 31 人、法国 24 人、希腊 15 人、意大利 12 人、瑞典 3 人、荷兰 3 人、爱沙尼亚 3 人、罗马尼亚 3 人、比利时 2 人、挪威 2 人、

---

① 《"盛宣怀档案"中的中国近代灾赈史料》，《清史研究》2000 年第 3 期，第 94-100 页。

西班牙 1 人、捷克斯洛伐克 1 人。①

大量外国人在烟台，因此逐渐形成了西方人居留区，但烟台并没有形成"租界"。西方人居留区自始并无中国行政管理机构，一直由自治机构管理。1894年，驻烟各国领事非法设立了烟台工部局（Chefoo General Purposes Committee）。这是西方人在烟台设立的第一个市政管理机构。

1910年，烟台工部局被华洋工部局代替。1909年12月31日，中西双方共同制定了《华洋合办烟台第六区工程董事章程》②，在"呈请海关道台及领袖领事核准施行"后。1910年成立了"华洋工部局"（International Committee），亦称"华洋工程局"或"中外联合自治会"，亦称"万国委员会"。

华洋工部局下设道路桥梁、收捐领牌和涤净燃灯三个委员会。1910年成立的"华洋工部局"中，负责道路桥梁委员有加特时、司徒克、万坤山、李载之；负责收捐领牌委员有伯脱、顾里巴、孙文山、张成卿；负责涤净燃灯委员有稽尔思、赖门、李尧仙、刘云第。华洋工部局从1910年成立，一直持续到1930年撤销，延续了20年。

烟台西方人居留区，实行自治管理，保持了相对独立性。实际上成为西方人在烟台的"租界"，也成为西方文化在烟台的传播中心。近代中国灾荒频频，驻烟台的西方领事、传教士、商人参与中国赈灾，同时还在烟台成立了若干慈善救济组织（有些是非法成立的）。

（三）华商与慈善事业

近代烟台因商而兴，商贸繁盛，孕育出了一个思想开放、极具活力的商人阶层。他们也成为近代烟台慈善事业的中坚力量。

1. 近代烟台商人

烟台开埠以后，"英吉利、佛兰西、米利坚、荷兰、暹罗诸国火舰风轮，交抵山下，而闽、广、苏、浙、辽左、津沽南北浮海之市舶，河南、山西遵陆之行贾，以至济南东昌。营殖以生者，摩肩交跖，淹橄滞轮，毕集兹土。市易之盛，匹香港而亚上海"③。

随着烟台"船舶辐辏，货物旅客出入益繁，商贾轩连，贸易茂盛"。④ 在烟台的中国商人逐渐形成了自己的商业团体。近代烟台商人"向分六帮，各举董事。维建帮仅有行商并无坐贾，以致徒存其名。他如广帮之梁董礼贤，苏帮之万

---

① 山东省地方史志编纂委员会：《山东省志·外事志》，山东人民出版社1998年版，第264页。
② 20年代初，第六区改为第一区。
③ 沈丙莹：《春星草堂集》第九卷，1889年。
④ 《芝罘大会》，日本国立公文书馆，档号：B10074342700。

董奎基，宁帮之邓董永龄，潮帮之范董绍颜，名誉素隆，均为同帮所推服。余则概名曰本帮，实居烟台之多数"①。

烟台六大商帮参见表1-2。

表1-2　1910年烟台六大商帮

烟台六大商帮	商帮帮主	所在商号	代表商号
广帮	李载之	怡顺行	顺泰
建帮	李琴石	商会坐办	震兴
宁帮	邓永龄	合顺行	
山东帮（烟帮）	刘云第	洪泰号	西公顺、德增、裕成
苏帮	万坤山	谦益丰	
潮帮	李琴石	商会坐办	德盛

资料来源：Chefoo General Chamber of Commerce. 东洋文库，贵P-Ⅲ-a-2891。

光绪三十年（1904年）五月烟台商务总会设立。烟台商务总会"乃联络团体以兴本埠之商务也"。商务总会"兼理巡警局、涤净局、工程局事务，以卫市面，而清街道"。②

第一次世界大战期间，烟台商业进一步发展，商人纷纷成立同行业行会。1920年，烟台商务会改称烟台总商会，广泛参与警务、司法和其他市政工作。

2. 烟台商人与慈善

随着烟台商业的发展，大批商人、买办成长起来。他们也成为烟台慈善事业的主力军。

（1）客籍商人与烟台慈善事业。

对近代烟台慈善事业产生影响的首先是客籍商人。客籍商人是广帮、建帮、宁帮、苏帮和潮帮商人。他们的人数虽然没有本地商人多，但他们大多来自清道光二十二年（1842年）《南京条约》开放的第一批通商口岸，如广州、福州、厦门、宁波等地，因此，他们既受西方文化的影响，也受中国文化的熏陶。在烟台经商的同时，南方商人也在潜移默化地进行文化传播。比如，清末民初烟台是国内有名的"京剧码头"，这就是清末南方商人留下来的文化遗产。在慈善事业上，早期南方商人的劝赈救灾，也深深影响着烟台的本土慈善文化。

例如，1878年，烟台一批南方商人组织义赈机构"烟台协赈公所"。公所成

---

① 《烟台商会坐办委员李牧祖范上农工商局请加札委用商董禀》，《济南报》1904年第151期，第11页。

② 庄维民：《近代鲁商史料集》，山东人民出版社2010年版，第491页。

员有：何绅福谦、陶绅颖、刘绅均、何绅彬文、金绅兆镕、蒋绅祝堂、刘绅燨、蒋绅秀峰、谭绅赓尧、周绅葆荪。① 烟台协赈公所成立后，在烟台组织募捐活动，并在《申报》登报公布，影响很大。其他如：

顺记号是近代烟台宁波帮代表性商号。史晋生于 1888 年被委为顺记号烟台分号经理。他在烟台时，"成立四明丙舍，并购置义冢"。②

1888 年，广东发生水灾，烟台商人余玉衡组织烟台广帮商人进行募捐，并在《申报》登载赈款清单。③

1900 年，广帮商人梁浩池创办烟台"养正义学堂"，是清末烟台地区国人创办的第一所现代教育理念的义学堂，在烟台教育发展史上具有承上启下的历史地位。

（2）本土商人与慈善事业。

清末民初，烟台本土商人兴起，其标志是 1904 年烟台商务总会的建立。烟台商会中，本地商人影响力逐渐超过外地商人，烟台慈善事业逐渐由本地商人占主导地位。烟台商会参加的慈善活动列举如下：

1911 年，"初七日，烟台商会来电云，捐助洋五百元，洋交汇丰汇沪，谨代汉口被难同胞。遥伸叩谢"。④

1917 年，天津发生水灾。"烟台总商会倪显庭、李森、薛（保）筠以津埠水灾，难民倍常困苦。现在严冬，寒风砭骨，难民受苦尤厉，昨汇津大洋两千二百零七元七角，函请商务总会办理急赈以救灾黎云。"⑤

1919 年，烟台商会会长澹台玉田君因感于广仁堂之腐败不堪，创设贫民工厂，亦为烟台公立的慈善机构。贫民工厂开办得到烟台绅商各界的大力支持。"商会会员、颜料大王张颜山不仅积极认购慈善奖券，还慨捐所得头奖 17500 元；烟台广仁堂号则捐出售地款 17000 元作为创办经费；该厂开办后有通伸村李日新堂捐助沙地 9 亩余，出佃取租，用于贫民工厂的日常支出费用。"⑥

此外，烟台商人也积极参与当地慈善事业，如"莱阳商人宫淑芳经商有成后，在其家乡修筑了 5 座桥，盖了 3 个碾屋，以改善家乡的设施条件。每年从老家来求宫淑芳找事做的人多达百人以上。凡有求者，他都予以周详的安排和照

① 《上海详报晋赈捐数并经募善士禀》，《申报》（上海版），1881 年 6 月 8 日。

② 金普森、孙善根：《宁波帮大辞典》，宁波出版社 2001 年版，第 62 页。

③ 《上海四马路高易公馆内筹振所经收烟台余玉衡善长及广帮同人劝募粤东振歁清单》，《申报》，1888 年 5 月 22 日。

④ 《烟台商会乐输急难捐》，《时报》，1911 年 11 月 30 日第 9 版。

⑤ 《烟台助赈》，《大公报（天津）》，1917 年 12 月 22 日第 7 版。

⑥ 《烟台市商会附设贫民工厂档案》，烟台市档案馆，档号：J089-010-0177。

顾，颇得乡人好评。"①

经营"福顺德"银号的梁子勋（梁善堂之子），在烟台捐款赞助广仁堂孤儿院，并经常去看望孤儿。蓬莱商人丛良弼非常热心社会慈善事业，经常为灾区赈济，1930年曾从青岛运来一批粮食，在蓬莱北关施粥。② 此类事例，还有许多。

3. 近代洋务企业

烟台作为通商开埠城市，也是招商局、电报局、文报局这些近代洋务企业最早开办的城市。这些洋务企业在近代赈灾救荒中都扮演了极为重要的角色。

（1）烟台招商局。

招商局（China Merchants Steam Navigation Company）是清末中国最早设立的一家轮船航运公司，也是洋务派官僚所创办的规模最大的一家民用性企业。1872年12月26日，清廷批准李鸿章设立轮船招商局。并将招商局总部设在上海，同时在烟台、天津、牛庄等地设立分局。

招商局自创立后，就一直对赈灾提供支持，如招商局免除义赈人员乘船费用已成通例。在不少时候，招商局还免除义赈组织人员、物资运输费用。例如，光绪九年，招商局就对施善昌请求运往山东灾区的棉衣"一概捐免"水脚。1889年，山东发生水灾，江南善士"严佑之广文同伴十位，下人四名，坐丰顺轮船赴烟台查放山东灾赈，承招商局捐免客舱水脚，用登报端以彰德惠"。③

另外，烟台招商局在近代救灾、赈济中也发挥了非常重要的作用。烟台招商局是南方义赈机构赈济北方省份的赈款、物资的转运站。

此外，烟台招商局与红十字会有着密切的关系。1904年，烟台招商局总办李载之创办了万国红十字会烟台分会，是山东第一个红十字分会。民国时期，烟台招商局陈焕章（陈绮垣）曾担任红十字会烟台分会会长，组织战场救护。

（2）烟台电报局。

中国电报局创始于光绪六年（1880年）。烟台电报分局创设于1885年。起初设局在怡顺行招商局内。电报局则自投入运营起，即常常免除义赈发生的报费。

光绪十八年（1892年），江南义赈同人谢庭芝④被盛宣怀任命为烟台电局总办。谢庭芝担任烟台电局总办期间，将电报这个现代通信工具充分运用在救灾赈济方面，如1898年山东发生黄河水灾，烟台电局总办谢庭芝及时将灾区灾情通

① 中国人民政治协商会议山东省莱阳市委员会文史委员会：《莱阳文史资料（第三辑）》，第194页。
② 蓬莱县政协文史委员会：《蓬莱文史资料（第二辑）》，第184页。
③ 《船资助赈》，《申报》（上海版），1889年4月28日。
④ 谢庭芝，字佩孜，江苏苏州人，山东补用知州，烟台电报局委员，与其叔谢家福都是有名的义赈同仁。

过电报发送出去。

　　近代烟台，除招商局、电报局、文报局这些近代洋务企业参与赈灾外，烟台还是近代赈灾彩票公司最早发行彩票的地方。1901 年 4 月，商人黄秉璋、胡长林在上海设立普济公司，发行顺直义赈彩票。后因故退出上海，撤至烟台续开第二会（期）彩票，并在《申报》登载《奏办顺直义赈彩票普济总公司谨白》。

　　1861 年开埠，使近代烟台从一个渔村一跃成为通商口岸，也是整个胶东地区的政治、经济、文化中心。是近代山东之先进。在慈善方面，烟台官方慈善、民间慈善发达，近代烟台慈善事业一直走在时代前列。

第二章 烟台传统慈善救济机构

清代，烟台各县的传统慈善机构主要有养济院、普济堂、育婴堂等，但主要集中在登莱青府城、县城范围以内。烟台作为福山县下的一个渔村，慈善机构付之阙如。开埠之后，驻烟台的登莱青道台先后开办了粥厂、庇寒所、兼善堂和广仁堂等官方慈善机构。

一、传统慈善机构

清朝作为最后一个封建王朝，吸纳了历朝历代的经验，建立了完备的救灾制度和完善的官方慈善机构。据张玉法在《中国现代化的区域研究：山东省（1860-1916）》一书中提到的，清代的社会救济机构约可分为四类：一是周济生活的，如养济院、普济堂、栖流所、同善局、粥厂；二是收养弃婴的，如育婴堂；三是营葬无力归葬或无人营葬之官民的，如旅归园、义冢、厉园、漏泽园；四是提供义务诊疗的，如乐善施医院。①

清代，养济院、普济堂、育婴堂是最为普遍设立的慈善机构。这些机构大部分是在雍乾年间设立的。据雍正年间河东总督王士俊的记载，山东一地共110州县卫所，普济堂共131所，育婴堂共58所。②

而清代烟台地区所建慈善机构，以驻烟登莱青道台所辖的登、莱、青三府而言。登、莱、青三府共辖27州县（登州府有九县一州，莱州府有二州四县，青州府下辖十一县）在雍正年间均设有普济堂等相关慈善机构。有清一代，登、莱、青

---

① 张玉法：《中国现代化的区域研究：山东省（1860-1916）》，中国台湾近代史研究所1982年版，第90页。

② 王士俊：《河东从政录》（卷7），第46-47页，转引自〔日〕夫马进：《中国善会善堂史研究》，伍跃等译，商务印书馆2005年版，第425页。

三府所辖 27 州县均设有普济堂，养济院设立的数目不定，漏泽园和育婴堂也纷纷设立。清代河东总督王士俊奏疏：山东慈善组织已是"城乡分设，都鄙并建"①。

清代登莱青道管辖区域所建慈善机构具体设置情况如表 2-1 所示。

表 2-1　清代登莱青三府善堂设置情况

府	县	设置情况	文献来源
青州府	博山县	普济堂	《民国续修博山县志》卷八
	广饶县	育婴堂、普济堂（雍正十年（1732 年））	《民国续修广饶县志》卷三、一二
	寿光县	普济堂（雍正八年（1730 年））	《民国寿光县志》卷五
	昌乐县	普济堂	《民国昌乐县续志》卷一五
登州府	福山县	烟台兼善堂（同治九年（1870 年））（前身为施粥厂，后改名为广仁堂）	《民国福山县志》卷六之二
	莱阳县	普济堂、育婴堂、栖流所（另有设立年代不明的普济会）	《民国莱阳县志》卷二之任恤
	宁海州	普济堂	《民国牟平县志》卷四
	文登县威海卫	普济堂（雍正十二年（1734 年））	《乾隆威海卫志》卷二
莱州府	掖县	普济堂（雍正十二年（1734 年））、广仁堂	《民国四续掖县志》卷三
	胶州	普济堂、育婴堂、同善局（光绪初期）	《民国增修胶志》卷八
	高密县	普济堂（雍正十二年（1734 年））、育婴堂（雍正）	《光绪高密县志》卷二

资料来源：［日］夫马进：《中国善会善堂史研究》，伍跃、杨文信、张学锋译，商务印书馆 2005 年版，第 666 页。

清代烟台地区所建慈善机构，主要是养济院、普济堂、育婴堂等官方慈善机构。

（一）养济院

养济院最早出现在南宋，历元、明、清三朝，逐渐发展成为一项成熟的社会救济制度。养济院又称"孤贫院""孤老院"，是收养鳏、寡、孤、独及废疾中无依无靠之人的官方慈善机构。养济院是清代最主要的官方慈善救济机构。

1. 养济院概况

清代，养济院开办于顺治年间。顺治五年（1648 年），顺治皇帝下诏："各

---

① 王士俊：《河东从政录》（卷7），第46-47 页，转引自［日］夫马进：《中国善会善堂史研究》，伍跃等译，商务印书馆 2005 年版，第 425 页。

处养济院，收养鳏寡孤独及残疾无告之人，有司留心举行，月粮依时给发，无致失所。"① 由于清朝初期财政紧张，养济院的重建收效并不大。到全国局势稳定之后，养济院的重建工作才得以大规模展开。

清代养济院开办之初，奉行明代的原籍收养政策。至乾隆二年（1737 年），政策发生了明显的变化，因"四川居民流寓最多，与他省不同，且地处万山，险阻难行，若将远方流丐照各省之例一概送回原籍，其老病茕民，举步维艰，既多跋涉之苦，亦非矜全之道"，故"将川省外来流丐，饬令地方官稽查，果系疲癃残疾无告穷民，准其一律收入养济院"②。外来孤老流丐收入所在地养济院，打破了明清以来的原籍收养政策，使养济院收养范围扩大。

养济院是官办性质的慈善机构。按照清政府的要求，凡各省府州县均要设立养济院。清代养济院收养的孤贫有定额，数额由清政府来定。在一省之内，各县的孤贫数额也多少不等。

养济院孤贫的口粮银米（包括衣服）也有定量。口粮有的给实物（谓之"本色"），有的给银（谓之"折色"），有的则二者兼有。据《钦定户部则例》载：山东省额内收养孤贫 5356 人，兼支本色、折色口粮的孤贫有 1584 名，每年支本色口粮米 4521 石 1 斗有奇，折色口粮银 1182 两 5 分有奇，平均每名孤贫每年支本色口粮米约 2 斗 8 升，折色口粮银约 7 钱 5 分；专支折色口粮的孤贫 3772 名，每名每年支口粮银 3 两 6 钱。为了保证孤贫的生存需要而又减少支出，清政府还规定，孤贫的口粮银米数"遇闰加增，小建扣除"，这说明对孤贫的救助只限于维持其生存的最低需要（见表 2-2）。

表 2-2　清代山东省额内、额外收养孤贫数量及标准

额内人数、标准及支销款项			额外	总计（每年）
5356 人	兼支 1584 名	本色口粮米 1 石 1 斗至 3 石 6 斗/人/年，共 4521 石/年	1970 人，口粮银 7102 两 6 钱	7326 人，粮食 4521 石，银 21864 两
		折色口粮银 1 钱 8 分至 2 两 4 钱/人/年，遇闰加 3 钱，共 1182 两		
	折支 3772 人	折色口粮银 3 两 6 钱/人/年，遇闰加 3 钱，共 13579 两		
	地丁项下支销		支项同上	

资料来源：中国第一历史档案馆：《明清档案与历史研究论文集》（下）2008 年第 6 期，第 954 页。

---

① 《清世祖实录》（卷 41）。
② 《清会典事例》（卷 269）。

2. 烟台各县所设养济院

养济院是官办慈善机构。按照清政府的要求，凡各省府州县均要设立养济院。清代，登州府、莱州府属各县都已经设立了养济院，如表2-3所示。

从清代烟台各县所设养济院表可以看出：

福山县、招远、蓬莱、莱阳县、掖县养济院系明代时期设置。掖县旧养济院亦应是明代设置。黄县养济院、掖县新养济院系清代时期设置。

表 2-3　清代烟台各县所设养济院

烟台各县	养济院情况	孤贫数额	文献来源
福山	10间在城西关路南，明成化十七年（1481年）建，乾隆二十五年（1760年），知县何乐善重修	40名	《福山县志》（乾隆）
栖霞	在北门外迎仙桥西，草房22间	22名	《栖霞县志》（乾隆，光绪补刻本）
海阳	14间，收养孤贫正额40名，添收浮额32名	40名	《海阳县续志》（光绪）
招远	在北门内，明洪武八年（1376年）建	27名	《招远县志》（道光二十六年）
蓬莱	旧在预备仓东，明洪武九年（1377年）建，后改置城隍庙后，今改置东门内，太平营南。草房40间。现共存8间	76名	《增修登州府志》（光绪）六十九卷，第二册
牟平（宁海州）	养济院、普济堂、育婴堂，岳溶通志曰在城内，邑绅衿捐义田325亩	47名	《宁海州志》（同治）
黄县	嘉庆十八年（1813年）知县周隽复建养济院，在城南街东巷，今移于西关，岁养贫民50口	50名	《黄县志》十四卷首末各一卷．第一册（清）尹继美修纂
莱阳	在县治西北，明洪武七年（1375年）建	85名	《增修登州府志》（光绪）六十九卷，第二册
掖县	旧养济院在县治东南隅，瓦房13间，草房9间，养本境孤贫，照定数给米粮，在预备仓存留米石内支给冬衣布花，并埋葬银在力差存留银内支给，年久倾圮，仅存草房9间 新养济院在县治西南隅，雍正十二年（1734年）知县张儆载增置瓦房24间，草房10间，知县张思勉俱重修整固 额设孤贫男妇130名口，每名月给银3钱，在存留项下支给 浮额孤贫男妇8名口，每名月给银3钱，赴司请领	133名	《掖县志》，（清）张思勉修，清乾隆二十三年（1758年）刊本，卷二恤养

注：孤贫数额来自《钦定户部则例》（卷九十·蠲恤八），同治四年校刊。

（二）普济堂

普济堂与养济院一样，都是养老恤嫠的社会慈善机构。但养济院是官办机构，而普济堂大多数由地方绅衿集资捐助创建，由声孚众望的绅商负责管理，属于民间社会性质的慈善机构。后在官府的参与下，有些成为官督民办慈善机构。

1. 普济堂概况

乾隆元年（1736 年），清政府命"各省会及通都大郡概设立普济堂，养赡老疾无依之人"①。从此，普济堂这一由民间发起创立的慈善机构，被纳入政府社会福利政策的范围。建立普济堂是由民间的自发行为变成为政府的行政行为。同时，清政府也鼓励民间设立，规定："有官绅士民好义捐建者，其经费并听自行经理。"② 此后，普济堂在全国各地陆续建立起来。

普济堂的经济来源比养济院要复杂得多。养济院是一种官办性质的慈善机构，一般拨官款支助。而普济堂多为民间所建，在乾隆前期主要靠地方绅士和商人的支持得以维持；乾隆中后期，由于行政力量的介入，普济堂遂逐步由纯粹的民间慈善组织变为官办性质的慈善机构。

2. 烟台各县所设普济堂

有清一代，登、莱、青三府所辖 27 州县均设有普济堂。清代烟台各县所设普济堂情况如表 2-4 所示。

表 2-4　清代烟台各县所设普济堂情况

烟台各县	普济院情况	文献来源
福山	普济堂一在县治西，雍正十年（1732 年）知县郑枚重建，十二年（1734 年）知县程大模增建。一在鱼池村东	（光绪）增修登州府志六十九卷，第二册（清）方汝翼贾湖修.同悦让等纂
牟平	又普济堂在城南东北营	（光绪）增修登州府志六十九卷，第二册（清）方汝翼贾湖修.同悦让等纂
黄县	又普济堂在北马集，又育婴堂在县署东	（光绪）增修登州府志六十九卷，第二册（清）方汝翼贾湖修.同悦让等纂
蓬莱	又普济堂旧在道署后，今改置南门内游击署后，草房 33 间。现存 7 间，又迤西旧有育婴堂久废	（光绪）增修登州府志六十九卷，第二册（清）方汝翼贾湖修.同悦让等纂
招远	又普济堂在县署东，内附育婴堂	（光绪）增修登州府志六十九卷，第二册（清）方汝翼贾湖修.同悦让等纂
莱阳	又普济堂在城内西南隅，内附有育婴堂	（光绪）增修登州府志六十九卷，第二册（清）方汝翼贾湖修.同悦让等纂
海阳	瓦草房 20 间，在县前西南	《海阳县志》，包桂纂修，（清）乾隆六年（1741 年）

① （清）昆岗等：《钦定大清会典事例》（卷二百六十九·户部·蠲恤），清光绪石印本。

② （清）于敏中等：《钦定户部则例》（卷八十九·蠲恤八），浙江古籍出版社 1988 年版，第 242－243 页。

烟台各县	普济院情况	文献来源
栖霞	普济堂，在城西门内布政分司旧址，原存钱玖拾柒缗500，光绪四年知县黄丽中筹添钱112缗500，以备孤贫养赡	（光绪）增修登州府志六十九卷，第二册（清）方汝翼贾湖修．同悦让等纂
掖县	掖县的普济堂，有义田300余亩，收租充孤贫口粮	《四续掖县志》卷三，第4-25、28页

（1）福山普济堂有二处。一处在武衙前，计房20间。另一处在鱼池村东，计房20间。雍正十二年（1734年）福山县知县程大模奉文建修。复劝谕绅衿捐义田111亩1分，坐落宫家岛、大屋村二处，劝捐普谷1137石7斗1升。嗣又查出里甲隐垦，拨作义田大亩150亩6分，坐落杜家社。①

乾隆二十七年（1762年），知县何乐善扩充普济堂费，劝谕邑绅捐银460两，置地56亩5分，坐落厅里村。又于是年冬，蒙藩宪崔饬令劝捐棉衣，以济茕独。嗣据本邑典铺共捐棉衣300件。②

（2）掖县普济堂，在县治东南隅，雍正十二年（1734年）奉文倡捐。知县张傚载建置瓦房12间，草房14间，各社公田拨作义田240亩，令各社佃种，每亩输租谷2斗8合5勺，共收租谷50石4升。官绅捐输交当生息银600两，又交当余剩利息银184两4钱7分，又交当谷价生息银100两，收养境内茕独无告贫民。额设孤贫男妇18名口，每个月给口粮谷3斗9升，盐菜大制钱100文一年，支给单衣一年支给棉衣。③

掖县普济堂在民国十四五年（1925年、1926年）加以整修，收容男女贫民。救济孤贫名额为49名，每月由义田租项下支京钱36000文又210文（约6元6角）。民国二十年（1931年）改为救济院，孤贫名额增加11名，每月由义田租项下支京钱27000文又360文（约2元6角）。④

（3）莱阳普济堂。虽地址无考，尚有存储专款，旧额贫民114名，每名月领制钱200文，基金制钱4000贯，旧称普济堂息本，亦曰荒地押价，存城内天德堂2000贯，源顺号2000贯，均月息一分，按月具缴，其历年冬季施放棉衣亦由息款提支，又民国十三年（1924年）十一月城内郭张氏捐做基金制钱200贯，存正和号月息一分，加济贫民10名，共124名。普济堂额外口粮20名，每名月领制钱150文，基金制钱300贯，系清光绪八年（1882年）监故犯姜纪氏遗资，

---

① ② 何乐善、萧劼、王积熙：《福山县志》一，哈佛燕京图书馆藏。
③ （清）张思勉：《掖县志》（清乾隆二十三年刊本，卷二恤养）。
④ 《四续掖县志》（卷三），第4-25、28页。

旧称栖流所生息款存东关东兴号，月息一分，按月具缴。[①]

（4）栖霞普济堂。原存款项制钱 97500 文，每月一分生息，收制钱 975 文。光绪四年（1878 年）黄任筹款制钱 52500 文，每月一分生息，收制钱 525 文。光绪五年（1879 年）黄任筹款制钱 60 千文，每月一分生息，收制钱 600 文，每月共收制钱 2 千 100 文，用放各孤贫盐柴钱文。[②]

（三）育婴堂及其他慈善机构

清代烟台各县除普设养济院、普济堂、育婴堂这些官方慈善机构外，有的县还设有其他类型的慈善机构，如育婴堂、惠民药局、栖流所、义冢、漏泽园等。这些慈善机构多是明代所设。

1. 育婴堂

育婴堂是专门收容弃婴的慈善机构。清代育婴堂的普及率在民间慈善团体中位居第一，是最常见的慈善组织。[③]

育婴堂的出现，与民间溺婴恶习的存在直接相关。清代虽普设育婴堂，但溺女恶俗在全国大部分地区没有断绝。直到民国建立后，育婴堂功能为其他慈善机构所取代，故存留不多。

2. 惠民药局

惠民药局是元、明两代官方慈善机构。由政府提供本钱，派驻医生，提供药材，为贫民治病。《新元史·食货志》记载："太宗九年（1259 年），立燕京等十路惠民药局，给钞五百万两为规运之本。中统二年（1261 年），诏成都路设惠民药局。"《康济录》记载："洪武三年（1370 年），命天下府、州、县设惠民药局，拯疗贫病军民疾患""其药于各处出产并税课抽分药材给予，不足则官为买之"。清建立后，统治者仍然很重视慈善医疗。清弃惠民药局而设同仁堂或其他机构。

3. 栖流所

栖流所又称"留养局""留养所"，为清代收留难民、流民的专门机构。乾隆二十八年（1763 年），清政府命"直属州设留养局收恤老弱贫民，其外来流移贫民例无给赈者。一体入局留养"。明确将栖流所（留养局）作为收留外来流民乞丐的福利机构。其后，留养局、留养所在各地陆续设立。

4. 义冢、漏泽园

义冢，系收埋无主尸骸的墓地。

漏泽园是中国古代的一种社会福利设施，负责掩埋无主尸体及无力埋葬者的尸体。漏泽园始于北宋宋徽宗崇宁三年（1104年），宋徽宗下诏："每年春首，令诸县告示村耆，遍行检视，应有暴露骸骨无主收认者，并赐官钱埋瘗。"①

漏泽园与义冢性质并不一样。义冢，属于民间公益，一般由地方官府发起，给予适当政策支持，但基本由民间自办，私人捐地。义冢仅照顾到那些穷得无法安葬、暴尸街头的贫困百姓。而漏泽园是官方性质的公共墓地，许贫困无地者葬之。

表2-5　清代烟台各县所设其他慈善机构

烟台各县	育婴堂	惠民（药）局	义冢	栖流所	漏泽园
福山	育婴堂附普[1]济堂内	乾隆二十五年（1760年）知县何乐善重修			
栖霞	又育婴堂在城隍庙西，房六间。光绪五年，养济院、育婴堂俱废[2]	惠民药局在北门外今废[3]	汉桥社郝支汉施地二亩，在松山店南头路西[4]		
招远	普济堂在县署东，内附育婴堂[5]				
海阳			义冢地共九处，共计六十二亩七分九厘一毫地[6]	十一间，在县门西[6]	
蓬莱	旧有育婴堂久废[7]				
牟平（宁海州）	又有育婴堂在州治西	旧有惠民药局久废			义地，从前有漏泽园二。今皆变为民地[8]
黄县	又育婴堂在县署东[7]			栖留所在县署北[9]	
莱阳	登州志载莱阳有普济堂在城西南隅，育婴堂附			又栖流所二处，共房屋六间，在城东门里路北，始建不详。清光绪九年（1883年）、民国十一年（1922年）先后补修，今称贫民收容所	漏泽园（即义地）八处在城之四郊。清知县赵光荣所施，在马山埠[10]

① （清）徐松辑：《宋会要辑稿·食货》六八之一一二。

续表

烟台各县	育婴堂	惠民（药）局	义冢	栖流所	漏泽园
掖县	育婴堂旧在县治南青罗观旁房，瓦房三间久废。雍正十二年（1734年）知县张傲载建置南关外，拾民间之弃孩，雇乳哺养，费出前义田内择耆老端谨者司其事[11]		泽民茔即义冢也，葬贫民之无茔者。一在西南郭外，明知府刘任捐置。一在漏泽园北，明知县洪恩熠置 义冢新阡在阳关之西，康熙二十八年（1689年）登莱青道丁蕙捐置		漏泽园在城东北乾河之阳，寄顿客死及贫民无地之棺，外有围墙门户，因水淹移于演武场后，明海防参议于仕廉仍复故地 瘗孤阡在城南郊内路东埋境内殇儿。明知府龙文明捐置 掩骼园在城北五里埠路东，委善民拾境内枯骨，不辨人畜者掘地掩之。明知府龙文明捐置

资料来源：［1］何乐善、萧劼、王积熙：《福山县志》一，哈佛燕京图书馆藏。

［2］（乾隆）栖霞县志十卷，（清）卫苌纂修，清乾隆十九年（1754年）刻本。

［3］（康熙）栖霞县志，胡璘修，清康熙十一年（1672年），卷二建置志。

［4］（光绪）栖霞县续志十卷首一卷，（清）黄丽中修，于如川纂，清光绪五年（1879年）刻本，卷二。

［5］［7］（清）方汝翼、贾湖修、同悦让等纂：增修登州府志六十九卷（第二册）清光绪七年刊本，中国社科院图书馆藏（卷之九仓廒）。

［6］《海阳县续志》（光绪）。

［8］中国方志丛书．华北地方．058．山东省．民国《牟平县志》，恤政。

［9］《黄县志》十四卷首末各一卷．第一册（清）尹继美修纂。

［10］中国方志丛书．华北地方．057．山东省．莱阳县志，任恤。

［11］（清）张思勉：《掖县志》，清乾隆二十三年（1758年）刊本，卷二恤养。

（四）福山收养局

清代，烟台地区除设立养济院、普济堂、育婴堂这些官方慈善机构之外，也有地方官吏设立过社会慈善机构，不同于传统的官办社会慈善机构。如福山县知县潘相设置的福山收养局。

1. 福山收养局概况

乾隆二十九年至乾隆三十五年（1764～1770年），湖南安乡人潘相担任福山县知县，他在福山县创办了一个特殊的慈善机构——收养局。这是一所不同于传统官办慈善机构的社会慈善机构。

福山收养局是一个官督民办的慈善机构。根据福山县知县潘相所著的《蠥文书屋集略》一书中记载，设立收养局的缘由是：

福邑山多土瘠，地窄人稠，无业贫民远赴口外关东京城觅食，久无音信者十家而三。伊等抛别之父母妻室，夏秋和煖，犹可佣工觅食，一至岁暮春初，不免饥寒交迫，难以数计，势既不能尽收。惟遴请公正慈善之绅士，细心察访，分地董理，必其实在。鳏寡孤独奇穷极苦无族戚可倚者，方准收养，业已不下百数十人，特为立定条约，务期实力实心，实有所济，不为空言。①

福山收养局收养对象是"鳏寡孤独奇穷极苦无族戚可倚者"。对于"人虽贫苦尚可自为谋生，妄希收养者，即为游手好闲之人"不准收养。

福山收养局共设收养局五处。分别设在福山县西关厢天齐庙、东乡黄务店、西乡冈崙村、南乡高疃集、北乡诸记村。

这五处收养局的收养范围为："西关厢天齐庙内止收养城内、福中社附、郭村庄及东关社、西关社、留公社、胡家岛社贫民。其黄务店局内则收养黄务、唐疥、马山、陌堂、水都、兜余、集贤、涂山等社贫民。冈崙村局内则收养次兴、巨舆、牟城、古县、孙疥、八角等社贫民。高疃集局内则收养杜家庄、义井、其相、朱丛、南诸、黑石、桃园等社贫民。诸记村局内则收养芝水、务本、奇山、北芝等社贫民。"

为杜绝重复收养贫民，规定收养贫民"既在此局，不得复入彼局。以杜重支捏领，朝东暮西，多生事端情弊"。

2. 收养局组织管理

福山收养局是一个官督民办的慈善机构，由民间管理，政府监管。

福山收养局由地方绅士负责管理，有地保负责确定、核实救济对象。收养局遴请绅士史赞唐、吴球、曹世安、曲文达、郭宏革等董理其事。地保负责确认救济对象。凡应行收养之人，着该地保查明开单，送绅士确查无疑，方准入局。

政府对收养局进行监管。"西关厢天齐庙，本县亲自督查。其四乡四局已移行儒学、巡检、典史分地查察，并分别地保勤怠，记其功过，功多者奖励，过多者即行责革。"

另外，收养局官督民办性质还体现在印簿管理上。收养局各设印簿二本，交董理绅士收掌。一本印簿"登记好义者之姓名、捐数。至春仲事竣造册申送上宪，分别请奖"。另一本印簿"开填贫民名，每越十日，董理之绅士开单交给地保，赴县具报，以凭开折通报"。

---

① （清）潘相撰：《蠥文书屋集略》（第八卷，汲古阁），乾隆四十三年（1778年），第1777页。

3. 福山收养局的管理

为了进行管理，福山收养局还制定了《十项规定》，具体内容如下：

鳏寡孤独疲癃残疾穷苦无依之人，地保或匿不举报，致有遗漏者，查出将该地保责处，仍许入局收养。

收养贫民每日每人给米一升，菜薪钱五文。绅士会同地保每越五日早晨赴局内，按照支放。在局贫民不得外出，或在家受养者，于支放之日不得过期不到，以致绅士等候受累。

贫民领钱米之后，有家者听其归家。如无家者即在局内居住，以免露宿风栖之苦。各局皆赁觅空闲房屋数间，令其男女分别居住，毋得混杂。如有违犯，一经查出，定行革除口粮不准入局。

开设各局系在寺观庙宇内赁觅，空闲房屋内设暖炕草褥，锅笼齐备外，令各开一门出入，往来不许僧道闲杂人等在局滋事，至受养者若敢于庙内欺侮神像，骚扰住持，着该地保禀明逐出。

青年孤寡以廉耻为重，或有实系穷困，顾念门户，宁死不肯就养者，此两种人尤堪悯恻，该地保开单送绅士确查属实，除棉衣给予外，应给钱米，半月一送，以资养赡，仍另造册送核。

外来哀求入局之人，查果应收养者，问明籍贯，准其一体收养。至于少壮男女，着该地保即带县讯明，以凭捐给口粮，递解回籍，毋得容留，致生事端。

收养局内如有患病之人，着该地保立即具报以凭，饬令医生调治，务使生全。倘或病故，该地保一面报明，一面动用公项，顾觅土工人夫，抬赴义冢或官地内，好为深埋，毋使暴露伤残，如有捐棺盛殓者，同收养之善士一并奖励。

各社捐送钱米，即各就附近之局送董理绅士查收登簿，该地保仍将收簿送县查考。

西关厢天齐庙，本县亲自督查。其四乡四局已移行儒学、巡检、典史分地查察，并分别地保勤怠，记其功过，功多者奖励，过多者即行责革。

春融散厂之日，如有盈余，择其犹可佣工者，人各给一铁锄，俾之趁时力作。其老幼男女，男则酌给钱文，令其随便营生。女则量与棉花，令其纺织糊口。外籍之人即按程给予口粮，俾得归里，毋庸递解。

从这十项规定，可以看出：

（1）确定了收养局收养对象是鳏寡孤独疲癃残疾穷苦无依之人。并针对具体情况做出了规定。如"青年孤寡以廉耻为重，或有实系穷困，顾念门户，宁死不肯就养者""外来哀求入局之人"，也可以得到救济。

（2）确定了救济措施。对于贫民，"领钱米之后，有家者听其归家。如无家者即在局内居住，以免露宿风栖之苦。各局皆赁觅空闲房屋数间，令其男女分别居住，毋得混杂"。对于患病贫民，着该地保立即具报以凭，饬令医生调治，务使生全。对于病故贫民，该地保一面报明，一面动用公项，顾觅土工人夫，抬赴义冢或官地内，好为深埋，毋使暴露伤残，如有捐棺盛殓者，同收养之善士一并奖励。

（3）救济标准。"收养贫民每日每人给米一升，菜薪钱五文。"另外，对于青年孤寡和实系穷困者，确查属实后，"除棉衣给予外，应给钱米"。

（4）遣散安排。春天冰雪融化之时，收养局解散。对于不同救济对象，施以不同遣散办法。"如有盈余，择其犹可佣工者，人各给一铁锄，俾之趁时力作。其老幼男女，男则酌给钱文，令其随便营生。女则量与棉花，令其纺织糊口。外籍之人即按程给予口粮，俾得归里，毋庸递解。"

二、烟台开埠后的慈善机构

1861 年烟台开埠，开埠初期的烟台并没有明清时期官方设置的养济院、普济堂和育婴堂，也没有救助流民的栖留所这样的慈善机构。因此，当烟台"自咸丰庚申通商后，中外商贾云集，四方无业游民接踵而至。当天气和暖之时，尚能自食其力。一交冬令，饥寒交困，难以谋生，乞食无门，旋成饿莩"。[①] 为救助流离失所的灾民，驻烟台的历任登莱青道台先后开办了一系列慈善救济机构。

开办慈善救济机构的登莱青道台主要是刘达善、龚易图、张荫桓、方汝翼和盛宣怀（见表 2-6）。

"烟台自同治八年（1869 年），刘前道达善捐廉创设粥厂、庇寒所。龚升道易图购置房屋，立为兼善堂，添设种牛痘、施棉衣。张升道荫桓添设给棺木、修义冢。方升道汝翼又添购地亩，将兼善堂房屋扩充，增设施送医药。"[②] 1891 年，登莱青道台盛宣怀更是在烟台创办了山东省乃至全国规模最大、慈善项目最多的综合性的慈善机构——登郡广仁堂。

表 2-6　登莱青道台在烟台所办慈善事业

历任登莱青道台	慈善项目	增加慈善内容	房产间数	土地
刘子迎（刘达善）	设施粥厂	施粥		
	设庇寒所		十四间	

---

① 《重建烟台兼善堂碑记》（二）。
② 《呈登郡烟台海口及莱青两郡创立广仁堂请》《烟台广仁堂章程样本》，上海图书馆，档号：SD073400。

续表

历任登莱青道台	慈善项目	增加慈善内容	房产间数	土地
龚蔼人（龚易图）	立兼善堂 （道署东隅）	添设种牛痘、施棉衣		
张荫桓		添设给棺木，修义冢		
方汝翼（方右民、方佑民）	改建庇寒所		改建为三十一间	
	重修兼善堂 （潮州馆之东）	增设施送医药	价买民房二十五间	计地三亩二分
				福山汪庚生大令，又捐助地二亩有奇
盛宣怀	庇寒所（改曰栖贫所）		新造司事房三间，新添号舍十间，新买民房十六间，共计五十七间	
	义冢（东沙旺）			三十四亩九分五厘四毫
	寄柩所（丙舍）	幕官、南绅寄停棺木	凡为室两进，共十六间	福山县康令鸿逑捐廉购地一方，计二亩七分零
	神祠		龙王、鲁班、财神殿宇三间，三太祠一间，旁屋作为工匠公所	

资料来源：《东海关监督刘公子迎去思碑》、《重建烟台兼善堂碑记》（一）、《重建烟台兼善堂碑记》（二）、《盛大人德政碑》、《新建广仁堂寄柩所碑记》、《烟台广仁善堂碑记》。

（一）粥厂

　　粥厂，亦称饭厂，是清代重要的救济流民及贫民的措施。就开设时机而言，粥厂大致可以分为常设性粥厂和灾后赈济粥厂两类。粥厂赈济简便易行，亦不需要大量经费，而且具有普遍性、及时性的特点，"每日一勺之粥实能活一人一日之命"[1]，所以粥厂在历代社会救济体系中都居于重要地位。

---

[1]　张金陔：《北平粥厂之研究》，《社会学界》（第7卷），1933年。

烟台开埠通商后，"中外商贾云集，四方无业游民藉力谋生者接踵而至，兼以前数年黄河与小清河泛溢为灾，流离就食之民如水趋壑，饥寒困苦露宿风餐，婴孩乏保恤，疾病无医药，目击情形殊堪悯恻"①。

在这种背景下，烟台亟须建立社会慈善机构。同治八年（1869年），登莱青道台刘达善捐廉创设粥厂、庇寒所。刘达善创设的粥厂，成为近代烟台重要的救济流民及贫民的措施。1886年，盛宣怀担任登莱青道台时，粥厂"施粥一端，通计每日就食者五千余名，给发棉衣裤亦如其数"。到清末时，"渐多至八九千人"。②

清末《申报》中也经常报道烟台粥厂情况：

燕地历年设有粥厂，以济饥黎。本年于月之初一日开厂施放，远迩之艰于糊口者，届时源源而来，踵为之接云。③

粥厂于本月初一日照例开放，贫民就食者日得一餐，亦可少免枵腹之苦。④

1. 粥厂施救对象和经费来源

烟台粥厂设在庇寒所西北隅屋内，"设立锅灶，煮粥施给"。粥厂施救内容主要是施粥兼放棉衣。每晨施放小米厚粥一次。粥厂发放时间为每年十一月初五至次年二月初五。

（1）施救对象。

粥厂施救对象分三类。一是外来逃荒成群难民；二是烟台远近贫民；三是栖贫所（庇寒所）贫民。其中，外来逃荒难民是粥厂主要救济对象。每当周围地区遇到灾荒，就有大量外来难民前来就食。如1894～1895年中日甲午战争时，"去冬粥厂开放后，就食之人比向年为多，间有奉省难民扶老携幼，乞取仁浆义粟，有好事者问之，皆系农民，素有业产，迫于兵燹转徙他乡。咫尺山河，欲归不得，闻者伤之"。⑤

（2）经费来源。

烟台粥厂承担施粥、施舍棉衣，每年需要大量经费。仅1908年一年，粥厂就施舍棉衣4000套，支银4800两，施粥用米500余石，支银3500余两。⑥

烟台粥厂的日常运营经费来源主要是登兼青道捐廉。但随着施救对象日益增多，到1886年盛宣怀担任登莱青道台时，粥厂"每日就食者5000余名"。清末时，"渐多至八九千人"。单纯依靠登兼青道捐廉已捉襟见肘，"不得不筹拨款

① 《烟台广仁堂章程样本》，上海图书馆，档号：SD073400。
② 《财政说明书：山东省》，经济学会1915年版，第382页。
③ 《燕台近事》，《申报》，1884年12月29日。
④ 《芝罘杂录》，《申报》（上海版），1887年12月27日。
⑤ 《烟台杂志》，《申报》，1895年2月6日。
⑥ 《各省财政说明书 V.2 山东省》，岁出部，民政费，经济学会1945年版，第382页。

项，请发米石以持永久"。

粥厂另外一个经费来源是绅商富户捐输。1886年《申报》报道："粥厂施粥由诸大善士输捐，前有某洋行因事与本帮龃龉，经人调处，于粥厂中认捐巨款，中泽哀鸿，不觉欢声载道云。"①

除登兼青道捐廉、绅商富户捐输外，还有一个经费来源是社会捐助。如民国时期，烟台"山东第十三区烟酒稽征分局捐助本堂（广仁堂）庇寒所冬季粥厂大洋200元整"。②

2. 粥厂组织管理机构

粥厂设组织管理机构。管理机构由总办委员、弹压监放委员、监熬委员组成，并由本地绅士监督。另外还设有司事、弁勇、夫役多人。

粥厂管理机构中的总办委员、弹压监放委员、监熬委员各司其职。其中，总办委员"轮流早到，督率所内各人办事和衷共济，稽核盈绌、勤惰滥吝，毋稍偏徇，如遇紧要，随时禀闻请示办理"。弹压监放委员"轮流照料，稽查、督率弁勇启闭门栅，禁止淆乱拥挤，不许强悍欺凌懦弱"。监熬委员"须于四五更时轮班，督率粥夫火夫量米称柴，视其下锅定水米之多少，察粥浆之厚薄，不许粥夫火夫人等偷减柴米。所用柴米出入细账，督同司事经理勿使稍有弊窦"。

对粥厂运行进行监督的是本地绅士。他们"稽查察访本地领粥之人有无捏冒滥领，及领粥卖钱、喂养豕犬、抛弃狼藉等弊。如有所闻见，立即禀官究办"。有时登莱青道也会进行监督。如1898年李希杰担任登莱青道时，即"饬执事人以米样三等呈验。随令购用上等者，是以所煮之粥白而且稠"。③

3. 粥厂管理程序

开设设粥厂虽是救济灾民的善举，但要把好事做好也并不容易。这是因为，粥厂一开，几千人甚至上万人云集，若处置不当，极易引发踩踏和滋事，结果救民不成反成害民。因此，粥厂管理得好坏直接关系到粥厂的成败。

粥厂管理程序是：

第一，点名造册。凡有领粥贫民，限期挂号。若不先期报名注册，毋得渎请冒领。对于外来逃荒成群难民，先由巡检亲自点名造册。择闲旷高燥之地，令难民自行搭棚居住，每户男女老幼若干口，各发一折。自施粥之日起，凭折来所领粥。

第二，搭盖芦席棚厂。搭盖芦席棚厂两处。一为强壮男人驻足候给之处。一为妇女幼孩驻足候给之处，倪遇风雨雪雹，皆可覆庇，均立有栅栏隔绝，派人看

① 《烟台寒色》，《申报》，1886年12月30日。
② 《广仁堂广告》，《东海日报》，1933年12月16日。
③ 《烟海冰纹》，《申报》（上海版），1898年1月6日。

守，随时启闭，不使淆乱争先。

第三，鸣锣开放、发签。施粥之日，辰刻鸣锣一次以示开放，已初、已正各鸣锣一次，以示催领。凡愿领粥者各自携带盛粥器具，至本堂前门之东西两旁角门，分别男女老幼，听候司事等按名发签。

为避免舞弊，发签之时，领签者由庇寒所东西两角门进，只许进不许出。庇寒所西北便门即施粥所之门，领粥者由此而出，只准出不准进。并且，庇寒所内部工作人员，有事从外入者只许与领签之人同路而入，有事从内出者只许与领粥之人同路而出。

第四，领粥。凡领粥者鱼贯而行，挨次至施粥所，窗槛外将盛粥器具安置槛上，将所领之签交入槛内收签之人，一面交签一面按签给粥，领粥后略行数步即从沿街施粥所之门而出。发放时，对于一些弱势群体，如妇女、幼孩先行给发。凡男女中有疾病瞽目跛足者，择人数稀少之时，提前另放。而男人强壮者最后给发。以不许拥挤为第一要义。对于庇寒所（栖贫所）贫民，"每晨由监放委员督率司事、弁勇、夫役人等先行抬粥前往，监同放给，务令周遍，毋使稍有向隅"。

第五，遣散安置。粥厂停止施粥后，对于外来逃荒成群难民进行遣散安置。按名酌给盘费，由巡检遣散，令其自行回籍，不准逗留。

4. 发放棉衣

粥厂除施粥外，还兼放棉衣。

1891 年，盛宣怀创办广仁堂时发布的《施粥所章程二十条》。其发放棉衣有如下规定：

施粥之日，预先暗察贫民有无衣裤及衣裤单薄破损者，俟天气严寒，速即酌量给发棉衣棉裤，毋遗毋滥，不拘何日，骤然一放，勿令预知，致使故意去衣裸体哀求等情。

放棉衣裤须预备票纸，每一衣一张，每一裤一张，当场择其真无御寒者，酌给数张，令其于当日下午时，赴新关凭票换领，切嘱慎勿将票遗失。

栖贫所（庇寒所）贫民一体给发衣裤，须较施粥所稍宽，外来难民真苦，固多冒充者亦所难免，须查明确无御寒者，方可给发。

所施衣裤每件须印一无字花样大戳，庶可认识，俾不能押当出卖。

典当押店旧货滩估衣店每冬须由县出示晓谕，禁止贫民将棉衣棉裤当押变卖，违者将该当店议罚。[①]

① 《施粥所章程二十条》《烟台广仁堂章程样本》，上海图书馆，档号：SD073400。

附《东海关监督刘公子迎去思碑》

同治八年，天子特简刘公子迎观察登莱青道，署居莱州。近朝廷抚柔，绥惠岛服。招徕通商，设东海关，以公监督，关政讥阿不常，乃侨驻之罘，右烟台。公下车不事操切，政皆宽仁，简而有法度，人无干科条者。远自绝国贾行，至关恒千百里，车牛载途，来占市籍，人物嚣辕易动而不驯，公悉有以镇静之，而人大和。服其施者德公，而望公之广其施者，方环而待也。庚午冬遽闻公自陈请去，大府驰书留之，请益坚。越明年辛未春，行得代矣。远近商贾及邑之人相率来告，曰：吾属贸易于此，常安安而居，熙熙而游，水于藏而陆于积，无疾呼急步之警，公恩也。向市区尝患火，公设水具备预之，而井屋不口口。又尝筑屋栖，寒冬大雪为粥饲其饥，皆前所未有。故感公之恩，且及于孤贫子赤赖以无恐而安。公今且去吾属不能留，何以能忘？愿为韵语用刊于石，以垂久远。语曰：

茫茫海域，南北绵延。咸丰己未，司立海关。富商巨贾，盘踞其间。人多嚣杂，驯心实难。迨至壬戌，监督曰潘。赫赫而至，远近聿安。迟至戊辰，刘公来旃。下车宽宥，静镇安恬。立水火会，回禄免焉。立糜粥厂，穷寒开颜。善政养民，历久贴然。其告诸商，奔走来观。

夫我刘公，实维享其利者百年，服其教者百年，畏其神者百年！

大清同治十年八月毂旦烟台阔滩商民人等敬立

（二）庇寒所

同治庚午（1870 年），登莱青道台刘达善"复购买民房，养老幼残疾无所栖止之人。衣之，食之。始于冬初，迄于暮春，名曰庇寒所。俾无以谋生者得免转沟壑，而跻有生之域"。[①] 时庇寒所有房屋 14 间，方汝翼时改建为 31 间，1891 年盛宣怀创办广仁堂时，扩建庇寒所。"新造司事房三间，新添号舍十间，新买民房十六间，共计五十七间。每房一联编一字号，以'安得广厦千万间，大庇天下寒士俱欢颜'十六字编作十六号，又院子内新搭瓦房七间，约计可容贫民七八百人"。[②] 并将庇寒所改名为栖贫所。

庇寒所每年阴历十月初五至二月初五。收容男女老幼无家可归者，并设男女号舍。

①　方汝翼：《重建烟台兼善堂碑记》一。
②　《庇寒所（栖贫所）章程十二条》。

1. 庇寒所施救对象

庇寒所类施救对象为无家可归之人，或老幼贫民、男女乞丐以及残疾妇童。这些人可以常年居住在庇寒所。另一类救济对象是在烟台打工的人。"日间佣工、扛货，夜无栖止，往往卧于沿街海滩，风雨霜露之中易染疾疫，是以改为常年居住，朝出暮归，不给饭食。"

庇寒所设施。庇寒所内"每号铺有板片，冬天用南方秧鞯垫底，本地干海草拥护。不准点灯吃烟烧炕，以防疏虞"。另外，庇寒所内"夏施药茶，冬施姜汤。每冬施粥时，准每人每晨领粥一次，放棉衣时准酌给衣裤"。

另外，庇寒所每年阴历十月初五起收容"男女老幼无家可归者"，但十一月初五开粥厂以前一个月中，倘猝遇风雪，贫人不能出门谋食，由堂董查明极苦老幼及妇女，酌给玉米片每人两个，强壮者不给，天晴不给。如果十月初五以后，粥厂未放棉衣之时，倘遇天寒，无衣者一律给发麻袋一个，无鞋者给发草鞋一双。

庇寒所经费。1908年，"修理庇寒所房屋及煤炭费，委员薪费，厂夫工食等项支银一千三百余两"①。

2. 庇寒所组织管理机构

庇寒所内部组织管理由司事、丐头、铺头组成。

庇寒所内设有驻所司事一人。司事坐卧在大门内第一进玻璃总房内，所有出入之人全行看见。专管所内一切事宜。丐头多人。丐头等人负责把守门户，稽查出入，管束各号住宿之人。每号设一铺头。铺头职责是不准在号人等口角，争斗及偷窃犯法违礼，责令铺头随时稽查，禀知司事。

另外，庇寒所内设有挑水夫一名，烧开水夫一名。

3. 庇寒所管理措施

庇寒所制定了严格的管理措施。

第一，男女老幼无家可归贫民进入庇寒所，首先需要挂号。

每到冬天，凡男女老幼无家可归贫民，都可到庇寒所居住。凡有来所居住者，给发腰牌，设立坐簿一本，详载各人姓名、年貌、籍贯，每月造具旧管、新收、开除、实在四柱册，呈送各董稽核。

第二，庇寒所规定了严格的纪律。每日黎明开放，每日起更时锁门。严定朝夕出入，除延医救火，一切要事外，不准擅自出入，责令专管之人逐号按名点查，如有违悞，限予责罚，以防在外致生偷窃之虞。各号男女不准混杂，上下人等不准嫖赌烟酒犯法等事，违者由司事会同董事斥退，情迹重者禀请送官惩办。

第三，对在庇寒所内生病、病重或病故贫民的救治，庇寒所章程有明确规定：

---

① 《各省财政说明书 V.2 山东省》（岁出部），民政费，经济学会1946年版，第382页。

"遇有疾病，即令铺头、丐头禀知司事报明男女姓名、年贯，分送广仁堂男女养病所。居住就医倘病重不能移动及不愿往养病所就医者，由司事请官医来治。若有病故，由丐头禀报巡检验，由堂发给施材，派司事监殓掩埋义冢，立石编号，以备尸亲认领。"

附：重建烟台兼善堂碑记

同治庚午，刘子迎观察于创设施粥厂诸善举而外，复购买民房，养老幼残疾无所栖止之人。衣之，食之。始于冬初，迄于暮春，名曰庇寒所。俾无以谋生者得免转沟壑，而跻有生之域。善莫大焉！惟原置房屋仅止十四间。本年夏，阴雨连绵，屋皆倾塌，因割俸重建三十一间，人数计可多容，男女亦有区别，一切悉循旧章。昔贤有言，"尽得一分心，即收得一分益"。又曰："苟存心于利物，于人必有所济"。斯所之改建，余不过推广前人有基勿坏之心，不敢谓有所济益。至于垂久远，而补阙遗，是所望于后之君子。

光绪五年岁次己卯十月谷旦督榷使者樊舆方汝翼记

（三）兼善堂

兼善堂是烟台第一所综合性慈善机构。1871 年，登莱青道台龚易图在刘达善创设庇寒所的基础上创办。其后，方汝翼又添购地亩，扩充房屋，增设慈善项目，将兼善堂建设为烟台第一所综合性慈善机构。

1. 龚易图创设兼善堂

1871 年，龚易图担任登莱青道台。在任期间，龚易图购置房屋，立为兼善堂。并议设"育婴堂、恤嫠所，又立兼善堂为贫民施粥、施药、施种牛痘、施棺、施寒衣"。[①] 在《重建烟台兼善堂碑记》（二）中记载，兼善堂"为施粥种豆公所。所以保赤子，惠穷黎者，至周且备"。[②]

兼善堂为烟台第一所综合性慈善机构，在清末《申报》中就有兼善堂种痘局的报道：

粥厂旁旧设种痘局，所需经费闻系各宪捐廉。今年于上月二十六日开局施种，远近居民孰不感各宪保赤之恩哉。[③]

---

① 陈庆元：《谢章铤集》，吉林文史出版社 2009 年版，第 114 页。
② 《重建烟台兼善堂碑记》（二）。
③ 《北通近状》，《申报》（上海版），1885 年 5 月 22 日。

2. 张荫桓、方汝翼扩充兼善堂

1776年，张荫桓①署登莱青道。张荫桓扩充兼善堂，添设"给棺木，修义冢"。在《清史稿》中记载："又义冢一区为人盗售，有司已钤契矣。复与力争，卒返其地"。②

光绪四年（1878年），方汝翼（1828~1895年）③接任登莱青道台，扩充兼善堂。一是"添购地亩，将兼善堂房屋扩充"，二是"增设施送医药"。④

方汝翼接任登莱青道台时，正值近代以来最严重的一次自然灾害——"丁戊奇荒"高峰期。"适值邻境灾祲之余，流离之氓，远来就食者尤众。"而旧堂地址规模狭隘，方汝翼对兼善堂进行了扩充。

方汝翼在兼善堂增设施送医药，在清末《申报》中就有相关报道：

辛苦食力之人无力延医购药，殊可悯恻。因在兼善堂创立医院，于十五日起开局诊治，并送药资。闻此项经费，系道宪倡捐而经众善士襄助者也。⑤

附：重建烟台兼善堂碑记

烟台海口，自咸丰庚申通商后，中外商贾云集，四方无业游民接踵而至。当天气和暖之时，尚能自食其力。一交冬令，饥寒交困，难以谋生，乞食无门，旋成饿莩。前任刘子迎观察悯焉，捐廉创设粥厂，兼施棉衣，穷民赖以存活。继而，龚蔼人观察于署之东隅，购买房地，颜其额曰："兼善堂"，为施粥种豆公所。所以保赤子，惠穷黎者，至周且备。光绪戊寅，余奉命分巡是邦，适值邻境灾祲之余，流离之氓，远来就食者尤众。旧堂地址规模狭隘，不无拥挤之患。爰在潮州馆之东，价买民房二十五间，计地三亩二分；福山汪庚生大令，又捐助地二亩有奇。计价钱三百千。庀材鸠工，绕以垣墙七十余丈，向南筑大门一座，仍其旧曰："兼善堂。"共计工价，大钱二千二百余缗，均系捐廉给发。落成之日，亲往勘度，局势宽展，人咸称便。夫人之欲善，谁不如我？此举仅为扩充起见，后之来者，当更补所未备，庶善举久而弗替，此尤余之所厚望也夫！

光绪五年岁次己卯十月谷旦督榷使者樊舆方汝翼记

---

① 张荫桓，广东南海人，字樵野。1776年署登莱青道。
② 赵尔巽：《清史稿》（9卷），1999年版，第3415页。
③ 方汝翼（1828~1895年），字右（佑）民，直隶清苑人（浙江籍），1878~1886年担任登莱青道台。
④ 《烟台广仁堂章程样本》，上海图书馆，档号：SD073400。
⑤ 《烟台杂记》，《申报》（上海版），1886年8月27日。

本章小结

　　烟台开埠前，烟台地区的官方慈善机构养济院、普济堂、育婴堂主要集中在登州、莱青州、各个府城和县城。烟台作为登州府福山县下的渔村，慈善机构付之阙如。

　　1861年烟台开埠后，"中外商贾云集，四方无业游民藉力谋生者接踵而至"，再加上本地贫民甚多，驻烟台的登莱青道台先后创办了粥厂、庇寒所和兼善堂。提供施粥、种牛痘、施棉衣、给棺木、修义冢和施送医药等慈善内容。这些慈善机构都是官办慈善机构，提供的慈善项目还属于传统"养济"性质的慈善救济内容。

第二编

清末烟台慈善

第三章 清末烟台慈善救济事业

清代，是中国古代荒政发展的鼎盛阶段。形成了一整套完备的赈灾救荒体系，全面的救灾措施，建立了一套较为严密的管理体制。

一、清末烟台灾情

近代烟台的灾害主要有自然灾害和战争灾害。自然灾害有暴雨、雪灾、旱灾、蝗灾、水灾等，战争灾害有兵灾、匪灾等。

（一）清末烟台自然灾害

近代烟台，天灾人祸不断。1840~1949 年，据不完全统计，烟台市有重大灾荒 141 次（见表 3-1）。从表 3-1 中可以看出，排在前五位的灾情是地震、暴风雨、旱灾、虫灾和兵灾。既有自然灾害，也有战争灾害。频繁的灾害，给近代烟台人民生命财产造成了极大的损害。只就以上 141 次灾荒的粗略记载，即死人77842 人，毁坏船只 587 只，其他如"死人无算""死亡严重""损伤无数"的记载，均未统计在内。

表 3-1　1840~1949 年烟台市重大灾情类别及次数统计　　　　单位：次

灾情类别	地震	暴风雨	虫灾	台风	旱灾	冰雹	大寒冻海	鼠疫	霍乱	兵灾	海溢	水灾	疫	大雪	龙卷风	火灾	触礁	总计
次数	19	18	14	10	16	8	4	2	5	14	5	3	12	6	1	3	1	141

资料来源：烟台市民政志编纂办公室：《烟台民政志》，1987 年版，第 458 页。

1. 旱灾

旱灾是近代烟台灾情次数排名第三的灾害。据《烟台民政志》记载："中华人民共和国成立前，境内干旱平均7年2遇，西部地区多于东部地区。"从表3-2可以看出，1848～1936年，烟台市境内共出现旱灾19次，其中，春、夏、秋连旱6次，大旱1次。

表3-2　1848～1936年烟台市旱灾灾情统计

出现年次			成灾季节	成灾县	灾情摘要
公历	朝代				
	年号	年数			
1848	道光	二十八年	夏旱	蓬莱县、牟平县、福山县、文登县	
1852	咸丰	二年	春旱	蓬莱县、文登县	
1856	咸丰	六年	夏大旱	海阳县、牟平县、蓬莱县、黄县、栖霞县	
1859	咸丰	九年	大旱	黄县、福山县、掖县、蓬莱县	
1869	同治	八年	春、夏、秋连旱	蓬莱县、黄县	
1876	光绪	二年	春、夏连旱	牟平县、海阳县、莱阳县、福山县、文登县、掖县	草木皆枯
1887	光绪	十三年	春、夏、秋连旱	境内大部分地区	
1892	光绪	十八年	夏旱	莱阳县、海阳县、牟平县、文登县	
1894	光绪	二十年	秋旱	境内北部地区	烟台8～10月降水比常年减少87%
1899	光绪	二十五年	春旱、秋旱	莱阳县、黄县、文登县、牟平县、荣成县	
1901	光绪	二十七年	春、夏和初秋连旱	境内大部分地区	
1906	光绪	三十二年	秋旱	境内大部分地区	烟台秋季降水量较常年同期减少48%
1908	光绪	三十四年	春、夏连旱	境内西部、北部地区	
1912			春、夏、秋连旱	境内大部分地区	烟台年降水量比常年减少40%
1916			夏旱、秋旱	莱阳县夏旱，境内北部秋旱	
1919			春、夏连旱	境内大部分地区	烟台3～8月降水量比常年减少61%

续表

出现年次			成灾季节	成灾县	灾情摘要
公历	朝代				
	年号	年数			
1927			春、夏、秋连旱	境内大部分地区	
1928			春旱	境内大部分地区	烟台3~5月降水量比常年减少52%
1936			春、夏、秋连旱	境内大部分地区	

资料来源：烟台市地方史志编纂委员会办公室：《烟台市志》，科学普及出版社1994年版，第167页。

对于近代烟台发生的大旱灾，近代报纸曾对此有详细的记录。

（1）1876年烟台旱灾。

字林西报云。近接烟台信息，知收成不佳，灾黎恐难活至来春。黄县人有将石膏拌入小米而食者，虽不能养人，亦聊以充饥耳。西报又谓，向曾有人至亚非利加洲适遇荒年，见土人有以绳束腰者，越饿则绳越紧束，如是则虽延之四日可不饿死。今黄县人之服石膏其亦救急之意哉。又有人从乡下回，谓见有数百家其中各物尽行卖完，人亦出外求乞，意拟明春播种时再作归计。又传得官准民人将子弟出，此信恐未确也。①

（2）1887年旱灾。

天久不雨，田皆龟坼，盛观察忧之，亲赴天后宫设坛祈祷，并示期自十一日起，禁止屠宰三日，以迓祥和奈。赤日经天，炎熇如故，纤云四卷，涓滴全无。观察因又委员在宁海界九龙池取水，重复祈沛，甘霖未识，能回天心于万一否也？②

（3）1889年烟台旱灾。

山东来信云，登州饥馑虽不至如西府之惨，然粮价更形昂贵。计粗粮一斗值制钱一千六百余文，又民无恒产，每赴奉天贸易以博饔飧，近来奉省生意清寥，遂不免坐以待毙。近闻有故食河豚鱼以箕毕命者，一家数口同赴黄泉，闻之能无酸鼻。③

（4）1899年烟台旱灾。

本年天气亢旱，田禾大半枯槁，兼有虫食之虞，以致秋收甚为减色，约计祗有三成，贫民食力维艰，不知何以卒岁也。④

---

① 《烟台邮耗》，《申报》（上海版），1876年12月2日。

② 《申报》，1887年7月12日。

③ 《登州灾状》，《申报》（上海版），1889年6月11日。

④ 《之罘近事》，《申报》（上海版），1899年9月11日。

2. 风灾

烟台三面临海，易受台风等各类自然灾害影响。近代烟台市风灾主要是台风，其次是大风飓风（龙卷风）。"台风出现的次数年均 1.5 次，最多年达 6 次（1965 年）。出现台风最早为 5 月 26 日，最晚为 10 月 5 日，均发生在 1961 年。每年 7~9 月，为台风多发季节。"① 此外，烟台港口长期是一个天然港口，没有任何避风设施。1921 年海坝工程竣工之前，烟台港口经常遭遇风灾，发生船只倾覆、人员溺亡的惨剧。近代报纸也曾对此有过详细的记录。

（1）1874 年烟台风灾。

燕台来信云，本月十四日该埠陡发大风，为飓为台，或颠或簸，大块噫气，煞是怕人。西友云及该埠自通商以来，从未有如此之狂飓斗作者也。外国船之湾泊是埠者。多有走锚撞击之患，中有二艘名阿多名罕地者，皆已为风力吹激打至岸畔居，然搁住其罕地。一艘则更沉入海滩泥沙之中，深有六尺，将来施工拖拽，正恐其大为费事耳。又有华船如沙卫等巨舰峨峨者，亦俱有打至岸上者。内有二艘已经破坏，所装之麦米等货在破舱中俱为本地贫民乘机抢去。大有遗秉滞穗之风焉。至该埠小船及杉板等船，被失者有四十余艘，溺死华人二名，查无踪迹者数名。②

（2）1890 年烟台风灾。

北地寒信较南省倍早，刭海孤屿，尤为得气之先。前月二十三日，烟台突患大风，噫气破块，浊浪排空，且又霰雪纷飞，奇冷彻骨，历一昼夜，而风势始杀。计冲激被损船只三十余号，内有满载海带菽荳货船八号，概遭覆没，飘失无踪，货物间有漂流海岸者。直至二十五日始探知杨茂岛有尸身二百余具冲聚一处，无人捞葬。刻下烟台东西两岸，惟见片板浮沈，随波上下而已，风威肆虐，酿此历灾，嗟彼舵民司埋鱼腹，伤哉。③

（3）1910 年烟台风灾。

上月十七日夜半，沿海一带陡然风起，海水如山涌。登州府近多被损伤，被灾特重者惟龙口，共沈没民船三十余艘，溺毙三百余人。现尚有一百余名未知下落。又宁海孙家滩系产盐之地，制成之盐均屯於滩中，是日被海水一概荡尽，又溺毙人命十余名。内有孙某者以鱼盐为业，适撑舟外出，遽遭不测。遗一老母，痛子惨死，夜间乘人不备亦自缢焉。其妻李氏见夫与姑皆毙家中，又一贫如洗，何以度生，亦吞洋烟毙命。一家三口无一存者。呜呼，惨己。又一风船上载柞茧搭客二十余名，自沙河子开往烟台，行至威海遇风全舟覆没，毙命者二十余人。

① 烟台市地方史志编纂委员会办公室：《烟台市志》，科学普及出版社 1994 年版，第 169 页。
② 《燕台大风》，《申报》（上海版），1874 年 12 月 2 日。
③ 《烟台风灾》，《益闻录》1890 年第 1018 期，第 542 页。

惟诸人中有一十七八岁之女，负一木板随水漂流至枕云村，被一农人救起，携归抚养。至烟台口内，沈毁舢板十余只，溺人十余名。惟自该口迤西至八角口一带，岸上居民房屋全被冲毁。近日如此严寒，民皆架木而居，修补完全者，尚不足十之二三焉。①

3. 疫灾

在烟台历史上，曾发生过多次以霍乱、天花为主的疫病流行。据殷成明先生在《明清时期胶东疫情纪略》一文中提到，从顺治到宣统年间曾经发生过 34 次重大疫病，如表 3-3 所示：

表 3-3　清代胶东疫情统计

疫情时间	（霍乱、天花等）疫情次数（次）
顺治年间（1644~1661 年）	1
康熙年间（1661~1722 年）	5
乾隆年间（1736~1796 年）	7
嘉庆年间（1796~1820 年）	1
道光年间（1820~1850 年）	5
咸丰年间（1850~1861 年）	3
同治年间（1861~1875 年）	3
光绪年间（1875~1908 年）	7
宣统年间（1909~1912 年）	2

资料来源：殷成明：《明清时期胶东疫情纪略》，《烟台文史》2020 年总第 8 期。

以下是近代烟台较为严重的疫情。

（1）1862 年霍乱。

1862 年，登州府发生大疫情。《清史稿·灾异》中记载："同治元年六月，登州府大疫，死者无算"。《民国福山县志稿》记载福山"七月大疫，死者无算"。

在疫情发生时，美北长老会传教士麦嘉缔（Divie Bethune McCartee）刚刚来到烟台，他对这场疫情有详细的记载：

每所房子里都有一个或者更多的中国人死去，全县每个村庄的人口都有所减少。人们都认为霍乱之害甚于叛匪，因为至少还有机会逃离后者而对于霍乱，却无处可逃。当霍乱猖獗之时，听到在午夜时分，从丧失亲人的家庭突然传出的嚎

---

① 《渤海沿岸风灾》，《申报》（上海版），1910 年 1 月 1 日。

哭声，让人感到很悲伤。芝罘地区的死亡人数达到了居民总数的三分之一。[①]

（2）1877年时疫。

得燕台信，知近日该处地方病疫更多，辗转相传，殊难医疗。前报有西医一人用心诊治，而竟传染疫气，遂致不起。兹闻又有一医亦循覆辙，良可慨也。有某医生创一议论，欲就海边盖造一大病房，俾有疾者栖止，其中病者得吹海风，可永绝瘟？之患，有所限制，亦无传染之虞，然亦徒托空言耳。[②]

（3）1883年时疫。

顷接烟台友人来函，谓该处自六月二十日以后，时疫盛行，比户皆是得病，不过六七点钟顿即殒命，岐黄家束手兴嗟，回春无术，染疫死者日以百计。闻二十八日有某棺铺售去槥具三十余个，一铺已然，以众铺合计之，其数更难屈指。今地方官出有告示，禁食给水瓜菜等物，而瘟疫犹未稍减云。[③]

（4）1911年烟台鼠疫。

1911年鼠疫是人类历史上第三次鼠疫大流行。这次鼠疫波及中国69个县，共死亡6万余人[④]。1911年鼠疫也波及烟台。山东省中以烟台受疫最重。截至1911年4月6日，烟台自有疫以来，"共死一千零六十八人"。[⑤] 且自防疫事起，烟台"闭港三月之久，货舶不通，商民交困"。[⑥]

（二）清末烟台战争灾害

烟台历来是海防重地、兵家必争之地。近代，烟台频频受到战争的威胁。如1859年法军占领烟台，1861年、1867年捻军两次进军胶东，1895年甲午中日战争等。

1. 捻军两次进军胶东

近代烟台开埠后，首次遇到的兵灾是捻军两次进军胶东一带。第一次捻军进军胶东是咸丰十一年（1861年），第二次捻军进军胶东是同治六年（1867年）。两次进军，胶东各州县百姓伤亡损失惨重。择其部分县志可见当时战争损害之惨烈。

据《福山县志稿》记载：

咸丰十一年（1861年）九月初四日，捻匪分股东窜，围福山，又数股围烟

① Robert E. Speer. A Missionary Pioneer in the Far East：A Memorial of Divie Bethune McCartee，1922.

② 《燕台病疫》，《申报》（上海版），1877年6月5日。

③ 《烟台瘟疫》，《益闻录》1883年第281期，第368页。

④ 洗维逊：《鼠疫流行史》，广东省卫生防疫站1989年版。

⑤ 《烟台疫死总数》，《新闻报》，1911年4月16日。

⑥ 《山东巡抚孙宝琦为陈善后事宜择尤保奖并请酌拨款项事奏折》，宣统三年四月十四日、中国第一历史档案馆：《清末东北地区爆发鼠疫史料下》，载《历史档案》。

台。至通伸冈，诸商募洋船以飞炮击之，皆奔去乡间，死人无算。

同治六年（1867 年）六月初十日，犯福山。十五日，马步二万余据磁山下，忽去忽来，迄至十二月始止，蹂躏六七阅月，全境骚然，惟人死无多。①

《牟平县志》记载：

咸丰十一年（1861 年）九月，……此五日间，各乡被害甚惨，焚掠杀辱，无所不至，穷岩深谷，无处不搜，计男女死者七千余名，被掳者八千二百余名，焚毁房屋近三万间，掠夺牛马至二万匹，其他粮石衣件等物多至不可计算。兵燹之惨，未有甚于此者也。

同治六年（1867 年），……。捻首任柱、赖汶洸、张总愚各率众十余万再犯山东，旋窜入登州，各属戒严。六月十五日，有贼骑探至城下，疑为有备，遂南下焚掠海阳，东扑文荣，沿路经过县境，乡民受害颇重。②

2. 甲午中日战争

甲午中日战争中，烟台也饱受日军的骚扰。1895 年初，日军于攻陷旅顺后由成山龙须岛登陆，陷文登、荣成、威海卫、宁海等地，福山县民迁徙一空。

《申报》记载了当时日军入侵威海时烟台的情景：

上年银市贬价，至腊月中始有起色。迨二十六日谣传倭人登岸，一日间每两加钱五六十文。总由兵事戒严，是以买者多而卖者少也。兵事戒严，商民相率迁避。新正初二三等日，滨海各村落及福山县城十室九空，咸作乐郊之适。目下军务仓黄，各国护商兵轮船时然巨炮，商民闻之，咸奔赴海演侦探。③

二、清代的荒政

荒政是指中国古代社会救济灾荒的法令、制度与政策、措施。嘉庆《大清会典》中将荒政内容列为十二项，即"一曰备侵；二曰除孽；三曰救荒；四曰发赈；五曰减粜；六曰出贷；七曰蠲赋；八曰缓征；九曰通常；十曰劝输；十有一曰兴工筑；十有二曰集流亡"④。作为中国最后一个封建王朝，清代救灾程序制度化，救灾措施也日趋完备，并建立了一套较为严密的管理体制。

---

① 于宗潼：《福山县志稿》，兵事。
② 《牟平县志》通纪（卷十叶十）。
③ 《之罘近事》，《申报》（上海版），1895 年 2 月 13 日。
④ 嘉庆《大清会典》（卷十二）。

（一） 政府赈灾程序

清政府制定了一套非常严密的赈灾制度，并照章办事。除了这十二项救灾的具体内容，清政府还建立了"一套相对于宋、明来说更为严格的报灾、勘灾、审户、蠲免、赈济的救灾程序"。[①] 并且对延误、隐匿灾情者和赈灾执行不力者规定了相应的处罚条例措施。汪志伊在《荒政辑要》对清政府的赈灾程序归纳如下：

1. 报灾

发生灾情后，地方官吏必须迅速逐级上报灾情，然后由督抚将被灾情况、日期等迅速上报。夏灾限六月终旬，秋灾限九月终旬。并于四十五日之内续报灾伤，一例速奏。凡州县报灾到省，准其扣除程限，督抚司道府官以州县报到日为始，迅速详题。若迟延半月以内，递至三月以外者，分别议处，上司属员一律处分，隐匿者严加议处。主要处分有罚俸、降级，甚至革职查办；讳灾不报或是报灾不实者，则革职永不叙用。

2. 勘灾

督抚、知府等派员协同州县迅速赴灾区，督同甲首、里长根据灾民的报灾情形履亩核实。除旱灾以渐而成，仍照四十日正限勘报外，其原报被水被霜被风灾地续灾较重，距原报情形之日在十五日以外者，准于正限外展限二十日勘报；距原报情形之日未过十五日者，统于正限内勘报请题，不准展限。若已过初灾勘报正限之后，续被重灾，准另起限期勘报。

经勘灾，"凡水旱成灾，地方官将灾户原纳地丁正赋作为十分，按灾请蠲，被灾十分者蠲正赋十分之七，被灾九分者蠲正赋十分之六，被灾八分者蠲正赋十分之四，被灾七分者蠲正赋十分之二，被灾六分者蠲正赋十分之一"，任意删减分数及超过勘报期限者，严加惩处。

3. 查赈

查赈，指具体核实极贫次贫、大小口数、有无残疾及应领赈粮的数量等，以备赈济。被灾地方官一面将受灾分数勘报，一面迅速核查应赈户口。灾户内有贡监生赤贫者，由该地学教官填报赈册。16 岁以上为大口，16 岁以下者至能行走者为小口。查赈官要切实核查灾情，并亲自填写入册，不得假手胥役。核查不实者治罪。

4. 散赈

水旱灾害发生后，"督抚一面题报情形，一面饬属发仓，将乏食贫民不论成

---

① 朱俊生、袁铎珍、康冉、文利芳：《宋、明、清自治性福利及其现代意蕴》，首都经济贸易大学出版社 2019 年版，第 15 页。

灾分数，均先行正赈一个月"。灾民赈粮，由州县官员亲自施赈。被灾十分、九分者，极贫分别加赈四、三个月，次贫分别加赈三、二个月；被灾八分七分者，极贫加赈二个月，次贫加赈一个月；被灾六分者，极贫加赈一个月；被灾五分者酌情借给口粮。应赈灾民，大口每天给米五合，小口二合五勺。办理不实不力者治罪。具体如表3-4所示：

表3-4　乾隆时期成灾、贫困等级与抚恤、加赈关系一览

成灾等级	十分灾		九分灾		八分灾		七分灾		六分灾	
贫困等级	极贫	次贫	极贫	次贫	极贫	次贫	极贫	次贫	极贫	次贫
加赈月数	4	3	3	2	2	1	2	1	1	无
开始经赈	10月	11月	11月	12月	12月	腊月	12月	腊月	腊月	—
抚恤	"实在乏食贫民"均给1个月口粮，遇不建不扣除；房塌人亡给银抚恤									
日给标准	大口米5合，小口减半；除抚恤1个月口粮外，遇小建扣除									

注：①成灾六、七、八、九、十分即收成分别减少60%、70%、80%、90%和100%。
②坍塌房屋和身毙抚恤银，发放标准存在省际差异；大小口年龄界限也有地区差异。
资料来源：（清）汪志伊：《荒政辑要》（卷四），《散赈》。转引自张祥稳：《试论清代乾隆朝中央政府赈济灾民政策的具体实施——以乾隆十一年江苏邳州、宿迁、桃源三州县水灾赈济为例》，《清史研究》2007年第1期。

（二）政府赈灾措施

清代，政府采取的赈济措施一般有施赈、平粜、调粟、任恤、借贷、兴工、蠲免、居养、仓储等。

1. 蠲免

蠲免是荒政的关键。所谓"蠲免"，即免征钱粮与免除劳役，也正是《大清会典》里阐述的"蠲赋"与"缓征"。"灾蠲有免赋，有缓徵，有赈，有贷，有免一切逋欠。清初定制，凡遇灾蠲，起运存留均减。存留不足，即减起运。"[1]在灾荒发生后，经过报荒与勘灾，中央政府根据受灾情况免除或缓征受灾地的钱粮征收与劳役。

蠲免的标准，清政府有明确的规定。"顺治初，定被灾八分至十分，免十之三；五分至七分，免二；四分免一。康熙十七年，改为六分免十之一，七分以上免二，九分以上免三。雍正六年，又改十分者免其七，九分免六，八分免四，七分免二，六分免一。然灾情重者，率全行蠲免。凡报灾，……督抚亲莅灾所，率

---

[1] 《清史稿·食货志二》。

属发仓先赈，（于四十五日内具题）然后闻。"①

可以看出，清朝荒政在救灾济民上设计了一套成熟的运作机制。一旦有灾荒发生，中央政府在评定灾情程度之后，按例进行蠲免。同时，制度设计也要求地方大员要亲赴灾区，对灾民进行救济。

清代登莱青三府发生灾荒后，清政府和山东督抚都要对灾民进行一定的蠲免。如1843年12月，登州府属福山县发生水灾，山东巡抚梁宝常奏请对福山县水灾进行蠲免：

> 臣查福山县地居滨海，逼近里外夹河。本年自交夏令，雨水本多，迨至七月中旬又复连宵达旦，大雨如注，山水陡发，以致田禾淹浸，伤毙人口，倒塌房屋。……除淹毙大小男妇二十一名口，业由该县当时捐给殓埋之费，毋庸议外，……将福山县成灾七分之四乡、北关厢等四十九村庄，成灾六分之栖里村等四十二村庄，无论极贫次贫，先行赏给抚恤一月本色口粮，……仍照例成灾七分者极贫加赈两个月，次贫加赈一个月。成灾六分者极贫加赈一个月。……至应征本年钱粮，并恳照例成灾七分者蠲免正赋十分之二、成灾六分者蠲正赋十分之一。②

1889年，山东发生大水灾，登莱青道台盛宣怀致山东巡抚张曜、山东布政使王毓藻电，请求对登莱青三府受灾地区进行蠲免：

> 昨以流民逃散，非宣空言所能安辑，禀复傅相，并询光绪四年办法。顷奉电谕："勘电悉。东省积荒久困之区，虽原请麦后启征，仍可酌量灾区轻重，请将本年上忙钱漕分别豁免缓征，或并请全豁历年旧欠，恩旨无不允行。其下忙钱漕应俟秋成有无再酌。直隶光绪四年大灾即如此办理。祈速电抚藩酌办，并先饬知州县。鸿。艳"云。直隶既有成案，即求酌办。各州县积荒久困，若非豁免，并请全豁旧欠，实恐不能招辑。恐州县奉文开征则残恩难留，傅相故请先饬知州县。宣禀。艳。一等。新法。廿九。③

2. 赈济

赈济，即政府拨付钱粮救济灾民。蠲免之后，赈济承担了荒政更多的目的性功能，比如救灾济民、维持社会稳定、安抚受灾流民等。因此，赈济一直以来都是荒政的核心要素，而其主要的内容则是粥赈与以工代赈。

（1）粥赈。即政府以煮粥的方式赈济灾民。古人认为"救饥如救溺"，因而历代多将施粥作为一种最便捷、最有效的应急办法，加以使用。粥赈的优势主要

---

① 《清史稿·食货志二》。

② 水利电力部水管司、水利水电科学研究院：《清代黄河流域洪涝档案史料》，中华书局1993年版，第634页。

③ 《盛宣怀致张曜、王毓藻电》，光绪十五年三月二十九日。

在于救急，并以较少的耗费救济灾民。因此，为了救济灾民和维持社会稳定，政府往往在城门外设粥厂。

粥厂又称饭厂、暖厂等，粥厂的设立有临时和常设两种。临时指遇有饥荒地方官绅集资设厂施济；常设指粥厂有固定基金，经常施济。自晚清以迄民国，粥厂作为一种经常性的慈善机构，更多地被举办于每年的冬春之交。

清代登莱青三府发生灾荒后，清政府和山东督抚都要对灾民进行一定的粥赈。下面是一些粥赈的情况。

"康熙四十三年（1704年），招远县岁饥，邑增生刘溥捐粥赈济，乡里多赖以存活，同时买地千余亩，及次岁丰稔，俱令原价回赎，乡人感其德，皆以善人目之"。①

1877年5月，丁戊奇荒期间，谢家福前往青州放赈，经过烟台，他看到"烟台一处，粥厂亦有二万余人"。②

烟台开埠后，1869年刘达善担任登莱青道台期间就设立了常设的粥厂。

燕地历年设有粥厂，以济饥黎。本年于月之初一日开厂施放，远迩之艰于糊口者，届时源源而来，踵为之接云。③

（2）以工代赈。主要是招募仍具有劳动力的灾民参加救灾或工程建设等方式，获得赈济钱物。《大清会典》里，就提到政府通过以工代赈，"兴土工，使民就佣。岁饥有力之家，皆罢与作闲……或筑城垣，或浚沟渠，或固堤防，或治仓廒。俾废堕可修，而民就佣赁得食，以免于阻饥。事竣，则疏报所济饥民与所费工筑之数，由部覆核而奏效之"。④

对于政府来说，"遇荒俭而兴土木之工，既可以免饥寒，又可以杜邪念，真救荒弭盗之良法矣"⑤。因此，每当灾荒发生后，地方政府就会积极组织有劳动力的灾民参加救灾或工程建设，从而使灾民通过劳作获得食物，免予饥馑，达到救灾济民的目的，同时也能维护社会稳定，避免灾民流离失所，也即所谓"于兴役之中，即寓赈济之意，莫便于此"⑥。

清末，登莱青道台多次组织以工代赈，救济灾民。如1900年义和团运动期间，《申报》报道的烟台以工代赈。

烟台访事人云。自中外各国衅启，津沽烟台市面萧条，日形不振，力食之辈谋生不得，易起盗心。迺由广仁堂资雇人夫挑挖各河，并疏通街巷阴沟，为以工

① （清）《招远县续志：卷3》人物志，道光二十六年刻本。
② 《谢家福日记》，第90页。
③ 《燕台近事》，《申报》（上海版），1884年12月29日。
④ 《大清会典》卷十九。
⑤ 李文海等：《中国荒政全书》（第一辑），北京古籍出版社2003年版，第623页。
⑥ 《清实录·雍正朝实录卷之三》。

代振之举，贫民之赖以得食者，多至三百余名，诚良法也。①

宣统二年（1910年），东三省暴发鼠疫，蔓延到烟台。烟台为防疫隔绝数月，东海关道徐世光向直隶总督、山东巡抚致电请求以工代赈。

据东海关道徐世光电称，该关自防疫后船货俱绝，交通阻隔，登属贫民无可谋生。即烟台一埠不下数千人向以服力为生者，大半闲散。即使疫退货来为期已迫，此辈饥寒可悯，走险堪虞。现虽设防疫留养所，仅留弱病之人，少壮仍然闲暇，亟须代筹生计。拟督饬地方官酌办要工。如修河修道等事，以工代赈，冀免流离。②

3. 平粜

平粜是每遇荒欠之年或青黄不接之际，市面米价昂贵，则发官仓之米出售，以平市价，而济民食，谓之平粜。平粜是历代重要的救荒措施之一。灾荒一旦发生，灾区往往出现粮食不足和粮价飞涨的局面，为了改变灾区满目凄惨的情况，政府便采取这种平衡粮价的办法。清代规定仓米平粜只准"存七粜三"，又经常采取截漕平粜办法，一次性地把大批粮食投放市场以平抑粮价。近代烟台，除下面各县设有官仓外，烟台商埠用于平粜的粮食主要依赖江南、关东地区的粮食。

近代，烟台地区民食主要依赖奉天、江南等省粮米接济。因此，一遇荒灾，登莱青道就需要到奉天、江南等省购粮米，投放市场以平抑粮价。

1895年，登莱青道刘含芳致电两江总督张之洞，请求到江南购米平粜。

登郡地涸，仰食江南、关东，近来奉粮绝无，江米寇阻，又加奉民南来避难，粮艰价贵，兵民交困。昨经嵩武军孙镇咨请派员采办芜湖、上海米二万石，已经东抚院电商，尚未奉宪台饬关放行准办之电，职关未能填给执照。值此青黄不接，民食攸关，职道再三劝令，怡顺号、谦益丰两商人愿领照添办上海米二万石，由轮船运烟平粜，以济民食。应请宪台俯念东民饥迫，准饬芜湖、江海两海关免税放行。如允即祈电谕，以便遵填执照，速办速运，万民感戴非浅。③

① 《安置贫民》，《申报》（上海版），1900年8月14日。
② 《徐关道防范民乱之治标策》，《申报》（上海版），1911年3月9日。
③ 苑书义、孙华峰、李秉：《张之洞全集》（第8册电牍），河北人民出版社1997年版，第6140页。

第四章 "丁戊奇荒"与烟台慈善事业

清光绪初年，华北的山东、直隶、河南、山西、陕西五省发生了近代史上"千古奇灾"——"丁戊奇荒"。在这场灾荒赈济中，烟台的西方传教士发起了"教赈"，将近代西方组织严密、募捐散赈科学的办赈模式第一次引介和运用到中国，也催生了中国江南善士在山东进行大规模赈灾，促使近代"义赈"的兴起，并影响了近代烟台慈善事业的发展。

一、官赈的衰落

（一）"丁戊奇荒"中的灾情

清光绪初年，华北的山东、直隶、河南、山西、陕西五省发生了近代史上最严重的大旱灾。这场大旱从 1876 年持续到 1879 年，波及苏北、皖北、甘肃等地，死亡人数达 1000 多万人，其时间之长、地区之广、饥民之众、死亡人数之多，前所未有。灾情在 1877 年、1878 年发展到巅峰，这两个年份按旧历干支纪年分属丁丑、戊寅年，故时人称此次大旱灾为"丁戊奇荒"。

"丁戊奇荒"中，灾情首先发生在山东。其中，尤以 1876 年、1878 年灾情最为严重。1876 年时，《申报》报道了烟台的灾情：

> 西历五月二十九日，烟台来信。据云天时甚旱，但见油然之云，并无沛然之雨。麦已不能有秋。本年通省收成而论不到三分，杂粮一切价已昂贵。莱州府属闻有闹荒者，聚集数千人，幸丁中丞发兵弹压，相机安抚，不致酿成大事。①

相比烟台，山东旱灾最厉害的是登莱青道下辖的青州府。1877 年 11 月 20 日

---

① 《东省亢旱》，《申报》（上海版），1876 年 6 月 3 日。

的《申报》刊登了一篇《赈济奇荒记》的文章，记录了青州府的灾情：

　　光绪二年，山东青州各属，自春徂夏，雨泽愆期，二麦全枯，秋禾亦未能播种。北方沙尘，陆地川涧，恒稀欲涸，田畴苦无沾溉之术，且其地多山，沙砾充积而宽平，可耕之田甚少，殷实富户本属寥寥，穷户小民谋生计拙，一遇灾荒，不堪属目。少壮者尚可觅食他方，老弱者难以远离故土。夏秋以来，早已倾其所有，十室九空，即所居宅舍概多拆毁，及至隆冬，束手无策，御寒衣则早存质库，救命米则乞向谁家？遍野哀鸿，男啼女哭，一日不饮水，三日不炊爨者，指不胜屈。万分无奈，舍女弃儿。每有女在十岁左右者，得价便鬻，亦有将妻室转卖稍得钱文，苟延残喘者，且有襁褓婴孩抛于道路，若遇恻隐为怀之士，或可拾归留养，否则悲号宛转，倏焉沟壑是填。甚有年老男妇，传闻赈恤，则匍匐乞领，行至中途，颠仆而毙。推原其故，寔因充肠乏食，蔽体无衣，加以严寒催逼，不毙何待。本拟乞食活命，讵期夺命愈速，家中儿女或早经他出，或冻馁云亡。虽死于道途，谁为掩瘗。日则蝇嘬鸦啄，夜则犬噬狼吞，魂魄无依，骨殖安在？言念及此，能不痛心？①

（二）官方赈灾

　　青州府灾情发生后，山东巡抚丁宝桢前往灾区勘灾。勘灾后，丁宝桢采取的赈灾措施具体包括以下几种：

　　第一，设粥厂、施棉衣。山东巡抚丁宝桢"设法拼凑银三四万两，分投采办粮米，运赴各该县设厂放粥"②。"发交益都、临朐、临淄、昌乐、寿光、乐安、博兴、潍县等处实银四万三千两。"③ 其中，"益都县实银六千两，临淄县实银四千两，临朐县实银四千两，昌乐县实银二千两，寿光县实银四千两，乐安县实银三千两"④。采办粮米后，委托"各员督同绅士在于城乡适中地方分设粥厂，买粮碾米煮赈。每名每日给予稠粥两大碗，俾资延度。棉衣择其寔在极贫、老幼、残废、衣不蔽体者，给之以御严寒"⑤。

　　第二，平减粮价。山东巡抚丁宝桢奏准办理平粜，札饬各属招商运贩米麦杂粮、免抽厘税、以广招徕。⑥ 从"东海关登莱青道动支银三万余两，驾轮船赴奉天、牛庄采买杂粮，分发沿河一带州县并省城地面均匀接济"⑦。

　　第三，以工代赈。丁宝桢"运库筹拨饬发（利津县）永阜场修筑灶坝银一万三千余两，潍县疏浚海口银六千两"。此外，丁宝桢要求"各地方官劝谕绅民

---

　　① 《赈济奇荒记》，《申报》（上海版），1877 年 11 月 20 日。
　　②③④⑤ 《光绪三年九月初十京报全录》，《申报》（上海版），1877 年 10 月 27 日。
　　⑥ 《重修泰安县志》（卷5），第 61 页。
　　⑦ 《申报》（上海版），1876 年 10 月 30 日第 4~5 版。

于田间择其地十相宜,多开井眼汲水灌溉"①。

第四,劝捐。山东巡抚"劝谕各属绅富捐助银米,核计捐数,援照直隶赈捐成案,准予请奖。其本省、外省官商以及邻封州县绅民人等,有愿捐助,亦准一体核明所捐实数给奖"。②

第五,补种秋苗。闰五月到六月间,山东部分地区迎来降雨,为补种秋苗提供了可能。只是米和高粱的播种时间已过,只能种植荞麦,故而丁宝桢要求"各属前往直隶、宁津、河间、奉天、牛庄一带采买荞麦六百二十余石"。③

第六,赈钱。光绪二年(1876年)丁宝桢调离山东,李元华就任山东巡抚。"适有江苏绅士运同衔分发试用同知李金镛等携带漕臣捐廉银一千两,并招商局道员唐廷枢暨该同知等捐资共银二万七千两,来东助赈。臣当即派委候补知县徐大容,前往青州帮同办理,每大口一名放给制钱五百文,小口减半,放给制钱二百五十文"。④

尽管清政府进行了赈灾,但山东巡抚复查后发现,"第查被旱最重之临朐等县,民间十室九空,二麦虽称有收,苦于种植无多,穷黎仍属谋生无计,鸠形鹄面,窘况依然。而寿光、乐安两县,田禾被雹情形,尤为困苦"。⑤而此时山东却已"库藏空虚,无力续赈"。⑥

二、义赈的兴起

"丁戊奇荒"中,由于官赈不力,已经不能应对"千年奇荒"。"在赈济'丁戊奇荒'中,一种新型的救荒方式(民间义赈)开始形成,并逐步起到了主导作用,成为晚清主要灾荒救治形式。"④ 所谓近代义赈,是指由民间自行组织劝赈、自行募集经费,并自行向灾民发放赈款或物资的民捐民办赈灾活动。它包括劝赈、募捐、发放等环节。

(一)江南善士参与义赈

1. 义赈缘起

教赈兴起,刺激江南善士在山东发起近代义赈。

① 《申报》(上海版),清光绪丙子九月十四日第4~5版。

②④⑤⑥《光绪三年九月初十日京报全录》,《申报》(上海版),1877年10月27日。

③ 《申报》(上海版),清光绪丙子九月十四日第5版。

④ 杨剑利:《晚清社会灾荒救治功能的演变——以"丁戊奇荒"的两种赈济方式为例》,《清史研究》2000年第4期。

烟台慈善事业研究

当烟台、上海的西方传教士、商人开始救助山东灾民，对极具民族自尊心的江南善士来说，是极大的刺激。江南善士谢家福听到了以李提摩太为代表的西方传教士在山东赈灾的消息。一种似乎"与生俱来"的敏感立刻让谢家福紧张了起来。他后来在日记中写道："洋人慕惟廉、倪惟思、李提摩太及烟台领事哲美生等在东齐赈给灾民。深惧敌国沽恩，异端藉肆，不能无动于衷。顾以才微力薄，莫可挽回，耿耿之怀，言难自已。"① 谢认为："西人之赈给东齐也，阳居救灾恤邻之名，阴售收拾人心之术。窃恐民心外属，异教横恣，为中国之大患。是非衷集巨款，跟踪济赈，终无以杜外人之觊觎，固中国之藩篱云云。"②

谢氏进而建议，应该在赈灾问题上与洋人展开竞争，"跟踪济赈"，追踪洋人救灾的路线，以赈灾对抗赈灾，非如此不足以防止洋人骗走国人的民心。谢认为，这件事情是所有有良知的爱国士大夫义不容辞的责任和义务，并为此慷慨赋诗一首：

大兵之后又凶年，国计民生孰见怜？

安得赈钱三十万，管教压倒慕唯连！③

诗中所称"慕唯连"即慕维廉，他和李提摩太一样，是西方传教士在山东赈灾的代表人物。

2. 建立赈灾队伍

面对西方传教士在山东赈灾，对极具民族自尊心的江南善士来说，是极大的刺激。他们纷纷从江南赶到山东参与赈灾。先后有三批江南善士赶往山东赈灾。

第一批到达青州府赈灾的是镇江士绅。光绪三年二月（1877年3月），也就是英国驻烟台代理领事哲美森刚刚发布《劝捐赈饥民启》时，镇江府廪生严佑之（字作霖）组队，携带该地所捐善款到达青州府放赈，并选择了饥荒最为严重的临朐作为赈灾地，于1877年4月22日正式放赈。

第二批来到青州府赈灾的江南士绅由常州府无锡县商人李金镛（字秋亭）带队，于1877年6月25日到达青州府，创建江广赈局。并于1877年6月27日正式放赈，范围涉及青州府的益都、临朐、寿光、乐安和昌乐五县。

第三批赈灾队伍由苏州府商人谢家福带队，于1877年7月8日到达青州府。

这三批赈灾团体分别代表了镇江、常州和苏州士绅。严佑之和李金镛各自为政，以县为单位广散钱财以最大限度地救助灾民，谢家福一队则倚靠李金镛团队，专门针对收养灾孩而来（见表4-1）。

①②③ 《谢家福日记》，文物出版社2013年版，第75页。

表 4-1　山东赈灾中的义赈队伍

义赈队伍	队员	代表城市	赈灾范围	赈灾时间	赈灾内容
严佑之（字作霖）	尹德堃、靳文泰	镇江	青州府的临朐	1877 年 4 月 22 日正式放赈	查赈、放赈①
李金镛（字秋亭）	庄桂生、赵翰、侯大中、瞿家鑫、袁涛、王时跃、王福运、施怀珠、侯大中、刘日寿、杨培、顾玉成等	常州	青州府的益都、临朐、寿光、乐安和昌乐五县	1877 年 6 月 25 日（五月十五日）到达 1877 年 6 月 27 日正式放赈	创建江广赈局，下设抚教局和留养局 庄桂生、赵翰、侯大中等查赈益都，瞿家鑫、袁涛、王时跃等查赈临朐，王福运、施怀珠等查赈寿光，后侯大中、刘日寿、杨培等又查赈昌乐，王时跃、顾玉成等查赈乐安②
谢家福	袁敬孙等	苏州		1877 年 7 月 8 日（五月二十八日）到达 1877 年 11 月 7 日（十月初三日），谢家福离开	收养灾孩③

资料来源：①《赈济奇荒记》，《申报》（上海版），1877 年 11 月 20 日。

②《述山左荒灾情形来书》，《申报》，1877 年 8 月 4 日。

③苏州博物馆：《谢家福日记》，文物出版社 2013 年版。

　　这三批赈灾队伍背后是参与筹赈的江南善会善堂。这些善堂主要是分别位于上海、苏州、扬州和杭州的四家善会善堂。首推上海的果育堂。果育堂是清朝中叶创办的上海著名民间慈善机构，也是山东义赈的上海筹赈机构。

　　其次是苏州安节局。苏州安节局最初由冯桂芬等苏州绅士为"收养名门嫠妇"而创建于上海。在山东赈灾期间，"苏州义赈同人在东赈过程中的所有解款事务都是安节局经手的"①。同时，安节局也是苏州义赈同人最重要的日常议事处所。另外两个善堂是扬州同善堂和杭州同善堂。

　　这些江南善会善堂参与筹赈，尽管"只能对义赈起到某些辅助作用，或是承担义赈活动中某一部分的工作，比如在社会上对灾况和义赈活动进行宣传，以及

① 《齐豫晋直赈捐征信录》（光绪七年（1881 年）刻本），卷 1，"东齐孩捐收支录"，收解总数二。

为义赈中心机构代募捐款或向其捐助赈款，但是这些活动同样对义赈的迅速壮大起着重要作用。这是因为，这些善会善堂都浸淫着江南的慈善传统，从而肯定在相当程度上增强了义赈在江南地区动员和获取社会资源的能力"①。

（二）果育堂劝赈

在英国驻烟台代理领事哲美森发布《劝捐赈饥民启》后，西方传教士在山东的赈灾活动已经搞得如火如荼。以果育堂为代表的江南善堂，也开始在国内媒体上进行大规模的劝赈活动。

1877年5月5日，果育堂在《申报》上以独立名义刊登了一份劝捐公启。值得强调的是，这也是整个江南社会为赈济华北灾民而发布的第一份捐启。这份名为《果育堂劝捐山东赈荒启》的文中称：

下民造孽，上天降灾。去年水旱频臻，饥寒荐告，最苦者江北之淮徐、山东之青济，几至易子析骸，饿殍载道，闻者惨伤，业蒙各大宪奏请赈恤。所虑灾黎散处，遍逮为难。敝堂曾醵银千两，专派司事附入招商局唐、徐二君，速赴淮徐，相机接赈，而于东省则阙如也。适法华玉樵李君交来佛吉三十枚，嘱即附寄东省云云。仝人额手称庆，以为首倡者李君，而相与成此善功者，我邑中当有同志也。爰用布告绅商善信，务希踊跃玉成，自千百以及十数，无拘多寡。乞亲交果育堂财房，掣付收票为凭，不再另立捐簿。一俟集有成数，迅附轮船汇至青济，拯此鸿哀，不胜雀跃。总乞多多益善，赶速为贵。呜呼！万间广厦，原非寸木可成；九仞为山，端赖一篑所始。至于为善获福，理有必然，兹姑勿赘。②

《山东赈荒启》刊出后，马上得到社会响应。几天之内，果育堂就收到捐款共计规元六百余元。该堂除立即遣人携此捐资赶往山东外。果育堂在1877年5月9日的《申报》二版刊登《东赈续启》。又在续启中声明："他时赈务告圆，自当汇刊征信以昭信实，此外并不立簿劝捐，杜绝假冒。至司事赴东川资，由堂自备，并不在赈银内开支，庶几涓滴归公。"③

整个山东赈灾期间，江南善堂的筹赈活动异常成功，共筹得十六万七千九百余两。义赈款使"登州、莱州、济南、武定灾重各属，均沾其抚恤之惠。并于青州府设立抚婴局，收养幼孩，延请儒师、手艺等人因材教育"。④

---

① 常建华：《中国社会历史评论第6卷》，第39页。

② 《果育堂劝捐山东赈荒启》，《申报》10册，光绪三年（1877年）三月二十二日，第406页。

③ 《东赈续启》，《申报》，1877年5月9日第2版。

④ 《山东助赈出力各员请奖折》，光绪五年四月二十九日，档号：sxh72-0050。

（三）查赈、放赈

1. 查赈方法

江南善士在青州府的查赈方法主要依据《海州查赈章程》。《海州查赈章程》是 1876 年底，无锡李金镛等前往苏北沭阳、宿迁、海州等地放赈后总结的办赈经验。李金镛在山东办赈的时候，依然是按照这份章程行事的。《海州查赈章程》内容如下：

须多邀同志挨户查赈也。下乡查户时，每至一处即先传该处地保，着将所辖村庄逐庄开明，不许遗漏，并传庄头遍告各饥户在家候查，不得迁动混淆，一面按庄挨户清查。实系极贫者，按口填给联票，亲交收执。倘有刁民藏匿粮食，希图领赈者，查出之后，合庄概行缓查。或有灾民狡黠者，往往于查过之后，奔入他家，或前村至后村，希图再领。察弊之法：一则观其衣服之华朴，食锅之大小，睡铺之多寡，与人丁口数是否相符；一则隔别研问，称呼有无支吾。更有迁入空舍，希图再领者，则察其锅缝黏合与否，器具安顿与否，小缸小磨浮动与否，芦帘及挂物之绳曾被烟煤熏黑与否。据此数端，真伪立见。然有闻赈归家，实非冒户者，则须查问庄头，一体照给。

查户宜用两联印票也。票载某县某处某姓名大几口小几口，存根类是。每百张订成一本，骑缝处编列号数，送县用印。票则随查随给，根则凭造清册。口数若大壹小无竟须照写"壹"字、"无"字，盖小写数目及"无"字作"○"，皆易更改也。

口数宜酌量也。官赈向有极贫次贫之分，查户每多争论，不如默为区别，凡遇家无宿粮，人将垂毙之户，小口不妨改给大口，且不妨多给一二口。事虽从权，民受实惠。稍逾此者，按口照给。尚有余蓄者，或仅给一大口，或仅给小口，全在查赈者平心察酌，博访邻居，庶几无滥无遗。大抵查赈秉公，则虽劣生刁监不敢阻挠。仆每见佐贰官下乡查户，有碎舆裂衣之事。究其故，则由查赈之事委之书差，董保于是与若辈熟识者所得必多，贫苦之户，反多向隅，以致酿成事端。仆等查赈海州、青州、武定等处，户口有五十万之多，皆贴然无事。固由民情之纯朴或亦稍得持平之道与？

查户宜简从节费也。凡同人赴乡骑驴，则带驴夫一名，或乘小车，则带车夫一名，清书一名写票，路远亦准骑驴，小甲一名打灰印，地保一名引路，家人一名携取物件，不带家人即命驴夫兼之。总不许与闻户口之事，以免舞弊，清书写票亦宜留心看写。所带书役每日给予工食，不得过丰，不得过俭，总据官价酌加为准。

查户宜赶紧也。自大早饱饭后，随带干粮即行起身，至晚方歇。人烟稠密之地，查至四百户为止，不可再多。户口凋零之地，每日亦查二百户，不可再少。如所查之地离寓十里之内，则当归寓。十里以外，沿途借宿，庶不耽延时刻。寓所须留清书二人，今日所查之户，明日即令造册，一乡查竣，即可出示给放。

放赈宜妥慎也。一乡查竣后，即择空大地方两处。一处收验联票，批注所给若干，一处凭票给发。先期将某日某时放第几牌某庄出示晓谕，庶鱼贯而来，不至拥挤，每天可放一千七八百户。凡有粮可买之地，放钱为便，俾老弱可以取携；无粮可买则宜放粮放粥，然手脚既费，必致拥挤，宜令挨排坐定，次第而放，庶免拥挤跌扑之弊。

委员下乡难信任也。名为查户，实则具文。每至一乡，即往董事家中，董事先行设席留饭，或留茶点，然后呈出名册，勒请照册给票，干求无厌。委员明知冒户不实，碍于茶饭之情，受其挟制，以至若辈习以为常，故须破除若辈伎俩。仆每至一村，即逐户挨查，查竣即往别村。乡董备饭不扰，备茶不饮。渴时令小户烧茶，给以钱文。偶有著名富户坚留茶点，并不干求者，亦必查竣此村，而后少息。①

2. 查赈放赈

江南善士的查赈、放赈活动主要分两支队伍。

一支是严佑之（严作霖）、尹德堃（尹敏斋）、靳文泰。"严、靳、尹三君，捐集巨资，来东助赈。探知青州府属最苦者，惟临朐。是以将携来捐款，倾数赈之。"② 在查赈时，严作霖"意必得亲查方能尽实……逐户清查，弟定见清查摊给，又恐耽延，请得本地公正绅士五人，自备资赋，眼同地保、庄头清查给票"。③

另一支是李金镛（李秋亭）等。李金镛到达青州府灾区后，设立江广助赈局，作为总理赈务机构，在各受灾县份设立分局，分事调查、放赈。如李秋亭抵达青州府后，即会同庄桂生、赵翰、侯大中等查赈益都，瞿家鑫、袁涛、王时跃等查赈临朐，王福运、施怀珠等查赈寿光，后侯大中、刘日寿、杨培等又查赈昌乐，王时跃、顾玉成等查赈乐安。④

《申报》1877年8月4日以《述山左荒灾情形来书》对李金镛团队的查赈情况进行了报道：

被灾之地临朐全荒，寿光、益都荒六七成，临淄、博兴与昌乐、乐安荒四五

---

① 《接续海州查赈章程》，《申报》（上海版），1878年3月29日。

② 《赈济奇荒记》，《申报》（上海版），1877年11月20日。

③ 《申报》，1877年5月26日。

④ 谢家福：《齐东日记》卷上，苏州图书馆手写稿本。

成。寿光于前月忽下冰雹，黍苗尽坏，各县春收麦豆不及二三成，故蓄积九空。现在高粱、粟子尚未登场，待赈万分急迫，各县户口灾况以第二等之益都论，统核全局仅居十分之一，然则剔除稍存余粮可以苟延之户外，所余刻不待缓者尚有四万户十万人，以现在五万金摊派，该处既居其十分之一，应得五千金，则每人仅得数十文，其何以济两三月之食耶？

……

寿光分局韩仲翁等来信云。二十二日至三官堂设局后，先据该县东乡各地保开来极苦之区。稻田南路二十五庄，东路三十庄，北路六庄，西路三庄，西南路十五庄，西青龙乡正西正南七十余庄，统共一万四千户。复查得所开各户，除去有半月粮者，十分之二勉强充饥者，十分之一概不给赈外，尚存一万余户，计四万数千人，仅此东乡一处足有此数，尚有西南北三乡未查照。

……

接据临朐分局瞿星五诸公来信云。查临朐最苦者，惠善、仁寿两乡，其次礼让、孝慈两乡，每乡二十余社，至七八十余社不等，每社1000余户至六七百户不等。每户七口至两口不等，以每乡五十社，每社一千户，每户四口核计，实有念万口。照原约两万金，每人仅得银一钱。昨有大青一社情形与海沐稍异，灾歉较海沐为重，当此麦秋之后，应较春间稍好，孰知仍有食柳树叶者，有食小米糟者，有一家而病二三人者，有房屋极好，家无粒食者。①

查赈之后是放赈。对于各地汇来之赈款，由江南善士亲自发放。钱物数量，一般为大人每日钱十文，小人减半。亦有五日一发放，或一次性发放的情况。此外，设立粥厂施粥，也是一种重要方法。

统计江南善士在山东的义赈，共赈济"临朐、寿光、益都、昌乐、乐安五县。查给廿六万余口，计钱十五万串"②。而山东巡抚的统计数据是：至光绪四年（1878年）春间江广助赈局撤局时，共计散放赈银已达十余万两。③

附：江广助赈局众善士题名碑记

国朝定鼎以来，深仁厚泽，覃敷周外，人心酿为和厚，风俗变为敦庞，有无则相通，缓急则相济，犹欤休哉！何世道之隆污。有特，雨阳愆期，饿馑荐至，道殣相望，民不聊生，而急公好义之士，往往目击心伤，互

---

① 《述山左荒灾情形来书》，《申报》，1877年8月4日。

② 苏州博物馆：《谢家福日记》，光绪三年（1877年）十月初一，第172页。

③ 文格片，见光绪四年九月初七日《京报》，载《申报》13册，光绪四年（1878年）九月二十日，第366页。

相劝勉，竭力捐输，拯救灾患，不分畛域，有以助。

朝廷无远弗被之德泽，即有以副。

宸衷轸念穷黎之至意，斯阴功也，而事功见已。

上岁丙子（1876 年），自春徂夏，荒旱异常，二麦俱萎，豆禾亦枯，昆连七邑，吾昌北展、张庄厂尤甚。立秋三日，雨始透地。惟荞麦晚谷得种。嗣后，雨泽稀少，秋收最歉。十室九空，哀鸿遍野，嗷嗷待哺，鹄面鸠形，随风倒毙。真有令人目不忍睹，耳不忍闻者。

宫保抚院丁关心民瘼专褶入

奏蒙

皇上轸恤灾黎，发帑赈山东被旱等州县。前任邑侯尚秀岩，现任 邑侯李韵珊两父台奉上宪遵旨办赈，委札率同寅 教谕郭印川、训导法昀、典史陈广和、把总守备衔张魁林，首先倡捐，秉公洁己，切谕绅董，务存实心办理赈务。乃酌定章程，各厂设局，按户支票，得给朝夕以延残喘。自丙岁十月中旬至今年丁丑（1877 年）三月初旬，事乃告竣，全活不下数万。

迨四五月间，麦收仍薄，饥民乏食，树叶草根掘取殆尽，饥饿愁叹，日甚一日，而青黄不接。吾昌人几无以保其生矣。所幸江广助赈局总办则有无锡李秋亭先生劝捐，则有仁和胡雪岩先生筹捐，则有吴县江雪泉、丹徒严佑之两先生江左劝助，为数甚巨。粤浙亦捐有成数，由本省禀明 督抚各大宪请于朝乃奉旨暨上宪札委赴山左青州府同 府宪富设立局厂，分嘱司事。诸先生赈益都、临朐等处。事既竣，又嘱司事侯敬文、杨殿臣、章秉彝三先生赴昌赈济，以故 奉邑侯李父台面谕，随同殿臣诸先生由张庄、廓部、北展赴北岩等厂，查饥贫户口。时光绪三年六月下旬也。而最难忘者，殿臣诸先生不惮暑热，不畏险阻，散给印票，施放青蚨，待鳏寡孤独，暨诗礼旧家，尤见厚德。可以济时艰，可以纾民困，亦可以广圣朝之至仁。此诚百世难逢之义举也。凡我昌人，谁无天良，能勿感戴？北展、张庄厂董事诸君子，公议勒石以志不忘，遂嘱? 为文，义不获辞，爰详言之，述其巅末，以励善行，而备观法。是固 立言之雅意，亦即董事诸君子之雅意也。董事诸君子俱载碑末。为记。

（四）成立抚教留养局

救助灾孩也是江南义赈同人的一项重要任务。1877 年 6 月 25 日李金镛等赶到青州后，随即设立两局。"一曰抚教，一曰留养。抚教者，就其资质之高下，分别教以读书习艺；留养者，收养残疾及生病之婴孩，延医生以疗其疾，给衣食以赡其身，一俟病退力强，再送抚教局习业"。① 同年 7 月谢家福到青州后，收养灾孩工作成了他的主要任务。

1. 抚教留养局

谢家福到山东赈灾之前，就粗定了收养灾孩章程四则。到达青州后，谢家福制定了极为细致的《抚教留养局章程》十二则，对收养原则、教养方式、管理办法都做了详细规定。

此举专为无家幼孩流离道路或遭迷拐出境起见，特设留养局暂为安顿，以便招属认领。凡有家可归及年逾十四，已有知识，业经受赈，可以自赡者一概不收。

凡无着幼孩，准由邻右地保开明姓名、年纪、父名、母氏，向依何处等由，于八月以前送留养局核实收养。其或父殁母存孤贫乏食，亦准送局抚养，共以千名为额，就中选择可造之才，随时拨入抚教局。

入局之孩当知各省绅富筹款来青设局抚教，无非仰体 皇仁，冀崇正学，每日清晨各宜恭诣 至圣先师神位前，行礼并跪诵圣谕十六条，身体力行。

婴孩入局后每日给粥一次，面饼一斤，幼婴酌减，随时给发衣袴被席，五日一梳洗，十日一剃头，并雇老妇为之梳洗补缀。

入局之孩各给腰牌，依牌各居号舍，日间不准出门滋闹，夜间不准离号，点灯每号各举号长约束之，如有违犯号长，禀明局董惩斥，不得私责。如遇婴孩越逸，惟号长及同号是问。

男孩入局养息一月后，即行分别知愚，送塾读书习艺，其有不可教诲者，令其学念浅近劝善诗词，俾知为人大义。十日察课一次，酌于奖罚。

本局另编号舍，专住女婴幼孩。凡五岁以内婴孩即令十岁以外，女孩加以照料，仍雇老妇为之梳洗补缀。

局中另设病舍，遇有病孩随时拨入，免致沾染，仍聘医生诊治，并雇工人司药，殇则棺殓埋葬，注册备查。

局中号舍闲，闲人不得闯入，以杜诱拐之端，如有外来绅士来局察看，应先报明董事，再行延入。其有婴孩亲属探视，亦先禀明董事听候，传孩出号相见。

局中董事皆系客籍，且经费终有尽时，所望本地绅士，仿照各省恤孤章程，早为筹款设局，庶可移交接办。②

该章程对收养的原则，教养的方式和管理的办法都做了详细而合理的规定，条例相当清晰，这个章程成为后来在灾孩收养方面的实施标准。谢家福在山东办

---

① 《赈济奇荒记》，《申报》（上海版），1877 年 11 月 20 日。
② 《抚教留养局章程》，《申报》（上海版），1877 年 11 月 27 日。

赈的整个过程，共约收养灾孩一千四百余名，用去经费五千余串。①

2. 抚教局善后章程

1877年11月7日，谢家福离开青州时，抚教留养局仍然"共存小孩六百左右"。在离开之前，他对抚教留养局的善后事宜作了安排，"抚教局则留缪君起泉，周君少泉主理。留养局则归袁君敬孙、王君赓保主理"。② 并拟定《抚教局善后章程》。内容如下：

前奉宪示，凡无着幼孩，于八月以前送留养局等因，现已逾期一月，实在孤弱，应已到局，毋庸再事添收。

前奉宪示，凡有家可归及年逾十四者，一概不收等因。应将从前悮收各孩，显悖宪示者，即行遣散。每名给钱一千，招其亲族来领。

义塾乡约等举，现已设立，同善官堂经办，应选义塾乡约各孩，可资造就者，一并移送并延谈君任之前往襄理教习。

本局选定十四岁以内无家幼孩若干名，在局教习织丝、成衣、鞋袜、洋铁、织带、织毯、织席、草鞋、剃头、麦饼、纺线等艺。小孩出局断无大本营生，故教习各艺，均以不费巨本者为准。另延教读两位，以二十孩为一班，每日分班诣教读处读书、习字、讲书一时许，务有禆于伦常日用，三年学成，即行给资出局，各铺户有愿领孩教习者，每月贴膳一千五百文，一年为满。

本局除敦请本地正绅监理外，公举缪君起泉为董正，周君少泉为董副，凡支放银钱，以及聘辞师匠，进退孩役，稽查工课，悉由商定办理。再行知照，苏省各董，每逢月杪，将支放各项造册寄苏。

本局教读、董事、司事，薪水均于月朔致送，工师工食每旬逢一分支，役夫工食每月十四日发给，不准悬宕分文，一切经费概从省俭。

教读两人局董两人司事一人，每日均一粥两饭，常日一素一小腥，五日一肉。工师每日给饼一斤，粥二次，看门一人厨房二人局役一人更夫一人，每日给饼八两，粥二次，小孩若干人，每日给粥二次，饼各四两。

本局经费现在提留万串发典生息，按月支息应用。不准动用存本，以期久远。③

江南善士发起的义赈活动，"开东南义赈之风，为自来所罕觏"。④ 以此为起点，义赈发展成为在整个清末都具有广泛影响的一种大规模民间赈灾形式。其基本内容是以江南社会为中心，针对全国范围内的重灾地区开展彻底"民捐

① 谢家福：《齐东日记》，光绪三年（1877年）七月初八。

② 《直东武定河间两属告灾致江浙诸同人书》，《申报》（上海版），1877年11月24日。

③ 《抚教局善后章程》，《申报》（上海版），1877年11月29日。

④ （清）李金镛：《珲堠偶存》，上海古籍书店据光绪刻本影印1979年版，第40页。

民办"的赈济行动。"这种跨地方义赈不仅大大打破了传统民间赈灾活动所受的地方限制，而且实现了前所未有的社会动员，从而标志着中国赈灾机制的重大变动。"①

四、"丁戊奇荒"赈灾对烟台慈善事业的影响

随着清末义赈的发展，中国传统的社会救灾模式发生了深刻的变化，也深深影响了近代烟台的慈善救济事业。

（一）烟台协赈公所

"丁戊奇荒"中，烟台成为全国赈灾系统中的一部分。表现在烟台商人成立协赈机构，参与到全国义赈网络中。

1. 烟台协赈公所

"丁戊奇荒"中的山东赈灾是善会善堂主导义赈。山东赈灾后，以协赈公所为中心的组织体制迅速取代善会善堂成为义赈的主导机构。1978 年 5 月，在经元善主持下，"上海协赈公所"宣告成立。此后，在"上海协赈公所"的带动下，各地的协赈公所也相继成立。《经元善集》中仅有文字记载的就有浙苏协赈公所、扬镇协赈公所、澳门协赈公所、台北协赈公所、安徽协赈公所、烟台协赈公所等 11 处。各地又以"上海协赈公所"为中心并相互协同，打破了传统善堂分散性与地域性的局限，不仅将各地协赈公所联结在一起，形成慈善救济网络，而且"上海协赈公所"第一次突破了传统的善堂模式，代表晚清民间救济机构走出了近代化转型重要的一步。②

烟台协赈公所是以"上海协赈公所"为中心的全国赈灾网络中一个重要组成部分。

烟台协赈公所主要成员有"何绅福谦、陶绅颖、刘绅均、何绅彬文、金绅兆镕、蒋绅祝堂、刘绅燻、蒋绅秀峰、谭绅赓尧、周绅葆荪"③（见表 4-2）。此外还有烟台公估局万仁燮等。烟台协赈公所成员以南方人、商人、买办居多。

① 李文海：《晚清义赈的兴起与发展》，《清史研究》1993 年第 3 期。
② 吴昊沐：《晚清赈济体系初探：以"丁戊奇荒"为例》，《延安大学学报》（社会科学版）2013 年第 2 期。
③ 《上海详报晋赈捐数并经募善士禀》，《申报》（上海版），1881 年 6 月 8 日。

表 4-2　烟台协赈公所主要成员列表

协赈公所成员	所在机构名称	籍贯
谭赓尧（似又名谭韶东）	烟台沙逊洋行	广东香山
万仁燮（万霞如）	烟台公估局	江苏吴县
何彬文	东海关	广东人
蒋祝堂	东海关	江苏人
陶颖（陶瑞东）	教会人士	文登人
周葆苏（似又名周峻山）	烟台信盛号	不详
何福谦	不详	不详
刘均	不详	不详
金兆榕	不详	不详
刘埙	不详	不详
蒋秀峰	不详	不详
陈敬亭	烟台招商局	广东

资料来源：朱浒：《经元善卷》，中国人民大学出版社 2014 年版，第 429 页。

2. 烟台义赈同人劝捐

1878 年教赈、义赈转向山西赈灾。烟台协赈公所作为"上海协赈公所"的筹赈网络中的一部分，也参与到山西赈灾募捐中。1878 年 12 月 7 日，烟台义赈同志首先在《申报》上发布《筹捐助赈启》，内容如下：

闻饿殍颠连之状，莫不伤心，动慈悲恻隐之怀，非徒酸鼻。故扶危济急，本由君子深衷，而救患恤邻，尤属仁人义举。近在中州秦晋遭千古未有之奇灾，幸逢苏省浙湖备数番赈饥之妙策，远隔重洋若外国尚且筹捐，毗连邻省之东隅，何能坐视？人或怜而垂救。忆去年山左旱荒，我何难以效尤，似今岁江南乐助，贫如乞丐抑或输将，贱若勾栏竟成善举，谋保婴与赎女，悉属仁浆。绘铁泪于蚝筒，胥归义粟。朱提施五万，我军门早拨灾区白镪望几千。此烟海须筹款项，所虑书画卜医类，难如申浦纷纭，犹欣粤闽齐鲁商，端藉奇山焕发，恳祈仁人君子，好行其德，踊跃以从，苦口殷勤，劝令首肯，慈衷勃发，思解腰缠。官场则鹤俸稍分，衢市则蚨飞，亦积裘同腋，集数不拘多少，总皆置腹推心。火拟燃眉，事虽判重轻急援，鸠形鹄面，善为最乐，庆必有余，将来心地丰亨，祥凝麟趾，有不福田益广，泽及凤毛者哉。是为启。烟台同志公启。①

1878 年 12 月 14 日，烟台协赈公所的金兆榕、陈恭敏、刘钧、万仁燮、蒋祝堂、周葆荪又在《万国公报》上发布《烟台商富劝捐》，内容如下：

盖闻发粟散财，仁政必先。赈恤泛舟，告籴邻国，且贵救荒。诚以天下视同一家，民生悉关胞与也。去岁北五省亢旱，晋豫被灾较重，历时最久，迄今饥馑情形未尝稍易。比阅邸报，益切杞忧。晋则重以旱乾，豫则加以河决，惨于兵火，骇为奇闻。廑九天宵旰之忧，悯万姓流离之苦。减膳罪己，诰诏频颁，发帑开仓，湛恩普被，固已疮痍尽起衽席同登矣，然而鸿嗷遍野，济众难于博施，尤资狐腋集裘续命补兹。公赈屡见南省好善诸君，不惮烦琐，再三立法，尽美尽善，如恤婺妇、抚孤儿，保绅衿，杜贩卖，竟能头头是道，面面俱圆，其捐也，在官则鹤俸分廉，行买则蝇头劝贷，即蓬门妇女，亦拼首饰以解囊，芸案儒生尚藉舌耕而市惠，甚至婆心普现，惊闵舆隶乞儿，极之盛举宏裹感到，女间优孟多方周急，洵为千载一时佳话哄传，敢不闻风兴起，用特力为之请。惟愿善与人同。

因念通商以来，烟台遂称繁庶，华洋商贾，列肆而居，冠盖簪缨，择仁而处。值海岱青齐之丰稔，思中州西晋之啼饥，所望施二量恩，饫一锺泽。仿南中之法则，劝东里之乐输，倘能处处推行，自更多多益善。如蒙慨助，请列台衔。将见畛域无分，不啻巳饥巳溺，昭苏可庆等。诸移粟移民，证阴骘于子孝孙慈，报功德于蟾宫雁塔，斯固明明不爽，敬为缕缕，以陈尚祈，鉴此愚衷。并盼广为嘘拂，规条附后，即乞尊裁。②

烟台协赈公所发布捐启后，即收到烟台本地捐款"共计英洋四百零九元正"。此后，烟台协赈公所先后参与上海经募直豫秦晋赈十次，烟台协赈公所共经收"经收规银一千九百两九钱二分九厘"③。

此后，烟台义赈同人还多次参与江南义赈组织的筹赈活动。如表 4-3 所示。

表 4-3　清末烟台参与协赈的机构

烟台协赈机构	成员	义赈领导机构	创办人	资料来源
烟台公估局	万仁燮	上海协赈公所	经元善等	《急筹晋赈启》，《申报》，1879 年 6 月 27 日

①　《筹捐助赈启》，《申报》，1878 年 12 月 7 日第 3 版。

②　《烟台商富劝捐》，《万国公报》第十一年五百十八卷，1878 年 12 月 14 日。

③　李文海、夏明方、朱浒：《中国荒政书集成第 8 册》，天津古籍出版社 2010 年版，第 5290、5377页。

烟台协赈机构	成员	义赈领导机构	创办人	资料来源
烟台协赈公所	何福谦、刘均、金兆榕、刘勋、谭赓尧、陶颖、何彬文、蒋祝堂、蒋秀峰、周葆荪	上海协赈公所	经元善等	《上海详报晋赈捐数并经募善士禀》，《申报》，1881 年 6 月 8 日
烟台招商局烟台信盛号烟台沙逊洋行	烟台招商局陈敬亭；烟台信盛号周峻山、徐梁香；烟台沙逊洋行谭韶东	上海陈家木桥筹赈公所	经理人盛杏苏、郑陶斋、经莲珊、谢绥之	《上海陈家木桥江浙闽粤同人苏州天库前电局内桃坞同人顺直山东沙洲赈捐公所告启》，《申报》，1883 年 11 月 14 日
烟台招商局	烟台招商局陈敬亭	丝业会馆筹赈公所	施善昌	—

（二）烟台慈善文化的崛起

义赈、教赈的兴起，一方面影响了近代烟台的慈善救济事业，另一方面促使了烟台慈善文化的兴起。

1. 登莱青道台参与义赈

"丁戊奇荒"不但使烟台商人开始参与到义赈所发起的全国赈灾活动中。同时，登莱青道台也参与到义赈赈灾活动中。其中，登莱青道台盛宣怀早在 1878 年 5 月成立的上海协赈公所中，就是其董事之一。通过查阅《申报》《字林沪报》上登载的登莱青道台与江南赈所合作赈灾的报道，如表 4-4 所示。可以看出，1883~1892 年，登莱青道台参与 50 多次全国性的义赈活动，无形之中提升了烟台社会慈善意识。

表 4-4　《申报》《字林沪报》上登载的登莱青道台与江南赈所合作赈灾列表

登莱青道台	时间	合作内容	发表时间
方汝翼（方佑民）	1883 年	乞登莱青道方观察转解赈款书	《申报》，1883 年 12 月 3 日
		十一月初九日接到登莱青道方佑民观察来书	《申报》，1883 年 12 月 10 日
	1884 年	施少钦致登莱青道方观察转解山东抚辕赈银棉衣书	《字林沪报》，1884 年 1 月 8 日
		山东登莱青道方佑民觐察致丝业会馆书	《字林沪报》，1884 年 1 月 18 日

续表

登莱青道台	时间	合作内容	发表时间
方汝翼 （方佑民）	1884 年	上海丝业会馆筹赈公所奉到山东登莱青兵备道方佑民观察来书照登	《字林沪报》，1884 年 3 月 22 日
		山东登莱青道方佑民观察致施少钦封翁书	《申报》，1884 年 3 月 23 日
		上海丝业会馆筹赈公所施少钦函托登莱青兵备道方观察转解山东赈银书	《字林沪报》，1884 年 5 月 2 日
		山东登莱青兵备道方佑民观察致上海丝业会馆筹赈公所书	《字林沪报》，1884 年 5 月 13 日第 4 版
		山东登莱青道宪方佑民观察致上海丝业会馆书	《字林沪报》，1884 年 6 月 6 日
		山东登莱青道宪方佑民观察覆上海筹赈公所	《字林沪报》，1884 年 9 月 13 日
		上海丝业会馆筹赈公所施少钦函托山东登莱青道宪转解赈银药丸书	《字林沪报》，1884 年 10 月 5 日
		上海北市山东江西筹赈公所施少钦上登莱青道宪方观察代解山东棉衣赈银书	《字林沪报》，1884 年 11 月 11 日
		上海北市山东江西筹赈公所施少钦致山东登莱青道宪方观察书	《字林沪报》，1884 年 11 月 14 日第 5 版
		山东登莱青兵备道方佑民观察复上海筹赈公所书	《字林沪报》，1884 年 11 月 19 日第 5 版
		上海筹赈公所施少钦致山东登莱青道宪方观察书	《字林沪报》，1884 年 11 月 24 日第 5 版
		山东登莱青兵备道方佑民观察复上海筹赈公所书	《字林沪报》，1884 年 11 月 27 日第 5 版
		山东登莱青兵备道方佑民观察复上海筹赈公所施少钦封翁书	《字林沪报》，1884 年 12 月 3 日第 5 版
		上海三省筹赈公所施少钦函托登莱青兵备道宪方观察转解山东第四批棉衣书	《字林沪报》，1884 年 12 月 16 日第 6 版
		山东登莱青兵备道方佑民观察复上海筹赈公所施封翁书	《字林沪报》，1884 年 12 月 19 日第 6 版
		上海筹赈公所施少钦经解山东第五批绵衣并汇解赈银托烟台登莱青兵备道宪方观察转解书	《字林沪报》，1884 年 12 月 30 日第 6 版

登莱青道台	时间	合作内容	发表时间
方汝翼 （方佑民）	1885 年	登莱青兵备道宪方佑民观察复上海筹赈公所施封翁书	《字林沪报》，1885 年 4 月 27 日第 6 版
		烟台登莱青兵备道宪方佑民观察复上海筹赈公所施封翁书	《申报》，1885 年 5 月 2 日第 9 版
		山东登莱青兵备道宪方佑民观察复上海筹赈公所施封翁书	《申报》，1885 年 6 月 16 日第 3 版
盛宣怀 （盛杏荪）	1886 年	山东登莱青兵备道宪盛杏荪观察覆上海丝业会馆筹赈公所书	《申报》，1886 年 10 月 15 日第 4 版
		山东登莱青兵备道盛杏荪观察覆上海丝业会馆筹赈公所书	《字林沪报》，1886 年 11 月 19 日第 5 版
	1887	上海文报局内协赈公所接盛杏荪观察自烟台来电	《字林沪报》，1887 年 8 月 5 日第 6 版
	1888 年	上海陈家木桥电报总局豫皖赈处七月二十日接烟台盛杏荪观察电音	《申报》，1888 年 8 月 28 日第 4 版
	1889 年	上海四马路奉灾协赈公所二月廿九日接到东海关盛杏荪观察信	《申报》，1889 年 4 月 2 日第 9 版
		上海四马路文报局协赈公所接到山东盛杏荪观察孙少芗章鼎臣两军门告灾电函	《申报》，1889 年 4 月 9 日第 3 版
		上海四马路文报局协赈公所接到山东盛杏荪观察告灾急电	《申报》，1889 年 4 月 11 日第 3 版
		上海北市丝业会馆筹赈公所三月十三日亥刻接到山东登莱青道盛观察来二等急电照登	《字林沪报》，1889 年 4 月 14 日第 5 版
		上海四马路文报局山东赈捐收解处接到烟台盛杏荪观察告灾急电	《申报》，1889 年 4 月 16 日第 3 版
		上海四马路文报局东赈收解处接到烟台盛观察转来周少逸先生告灾电	《申报》，1889 年 4 月 19 日第 3 版
		上海北市丝业会馆筹赈公所三月二十一日接山东登莱青道盛杏荪观祭来书照登	《申报》，1889 年 4 月 23 日第 3 版
		上海北市丝业会馆筹赈公所三月廿七日接山东登莱青道盛杏荪观察来书照登	《申报》，1889 年 4 月 29 日第 3 版
		上海四马路文报局内山东赈捐收解处接到烟台盛观察来电	《申报》，1889 年 5 月 2 日第 3 版

续表

登莱青道台	时间	合作内容	发表时间
盛宣怀 （盛杏荪）	1889年	上海北市丝业会馆筹赈公所四月初四日接到山东登莱青道盛杏荪观察复信照登	《申报》，1889年5月5日第4版
		上海四马路文报局山东振捐收解处接到烟台盛杏荪观察函电	《申报》，1889年5月13日第4版
		四马路文报局内山东赈捐收解处接到盛杏荪观察谢佩孜先生来电	《申报》，1889年5月21日第4版
		上海文报局山东赈捐收解处接到盛杏荪观察来书	《申报》，1889年5月24日第4版
		上海文报局山东赈捐收解处接到烟台抄寄寿光灾区陆馨吾部郎致盛观察书	《申报》，1889年5月30日第4版
		上海北市丝业会馆筹赈公所五月初八日接到烟台登莱青道宪盛观察复函照登	《字林沪报》，1889年6月9日第4版
		盛杏荪观察东灾告急书节登	《字林沪报》，1889年6月15日第4版
		上海文报局东赈收解处接到盛杏荪观察六月十一日烟台来函	《申报》，1889年7月18日第4版
		上海北市丝业会馆七月念三辰刻接山东登莱青道盛观察来电	《字林沪报》，1889年8月21日第6版
		上海北市丝业会馆七月廿三日辰刻接到山东登莱青道盛观察来电	《申报》，1889年8月26日第4版
		上海四马路文报局东赈收解处接到盛观察寄来潘振声先生九月初三日由济南发来电音	《申报》，1889年10月8日第4版
	1890年	上海文报局顺直山东收解处接烟台东海关道盛杏荪观察来书	《申报》，1890年8月31日第4版
		上海文报局东赈收解处接到烟台盛杏荪观察来书	《申报》，1890年9月13日第4版
	1891年	上海六马路仁济堂筹赈所接登莱青道宪盛观察来书照登	《申报》，1891年1月2日第3版
	1892年	上海六马路仁济善堂筹赈公所接到津海关道盛观察河南赈歀解批回函照登	《申报》，1892年10月4日第4版

2. 烟台商人参与赈灾募捐

"丁戊奇荒"后，烟台成为全国赈灾系统中的一部分，烟台本土商人也逐渐成为赈灾活动的主力军。

"丁戊奇荒"前，山东本土慈善意识非常落后。光绪三年（1877年），一些前往山东助赈的江南绅士刚刚抵达山东境内就听一位莱州同知说，"山东绅富向不肯流财仗义，欲捐十两八两亦不可得"①。当他们抵达青州时，想找个能联合赈济的当地士绅都不可得："所难者本地士绅无熟办善举之人"，"无从延访公正之士"。

在"丁戊奇荒"赈灾中，通过《申报》等报纸的大力宣传倡导，烟台义赈同人的劝赈活动，使烟台社会慈善意识开始觉醒。如近代烟台商人万霞如（万仁燮）先后参与捐款不下五十多次，近代烟台大商号顺泰号及其经理梁浩池参与捐款不下三四十次。

以下摘录《申报》上烟台商人参与捐款报道：

昨承三洋泾桥益顺盛号内锦丰益号赵郁堂翁交来山东登州府黄县悦生堂丁捐助东赈规银一千两。怡顺昌王瑞芝翁交来黄邑丁怡善堂赈捐规元四百两。②

昨承烟台敬业书院李伯轩大善士致书本馆协赈所，云前阅申报中附分捐册，知沈灾未澹，需振孔殷，敬即劝募同人共得洋银五十元。③

昨日由益顺盛宝号交来山东黄县挹翠山房大善士乐助振捐洋银百元，又黄县善妇丁氏乐助苴规银八两。④

烟台通商银行万霞如先生六旬弧诞，诸友咸备仪晋祝。先生悯各省灾黎困苦，特将贺仪洋银四百零八圆三角，悉数汇交丝业会馆，助入振捐。⑤

烟台芝罘报馆主笔人王义轩，承办花捐一千数百元，以解广东赈济。⑥

......

"丁戊奇荒"中，烟台是"教赈"的发起中心，不久，也成为江南义赈筹赈网络中的重要一部分。随着登莱青道台参与义赈、烟台商人参与赈灾募捐，烟台慈善事业开始进入近代转型阶段，并进一步影响了近代烟台慈善事业的发展走向。

---

① 谢家福：《齐东日记》，光绪三年五月二十日四条，转引自《地方性流动及其超越：晚清义赈与近代中国的新陈代谢》，2006年版，第57页。

② 《赈捐事略》，《申报》（上海版），1889年5月23日。

③ 《敬颂善人》，《申报》（上海版），1892年4月19日。

④ 《救灾恤邻》，《申报》（上海版），1892年9月9日。

⑤ 《既寿而康》，《申报》（上海版），1899年3月23日。

⑥ 《花捐助赈》，《申报》（上海版），1908年9月27日。

第五章　清末官办慈善组织
——烟台广仁堂

光绪十二年至十八年（1886~1892 年），盛宣怀担任登莱青兵备道。在其任期的最后两年，盛宣怀"援照京津成案"，在登莱青三府分别创建了青郡广仁堂、莱郡广仁堂和登郡烟台广仁堂。青郡广仁堂、莱郡广仁堂规模不相上下，而登郡烟台广仁堂规模最大，是一个综合性的善堂，是近代山东最大的慈善机构。

一、青郡、莱郡广仁堂

青郡广仁堂源于江南善士李金镛、严作霖等捐设的同善堂。莱郡广仁堂虽是新设，但土地房产则来自莱州府早已荒废的官办慈善机构育婴堂。

（一）青郡广仁堂

在"丁戊奇荒"东赈期间，谢家福、李金镛等江南义赈同人于青州城内筹设了青州同善堂。光绪十八年（1892 年），盛宣怀将山东赈灾中李金镛创办的青州同善堂改建为青郡广仁堂。

1. 青州同善堂

在"丁戊奇荒"期间，江南善士严佑之、李金镛、谢家福先后到青州赈灾。为救助灾民，李金镛在青州设立了江广助赈局。局下设立两局，"一曰抚教，一曰留养。抚教者，就其资质之高下，分别教以读书习字；留养者，收养残疾及生病之婴孩，延医生以疗其疾，给衣食以赡其身，一俟病退力强，再送抚教局习业"①。留养、抚教两局在救助灾区受灾儿童方面发挥了重要作用，可是留养、

---

① 《赈济奇荒记》，《申报》，1877 年 11 月 20 日。

抚教两局终属临时机构，赈务结束之后便将撤办。但义赈同人发现"青州一属，向无恤孤善堂"，且"孤贫子弟流落极多"。于是"为久远计"，李金镛等又于青州城内筹设了青州同善堂。青州同善堂，是为华北地区第一个综合类善堂。① 青州同善堂的设立开义赈同人在华北设立善堂善会之先声。

青州同善堂先办"义塾、惜字、乡约三举。堂中司总，议由第等公举，已请缪启翁来青，并留一二善友匡助之。拟俟此堂立定，即将留婴所、抚教局归并办理"。② 至于后续经费问题，则将他们手中现存的款项五千余两，"及续后捐下凑足一万串，存苏生息，禀府备案，每年分四季汇青，永为成例"③。

由于"本地绅董向无熟办善举之人"，所以又由谢家福主持拟订了《青州同善堂章程》。章程内容如下：

董事宜公举也。现由本地官绅暨苏、常绅士公举董正一人、董副一人、司月六人轮办局务。凡有兴作，须公同商酌。每月公请府县宪莅局一二次，课其大纲。

司事宜公延也。由各董公请老成谨慎、练达勤干者一人为管总，银钱账目、办理机宜，悉听妥为筹办。司事□人，各勤其职，月送薪水有差。执役二人，各给工食，不得徇情滥荐，亦不得人浮于事。

捐款宜广筹也。现蒙府县宪暨江广赈局、镇扬赈局各助千金，除发典存息济用外，应由董事仿照同善会例，妥为筹劝，以每月三十文为一愿，愿数多少，惟力是视。按月凭两联局章收照收取，每年刊造征信录分送，并存府县存案。

经费宜节省也。董事薪水，轿马之费概不致送。司事及执役除额定薪工，按月十四日支给外，概不准浮支借宕，一切浮费不准开支

账款宜查报也。每月朔日，由上月司董监令司总开造四柱清册，具报董正存查，并于局帐结数加盖私戳，所存银钱照册点验，如有短少，司总是问。

收照宜详核也。每月掣票收钱之先，将两联收票由司总填明捐数，并立一送印四柱册，开列总数呈送董正加盖局章，再送司月加戳，再行发收。每逢月杪，由本月司董将收到捐款开除外，实在存票若干详核登载册上，以便于下月初一日交付司董点验发收。

堂屋宜建置也。现在月捐无几，不能不将荵捐存息，未便即行置产，相应暂借考棚设堂开办，俟经费筹定，即行建置堂房，以期恒久。

善举宜酌办也。现因经费未充，先办义塾、惜字、乡约三端，章程悉照苏郡轮香局办法。其余各善举，随时再为推广。④

---

① 周秋光、贺永田：《李金镛与晚清义赈》，《湖南师范大学社会科学学报》2012年第2期。
② 苏州博物馆：《谢家福日记》，文物出版社2013年版，第121-122页。
③ 谢家福：《齐东日记》，光绪三年（1877年）七月初三。
④ 谢家福：《齐东日记》，光绪三年（1877年）七月初一日条。文中空格处，原文如此。

从这份《青州同善堂章程》中可以看出，这份章程除点明江南绅士的作用外，还对江南慈善经验有着明显的反映，是江南义赈同人移植江南善会善堂的产物。青州同善堂从一开始就携带了江南善堂的基因。

另外，青州同善堂是当时北方综合类善堂的典型代表。是当时山东乃至华北第一个综合类善堂。据梁其姿统计，在1877年创设青州同善堂以前，全国一共出现过223家综合类善堂，其中有115家位于江浙两省，而整个北方仅有陕西紫阳县的同善堂位居此列。①

2. 重振同善堂

"丁戊奇荒"后，随着江南善士的逐渐离开青州，青州同善堂逐渐衰落。1890年（光绪十六年），"溯查善堂创始，原有章程数条，但时过境迁，或循行已成废辙，或悬拟尚属虚愿，未能尽资遵守"②。盛宣怀准备开办青郡广仁堂时，青州同善堂"仅有存项生息银两千八百两，只办义塾、惜字两事"③。

为重振同善堂，青州知府又重订同善堂章程八条。内容如下：

绅董宜得人也。善堂本属义举，司事绅董必好善不倦，众望允孚者方足以资总理。查该堂创立以后，易人数次，惟千总刘魁清司事较久，实心经纪，殊不易得，惜年稍老，亟宜思所为继。兹加派举人丁渥恩、贡生王兰洲、监生陈如冈与千总刘魁清四人分年轮管。凡值年者常川管事，余仅按月会查款目。即以光绪十四年为始，各勿推诿，其轮次丁渥恩子辰申年，刘魁清丑巳酉年，王兰洲寅午戌年，陈如冈卯未亥年，分班轮值，归其总管。是值年，任有专属而仍不厌，互相稽查，庶法制相维可冀经久矣。

经费宜综敷也。善堂经费本不充裕，自应量入为出，方不致时赢时绌，查善堂原存江广杨镇诸善士暨前本府捐款本银二千五百两，连现在由本县续捐本银三百两，共银二千八百两，又原存前本府及余剩捐款本钱五百二十千文，连原置房屋三座，除善堂办公与作义学，全院不计外，另院二座，原系赁出，计每月子息银租价钱，合算不过百二三十千文谱，而每月各项用款亦在百二三十千文谱，以此两品，若稍不节省，常有入不敷出之势，兹将应节省者如司事薪水及无名杂支之类，勉从节省，其应增添者如惜字、施医之类仍不能不予增添，总期出入可以相垺，庶司事者可胜任愉快，不致仰屋无聊矣。

义学宜勤查也。善堂原设义学二处，即在善堂之内添设义学三处，分布城关适中之地，其章程原定本极严密无弊，迨奉行稍久，未免渐就废弛，而弊亦滋生

① 梁其姿：《施善与教化》，附表四。
② 邱瑞玉：《益都丁壬集》，1890年。
③ 《呈登郡烟台海口及莱青两郡创立广仁堂请奏明立案由》，《烟台广仁堂章程样本》，上海图书馆，档号：SD073400。

矣。如义学学师向择品学兼优之士，始能延请。若非其选，原不容以滥竽，乃日久徇情，而学师遂视人情为进退，兹为定章，各学学师均于每年十月由县传考文艺兼较课程，如各文艺优长，课程勤勉，即悬牌予定次年馆事。凡以人情来者，概屏不与。庶杜请谒而重师资，如义学学徒向收孤寒无告之幼孩，授以书纸笔墨，并予食饮，口分定额，交由学师照管，既教且养，统以十五岁为度，届时即令出额，俾孤寒可相继而来，乃日久循情，所收殊非孤寒，至十五犹不出额。其真孤寒者转致不能叙补，兹为定章。学徒教养兼筹者必查孤寒无告，始令补额至十五岁即令出额，其资可教可送书院，照常肄业，其资难教可送铺号令习贸易。庶各有生路，不致阻碍后来。如义学学师学徒食饮向系觅由就近铺户，按月定价包送。师徒从无饥渴之虞，乃日久渐失旧规，饭菜日减，茶水亦缺，隐忍相顾，未免可怜。兹为定章，所有茶水均为定一，酌中供给，毋许再有灭缺。庶该师徒均沾实惠，而免后言。至义学师徒功课，向未议及查法，勤惰，修废无从而知，兹为定章，每月每学各予××课本，学内师徒年岁居址，教学几年，已读何书，现读何书，已读何部诗文，现读何部诗文，日课文诗字若何，均着照格填注，每月由司事汇齐呈县，以备随时亲往考核。度从前良法美意，不致徒具虚文矣。

字纸宜称收也。善堂新设惜字所，除已示谕各衙门书役各铺户、各住家、各学堂，一体捐制惜字木匣外，另由善堂专雇勤慎耐烦可靠雇工一人，逐日前往城关各衙门铺户住家学堂，挨查次询，索拾人肩挑大篓，按三八五十期送归善堂焚化，诚恐该工人不实心实力，虚掷工资。兹为定章，所收字纸，着每期送交善堂司事核实，称收每期，定足一期额，定觔重，始准照给工食，短额核罚，溢额酌赏，庶惩劝明而事不坠矣。

医药宜酌施也。善堂新设施医所，除已示谕城关乡镇无力延医各项人等，均准前来就医，外特访精于医理，明白谨慎医生一人，派充是选，每逢三八五十即着该医生在善堂坐候半日，若有时行疫疠等症，尤关民命，非寻常需医可比，即着每日到堂坐候，无论城关乡镇一有以病求医者，即时为之诊脉出方，不得少有濡滞，如病者果系穷苦无钱，服药即由该医生询明，知会善堂司事于方内，盖用善堂图记，在就近药店将药付讫，每月善堂照单与药店核算，据实开报，庶医药皆归实际矣。

矜恤宜实逮。也善堂向议有保婴存孤等事，奈经费太绌，自憾力诸不逮，未及举行，惟向有寄居孀幼数家，月给帮项，自应照旧散给，嗣后如有此类仍当量力伙助，但只可迫以义决，不可循情理。欲公私之间即善举亦不可不审所处矣。

月报宜张示也。善堂向有支用总簿，每月分呈府县核批，仍发收执，历经如此办理，但旧簿列款虽无舛错，而微款稍儱侗。现在着立新簿，皆按管收。除在四柱分款缕列，除堂存总簿，仍呈核发外，每月着另造清册一本，随簿分呈府县存案，犹虑存案在署士民不得周知也，并着随册抄单一分，每月张贴善堂之壁，庶为善不求人知者亦不畏人知矣。

捐款宜慎存也。善堂捐款向存当店，由来已久，毫无亏挪。但旧章息租，按月支回，若用，有所赢，即存司事之手，虽历年亦无短欠情事，终无以塞间执之口。而防疏失之虞，今拟应用若干，即交若干核算，用果有余仍存当店，每半年清算一次，半年余款多少应即一并提作成本交当生息。如此办法，庶利有获而害不闻矣。①

从内容来看，重订同善堂章程八条基本继承了谢家福所定章程的原则、救济范围。除原有的义学、惜字外，还扩展到施药、恤嫠等方面。

3. 青郡广仁堂

当江南义赈同人出身的盛宣怀担任登莱青道后，青州同善堂又被拉入到了盛宣怀所参与创建的"华北广仁堂系列"里。

"光绪十六年冬至十八年春"（1890～1892 年），盛宣怀开始筹办广仁堂。1891 年，登莱青道台盛宣怀将青州同善堂改设为青郡广仁堂。将同善堂"堂屋基地计三亩五厘四毫，兹将旧房五十间略为修葺，并补造后厅三间，改为青郡广仁堂（见表5-1）。又署益都县张令承燮，捐置另所房屋八间，先办保婴、恤嫠、训善、义塾四事，由道派董驻堂经理，除道府县岁捐外，经费均由烟台广仁堂拨给"。②

表 5-1　建设广莱郡广仁堂、青郡广仁堂情形

广仁堂	存项生息钱	原堂址地	共合地	共计房屋	慈善项目
莱郡广仁堂	一千串	五分六厘二毫	一亩四分八厘八毫	四十四间	先办保婴、恤嫠、训善、义塾
		道署箭道余地四分五厘一毫			
青郡广仁堂	二千八百两	三亩五厘四毫		旧房五十间略为修葺，并补造后厅三间	先办保婴、恤嫠、训善、义塾四事
				益都县张令承燮捐置另所房屋八间	

资料来源：《呈登郡烟台海口及莱青两郡创立广仁堂请奏明立案由》，《烟台广仁堂章程样本》，上海图书馆，档号：SD073400

① 邱瑞玉：《益都丁壬集》，1890 年。
② 《呈登郡烟台海口及莱青两郡创立广仁堂请奏明立案由》，《烟台广仁堂章程样本》，上海图书馆，档号：SD073400。

(二) 莱郡广仁堂

盛宣怀"援照京津成案"创建的另一个广仁堂是莱郡广仁堂。

1. 创办

莱郡广仁堂设在莱州府掖县,系借用原育婴堂址及剩余资金设立。

莱州府城本有育婴堂,仅有存项生息钱壹千串,堂址地五分六厘二毫,因经费无出,荒废已久。现于原址西南,划用道署箭道余地四分五厘一毫,连购买民房地共合地一亩四分八厘八毫,整旧营新共计房屋四十四间,名曰莱郡广仁堂。①

在《掖县全志》里面,详细提到了莱郡广仁堂的堂址出处:

旧有育婴堂地　五分六厘二毫三丝九忽

新买张姓地　二分五厘八毫六丝七忽五微

新买蔡姓地　二分一厘六毫一丝五忽八微

用道署箭道余地　四分五厘一毫

大门三间门房一间　听差房一间　东厢房三间

西厢房三间　大厅三间　东西卧房各一间

东西下房各两间　西院义塾十二间

东院群房九间　厨房三间　屏门一座井一口。②

就慈善项目来说,莱郡广仁堂"先办保婴、恤嫠、训善、义塾四事,即派税局委员率同司事经理"。③1893年(清光绪十九年)春,莱郡广仁堂"设义塾四所于西院各三间,延师训课,贫民子弟束金由海口办公项下支取,董事致送时,考勤惰奖优者,以示鼓励"。④莱郡广仁堂义塾四斋,用蒙以养正编号。肄业贫生择优给予膏火奖赏,以资鼓励。

2. 经费来源

莱郡广仁堂常年经费来源主要是"育婴堂基金生息及地租。不足由东海关掖口税局海船办公捐项下提款补助之"。⑤民国以后,莱郡广仁堂常年经费来源逐渐枯竭,堂址被占用,最后彻底衰落。

船捐停止。民国以后,胶东道道尹与东海关监督分署办公,船捐逐渐停止。船捐原由虎头崖商会经收。船捐停止时,还有"款五钱库平银五百九十四两四分七毫,发同春当生息"。1930年1月同春当歇业缴还商会。"是年九月,县长马镇藩令饬由虎头崖商会将前项银两照市价折合大洋八百七十八元二角五分七厘,

①③　《呈登郡烟台海口及莱青两郡创立广仁堂请奏明立案由》,上海图书馆,《烟台广仁堂章程样本》,上海图书馆,档号:SD073400。

②④⑤　魏起鹏:《掖县全志》卷一,清光绪十九年(1893年)。

提交财政局充改修监狱费。"①

堂址被占用。民国十四年（1925 年），莱郡广仁堂为道院所占用。"嗣经兵燹驻军屯扎，堂内各小学亦被驱散，各教员尚赖育婴堂地租之接济，各于私宅讲授，嗣各教员相继殂谢，无人经管，遂于二十二三年（1933 年、1934 年）间，县长赵鸿泽、刘国斌先后将育婴堂地及广仁堂各房屋完全拨归掖县救济院，以符部颁各地方救济院规则第七条第二项之规定。"②

二、登郡广仁堂

登郡烟台广仁堂是在原烟台兼善堂的旧址上扩建成立的。在盛宣怀创办的登、莱、青广仁堂系列里，登郡烟台广仁堂规模最大，是近代山东最大的慈善机构。

（一）创办缘起

1. 创办广仁堂原因

盛宣怀创办登郡烟台广仁堂，基于以下原因：

一是烟台开埠以来贫民、游民日益增多。"窃查登莱青三府三面濒海，地瘠民贫，登州一属为尤甚。福山县烟台海口自设关通商以来，中外商贾云集，四方无业游民藉力谋生者接踵而至，兼以前数年黄河与小清河泛溢为灾，流离就食之民如水趋壑，饥寒困苦露宿风餐，婴孩乏保恤，疾病无医药，目击情形殊堪悯恻。"③

二是盛宣怀有创办"广仁善堂"的经验。盛宣怀直接参与创办了光绪四年（1878 年）的天津广仁堂、光绪八年（1882 年）京都广仁堂。《在呈登郡烟台海口及莱青两郡创立广仁堂请》中，盛宣怀就称："职道从前在天津河间署道任内，曾会同南北绅董，捐集巨款于天津城外创建广仁善堂，详定会所章程，以养以教。又于京城会所观瞻善堂之设，尤不容缓。"④

有了参与创办京都广仁堂、天津广仁堂的经验，在担任登莱青道时，盛宣怀"仿照京津成案"，又创办了青郡、莱郡和登郡烟台广仁堂。

2. 创办广仁堂经过

1889 年，盛宣怀在"筹赈青属之后，遂拟集资创建"广仁堂。从 1890 年冬至 1892 年春，登郡烟台广仁堂全部建成。新建广仁堂分设"十会十所"，这

---

①② 魏起鹏：《掖县全志》卷一，清光绪十九年。
③④ 《呈登郡烟台海口及莱青两郡创立广仁堂请奏明立案由》，《烟台广仁堂章程样本》，上海图书馆，档号：SD073400。

"十会十所"或保留或扩充自原有之慈善机构,或新设慈善机构。

一是保留。施粥厂仍保留。盛宣怀自1886年接任后,悉照向章办理,如"如施粥一端,通计每日就食者五千余名,给发棉衣裤亦如其数"。但也有难以为继之势。"闻风远来者,尚相属于道。"

二是扩充。扩充兼善堂、庇寒所。盛宣怀"于兼善堂左右购地添盖房屋157间;又购出租收息者83间;庇寒所改名栖贫所,增为65间,又造寄柩所36间,并购义地3处"①。

三是新设。新建广仁堂分设"十会十所"除原有粥厂、庇寒所、兼善堂慈善项目外,其他都是新设慈善项目。具体内容如表5-2所示。

青郡广仁堂、莱郡广仁堂和登郡市烟台广仁堂三堂建造经费如表5-3所示。

表5-2 盛宣怀建设广登郡广仁堂情形

扩充内容	购地亩数	房屋间数
兼善堂左右 添购地	十一亩三分六厘四毫	盖造房屋一百五十七间
	二亩四分三厘六毫	购出租收息房屋八十三间
庇寒所(改曰栖贫所)	一亩八分四厘一毫	增为六十五间
寄柩所	三亩四分四厘九毫	三十六间
义地三处	十二亩一分一厘九毫	
购买及收回出租市房五所		计房五十九间

资料来源:《呈登郡烟台海口及莱青两郡创立广仁堂请》,上海图书馆,《烟台广仁堂章程样本》,上海图书馆,档号:SD073400。

附:新建广仁堂寄柩所碑记

烟台旧有兼善堂,历任海关监督饬令商人公会,经理施棺、义冢诸善举,日久废弛,寝以滋弊。余莅任之五年始,创设登郡广仁堂,仍兼善堂之旧,扩充规模,条理粗备。据堂董盛锺岐、董恩绶、徐芬、诸湘禀称:现在清理义地,查得烟台山之东,有东沙旺地方义冢区,计三十四亩九分五厘四毫。因无人看守,以致破棺残骸遗弃暴露,宜归入广仁堂随时修护。义冢迤西南,有福山县康令鸿逵捐廉购地一方,计二亩七分零。拟于其地建一丙舍,名曰:广仁堂寄柩所。凡幕官、南绅有柩寄停者,每年房租若干,作为看守经费,即雇人看守柩屋,兼管义冢,似为一举两得。因

① 《宫中档光绪朝奏折》(第7册),台北故宫博物院1973年版,第149页。

批饬照办。复于公会商人盗卖兼善堂房屋一案，捐输款内提钱五百两，拨归广仁堂，以充建造寄柩所之用。凡为室两进，共十六间，均酌议寄柩章程，榜列所中，俾共遵守。寄柩所之北，滨海未葬余地，向有神祠一间，木作商人、同知职衔邹原曾商请堂董，增土培基，捐资建造"鲁班祠"三间，厢房五间，为工匠务间暂寓之所。即谕令该商经管寄柩所事宜，就近派人看守，以期便益。爰略缀公牍，叙述缘起，俾勒之石，庶维持永久云。

　　　光绪十七年七月头品顶戴分守登莱青兵备道东海关监督武进盛宣怀撰记

附：盛大人德政碑

　　钦命头品顶戴山东登莱青兵备道东海关监督盛大人德政碑

　　窃以盛德至善，民不能忘。载在《礼经大学》篇，凡今之人无不童而颂之。世有循良大吏，编氓蒙其德泽，而习焉相忘。谓：于我何有忍乎哉。观察武进盛大人，莅任之五年，刱建登郡烟台广仁堂，纲举目张，诸善毕备，继又于小河东沿义冢余地内刱立寄柩所，屋十六间，为南省官幕丙舍。谕令职招人看守。并将滨海未葬余地许职捐资建立龙王、鲁班、财神殿宇三间，三太祠一间，旁屋作为工匠公所，责成职经理。盖斯举也，以寄柩所保护义冢，以神祠保护寄柩所，两相维系，永久不废。吾侪小民，同声感戴，因勒石以志，俾后之人知其所自，庶足垂功德于不朽云尔。

　　　光绪十有七年岁在辛卯九月谷旦同知衔福山邹原曾敬立

表5-3　青郡广仁堂、莱郡广仁堂和登郡烟台广仁堂三堂建造经费

	地价计银
烟台广仁堂及栖贫所、寄柩所房屋	12500余两
莱郡广仁堂置买添盖房屋	2000余两
青郡添盖房屋计银	500余两
购买地亩盖造房屋计共银	15000余两

　　资料来源：《呈登郡烟台海口及莱青两郡创立广仁堂请》，《烟台广仁堂章程样本》，上海图书馆，档号：SD073400。

（二）人事管理制度

　　广仁堂的组织管理管理模式采用轮值制。所谓轮值制，是由公正士绅商人组

建管理集团，轮流值年，彼此互相监督，以防舞弊。管理人员只是尽义务，不拿薪俸。这种管理模式主要适用于创建初期慈善机构规模小、资金少和不动产少的情况。这种轮值制既是一种权利，也是一种义务。说它是一种权利，是因为轮值者掌管着一笔数目不小的财产，如果不能廉洁自律，贪污中饱者也大有人在；而说它是一种义务，则是因为在需要资金的时候，轮值者有倡捐和劝捐的责任，而且往往要自掏腰包，所以参与者要有一定的资财。①

烟台广仁堂组织管理层由总董、驻堂董事、值年董事和司帐管事组成。

其中，总董设二人，会同关道督办三府堂务。

驻堂董事一人。驻堂董事提调堂务，上承下布为斯堂之关键，为众司事之表率。对驻堂董事的要求是：老师宿儒，才德俱全，名利不求，熟办善举。驻堂董事专管"烟台广仁堂内一切寻常日用之事，优其饫廪俾无内顾之忧，庶几洁己奉公，专心致志，免致分心。惄忽此董事之择人，久任而不轮年者也"。

值年董事六人。值年董事上则秉承督办总董，下则会同驻堂董司商办一切。值年董事分为两班，两年对轮。第一年，钞关总办、招商局总办、缫丝局总办三人一班。第二年，新关总办、电报局总办、公估局总办三人，又为一班。

同时，如果"道署幕友本地绅士中有公正勤廉，勇于为善者，随时各择两人，分为两班，亦两年对轮，随同总董，会同值年办理"。

司帐管事多人。选择"清慎勤者，略丰其修，俾均专心奉公"。其余或幕友或本地绅董，既择品高家丰者，亦可担任司账管事（见表5-4）。

表5-4　广仁堂历任堂长、堂董

时间	总董（或堂长）	堂董	资料来源
1892 年	盛宣怀	盛钟岐、董恩绂、徐芬、诸湘、陈润夫等	《新建广仁堂寄柩所碑记》
1892 年	孙金彪（绍襄）		
1904 年	林钟杖（敬生） 林钟杖后沈培衡、王衍庆短暂任职	刘毓瀛等	《烟台广仁堂条单》，上海图书馆，档号：SD062792-1
1905 年	张士骧		

---

① 任云兰：《近代天津的慈善与社会救济》，天津人民出版社 2007 年版，第 321 页。

续表

时间	总董（或堂长）	堂董	资料来源
1923 年	李瑞芝（李凤梧）	刘麟瑞（子琇） 孙曰温（文山） 澹台宝莲 于宗潼 杜荫潭 吴积善 金谦受 王沐恩 牟维江 刘潼基 于清泮 张九祥 丁训初	《烟台广仁堂董事吴积善、金谦受、杜荫潭等致愚斋义庄董事会函》，上海档案馆，档号：SD042128
1931 年	王瑞友	于梓生 牟君山 澹台玉田等	《中华民国教育其他ノ施设概要》外务省文化事业部 1931 年版，第 851 页
1933 年	翟秋圃		《东海日报》，1933 年 6 月 8 日
1943 年 8 月救济院时期	梁子薰（董事长） 王润生（救济院院长）	邹子敏（1942 年 12 月）名誉董事长 汪钧甫（救济院董事长）	《烟台广仁堂纪闻》，臧颂耀 《救济院董事会结成式》，《鲁东日报》，1943 年 1 月 14 日

（三）资金来源

烟台广仁堂资金来源分为开办经费和日常运营经费两种。

1. 开办经费

开办烟台广仁堂经费主要来自捐款和筹款。盛宣怀"于兼善堂左右购地添盖房屋一百五十七间；又购出租收息者八十三间；庇寒所改名栖贫所，增为六十五间，又造寄枢所三十六间，并购义地三处"。① 再加上其他费用，"烟台广仁堂及栖贫所、寄枢所房屋并地价计银一万二千五百余两"。由盛宣怀捐助。

另外，"收回出租市房五所，计房五十九间，皆永远作为登莱青广仁堂产业"。由盛宣怀筹款购买。

---

① 《宫中档光绪朝奏折》（第 7 册），台北故宫博物院 1973 年版，第 149 页。

2. 日常运营经费

为了保证慈善活动的顺利开展，广仁堂必须有充足的运营经费。广仁堂日常运作所需经费每年约需万金。"统计本堂各会所常年用费，约需八九千金，而每年添置物件修理房屋之费，不与焉，宽以筹之，每年需有万金。"①

广仁堂的日常运营经费，主要来自登莱青道台捐廉、政府资助、对行业强制征收的捐助、投资近代企业所得等。

（1）捐廉。

捐廉是指官吏捐献除正俸之外的养廉银。广仁堂所办施粥、棉衣、牛痘、施医四项自创办以来，皆由登兼青道捐廉认办。

（2）政府资助。

政府资助是广仁堂主要资金来源。在广仁堂《章程大纲》内，就提出广仁堂日常经费由"缉私经费内，每年提贰千两，各海口税局筹捐若干，钞关船捐若干，钞关棉衣捐若干，员幕薪水平色捐若干，洋药善捐若干，……道府县岁捐若干"。②

（3）对行业强制征收的捐助。

近代烟台是通商大埠，商业发达，登莱青道台对某些行业强制征收捐助。如1892年"拟由货捐项下抽厘津贴。货物约重三百斤者为一件，每件加捐制钱三文"。③

对烟馆抽捐。1898年时，烟台街有"烟馆计三百余家之多，大者约有灯四五十盏，小者亦有五六盏"登莱青道台"按照各馆烟灯若干。每灯一盏每日抽捐大钱四枚，集充广仁堂医药经费"。④

船票提成。1900年，对往来旅顺大连湾大东沟等处的镇海、飞云两轮船，"其船票向由广仁堂发售，内提三成，以充善举。近来二船贸易日渐扩充，由善后局派委来烟。自五月朔起，所有船票概归和丰当发售，广仁堂仍提一成半，以助经费"。⑤

（4）投资近代企业所得。

广仁堂还有一项经费来源是投资近代企业获取分红。盛宣怀"筹集现银二万两，发交烟台机器缫丝局作为登莱青广仁堂股本，永远生息不准动本"。⑥

其他经费来源还有房产收租等。

---

① ② 《章程大纲》，《烟台广仁堂章程样本》，上海图书馆，档号：SD073400。

③ 《烟台琐录》，《申报》（上海版），1892年1月19日。

④ 《烟海春涛》，《申报》（上海版），1898年4月15日。

⑤ 《烟海涛声》，《申报》（上海版），1900年6月12日。

⑥ 《呈登郡烟台海口及莱青两郡创立广仁堂请奏明立案由》，《烟台广仁堂章程样本》，上海图书馆，档号：SD073400。

（四）登郡烟台广仁堂的"十所十会"

烟台广仁堂所办慈善事业为二十项，即十所十会。"其十所一曰蒙养所，二曰慈幼所，三曰工艺所，四曰施医所，五曰西法施医所，六曰养病所，七曰戒烟所，八曰施粥所，九曰栖贫所，十曰寄柩所。其十会，一曰训善会，二曰保婴会，三曰惜字会，四曰恤嫠会，五曰因利会，六曰掩骼会，七曰拯济会，八曰保煠会，九曰运柩会，十曰备棺会"。① 此外，慈善事业"施衣附于施粥，牛痘附于施医，施材附于掩骼，恤嫠附于保婴，孤贫附于恤嫠等类，概不另立名目"。② 这二十项，都是盛宣怀认为"皆烟地之所宜有而不可无者"。

1. 蒙养所

蒙养所即义学。蒙养所之"蒙养"出自《周易·蒙卦》中的"蒙以养正，圣功也"。意思是指从童年开始就要施以正确的教育。蒙养所设立的目的："北地人性多懒，善气未扬，名节不重，更宜教养兼施，故本堂顾名思义，不专以小惠示恩，惟以转移风俗人心为本原之计。"

蒙养所分为蒙塾、经塾两部分。入学学生先读蒙塾，再读经塾。其中，蒙塾设"蒙、以、养、正"四斋，每斋延师一位。蒙塾每斋课学生二十人。经塾设"明、经、修、行"四斋。每斋课学生十人。

招收学生：本所学塾专为栽培贫寒子弟，凡有力读书者不得混入，其娼优隶卒子弟一概不收。学生书本笔墨砚由广仁堂备办。

学习内容：

蒙塾每斋课。先认字，次读书，次习字，随读随讲，先讲逐个字面，次讲逐句意义，所读之书，先短句，次长句。以弟子规、广三字经、小学、神童诗、小儿语、小学千家诗、万氏童蒙须知、韵语、孝经、大学、中庸、论语、孟子为次序，俟四书完毕，接读五经者升入经塾。经塾设立明经修行四斋，每斋课学生十人。每日读书习字之暇，先属对吟诗，次作论，次作四书文。俟四书文完篇，或升入文塾或添设广仁书院，统俟后之君子。

教师待遇：

每斋延师一位，每位每月修金大钱四千文，伙食大钱叁千文，灯油茶水每月肆百文，闰月照送。每冬炭资大钱伍千文，端午、中秋、年节每节节敬大钱壹千文。延请时，先将李氏《乡塾正误》一书及本堂章程，由荐人送交阅看，果能志同道合，不以为迁，再送关聘。

学生规则：

---

①② 《烟台广仁堂章程样本》，上海图书馆，档号：SD073400。

学生来堂读书，先行凭保报名挂号具结，方准入塾。

学生朝来暮去，无事不得旷功。

本所立塾课日记一本，将学生姓名、年岁、籍贯及父兄生业，并读过何书，现读何书，一一登记，师长解馆及学生作辍勤情由塾师逐日记明。

在塾中时，师长有问必起立，而对请业则起，请益则起。每晨到塾向师长揖，揖必深圆。解馆亦然。朔望随同塾师行礼，务要威仪严肃，毋任草率不恭。

学生背书须字字清楚，句句入耳，背书时端立不许乱动，不许同学大徒替师听背。

书本要安放齐整，不许乱堆乱掷及皱折污秽。

每斋设净水一盆，师生大小便后务须洗手，方许执书。设惜字笼一只，字纸不许碎裂抛弃。

塾中每月由董事轮流察课一次。首重礼貌，次回讲书，次背书，次看书法。体貌驯谨，讲背明熟，字迹端好者为超等，酌奖花红。驯谨而讲背不能全明全熟，字迹不佳者特等，无奖无责。教导之放纵而讲背字迹虽佳者为次等，训饬之。放纵而讲背不明不熟，字迹不端者为下等，扑责之。如资质不近读书者，即发工艺所或另荐出学业。

盛宣怀设立的蒙养所对清政府的教育制度有一定影响。1904 年清政府颁布的《奏定学堂章程》，即癸卯学制。癸卯学制中包括了为幼儿教育专门制定的《奏定蒙养院章程及家庭教育法章程》，肯定了早期教育的重要性，并提出设立蒙养院作为早期教育的专门机构。广仁堂设立的蒙养所是我国近代史上较早的幼儿教育机构。

1907 年，蒙养所增设高等小学、初等小学二级。1907 年，潘志俊就任东海关道后，考察烟台学务。发现烟台有私立小学堂，即彭城高等小学堂、养正学堂。官办学堂只有毓材学堂，是关道所设的一所中学堂。而无官设小学堂，于是"督饬员董就广仁堂旧有蒙养所。选取性质聪颖身家清白者。另延教习。授以教科。分为高等小学、初等小学二级。以一百名为额"。①

2. 慈幼所

慈幼所，在中国南宋即有慈幼局。慈幼局是中国历史上专门收养弃婴的官方机构，始于南宋。宋史《理宗纪》："淳祐九年（1249 年），诏给官田五百亩，命临安府创慈幼局。收养道路遗弃初生婴儿，仍置药局疗贫民疾病。"②

根据广仁堂《慈幼所章程十四条》，可以看出：

慈幼所内部设司事一人，随时查察男女慈幼所之事。女号头一名，专管女慈

---

① 《各省教育汇志》，《东方杂志》1907 年第 4 卷第 7 期，第 166 页。

② 郑福田：《永乐大典》（第 5 卷），第 3164 页。

幼所内栅门户，照顾各幼孩洗补衣服等事。

招收对象：

"专收容幼失怙恃，及被诱拐骗卖陷落娼户，或经官署转送之未成年难女。"①

入堂程序：

发堂男女幼孩妇女到所，先将乡贯、姓名、何处送到、何案发交，随时详细注册。另写报条五纸，一送道署，一送总董，三送值年三董处备查。

堂中待遇：

发堂男女功孩等到所后，衣服被褥饭食茶水均由堂备，给每年冬夏置备衣裤，每名六件，每天蔬菜饭二顿，逢初二、十六，每名发给肉四两，年节倍给。

所中遇有疾病之人，男号由司事即刻报知驻董，立请施医所官医诊治服药。女号由女号头随时禀明，司事即刻报知驻董，立请官医到所诊治服药，司事会同官医进内，眼同女号头按脉，庶昭慎重而避嫌疑。

慈幼所男女孩救助措施：

男孩年至七岁送入本堂义塾读书，质性略笨者二三年后改送入工艺所学艺，十六岁后出堂谋生，遇有聪俊者则送入经书义塾以育人才。

女孩年至十岁，即由女号头教习针黹纺织，所有女工应用纺织等器随时添置，每月每名发给钱贰百文，以备针线零用。

在案发堂妇女寄居女慈幼所，查无家属承领，而案情已结，年在十六以上者，当即由堂择配。

择配无论农工商贾或妇或媳，必须稍有家业，而夫年不甚大小悬殊者，查明的确，取具切实铺保甘结，以杜贩卖作妓妾婢等弊。

3. 工艺所

工艺所"专为本堂不能读书之童而设"。

工艺所内设有司事和教习。司事总理工艺各事，须"老成笃实，精于稽查"。诸艺教习均由本地招致，应选诚实精谙之人充当。教习须"尽心教导，务令待如自己子弟，使其有一技之长以为终身之计，免致仍为乞丐。倘该教习漠不关心，视同膜外，应即斥退，如非理凌虐学徒，应即送官严惩"。

学习内容：

从蒙养所汰退出塾的儿童，施行量材习艺。"上等者荐至各店学业及学写宋字，刊刷切订等事，中等者学纩丝、编草帽边、成衣、瓦木、银铜各匠，下等者学铁匠、皮匠、修发、修脚等类，瞽目则学卜算，跛足则捆屦、织席，俾将来谋

---

① 刘精一、仲绍文、张乐山、刘云楼等：《烟台概览》，1937 年版，第 76 页。

生有术，不致废弃终身。"体现了"教养兼施"的理念。但有的工艺不准学习，如结渔网、编雀笼等。因"函人矢人有仁不仁之分，故术不可不慎，况童稚天性未漓，正宜培养心术，务令仁厚"。所以工艺所"惟择切于日用而人所通用者教之"。

教学要求：

每艺立一册师徒姓名，功课多少及某年月日学起，均须一一注明，该管司事时时督察，刻刻留心为要。

各童学业有成应由董事考验，除奖赏教习外，每学童酌给资本，令其自行谋生，倘有可充本堂工艺教习者留堂教习。

4. 施医所

烟台开埠通商后，"商贾云集，佣工度日就食，贫民日益繁多。兼以海氛山瘴寒暖，不时污秽熏蒸，夏秋疾疫倍于他方，码头新关绝少名医良药，贫苦有疾之人袖手待毙"①。曾有多任登莱青道台创立医局。如1871年（同治十年），龚易图担任登莱青道台时，即"立兼善堂为贫民施粥、施药、施种牛痘"。方汝翼担任登莱青道台又在兼善堂"增设施送医药"。医局历年办有成效。

盛宣怀创办登郡广仁堂时，设立施医所，将兼善堂医局"归并本堂仍如其旧"，并制定了"施医所章程十四条"。章程内容主要包括官医配置、施医对象、施医时间、施医程序、经费来源和管理措施等方面内容：

（1）官医配置。施医所设内外科官医1~3人。"官医向延南方高明一二人，近又添请本地内外兼科一人。"②

（2）施医对象。施医所"专为贫病有家可归，不必借住养病所者而设"。同时也负责治疗广仁堂内养病、栖贫两所病人。至于烟台的官幕绅富士商，愿请某官医到家诊视者，其酬劳听凭，酌送药物自行购办，施医所概不施送。

（3）施医时间。"每年三月初一起，十月底止，施医药者八阅月。其十一月起至二月底止，凡外来挂号就医者，概行停诊。其本堂养病、栖贫两所病人仍须诊治"③。

（4）施医程序。施医程序包括挂号、就诊和施药三方面：

首先是挂号。"凡来所诊病者，须于每日早晨先行挂号报明姓名、籍贯、住址、年岁，详登号簿，俟上午九点钟由医按号切脉开方，毋得乱次争先。"④

其次是就诊。"凡贫病之人每月来所挂号就医者，各就所长之医诊治。养病、栖贫两所病人亦均归诊治，医者不取病者分文。"⑤

再次是施药。

---

①②③④⑤ 《烟台广仁堂章程样本》，上海图书馆，档号：SD073400。

施医所对贫病之人实行免费施药。具体规定如下：

1）每日诊病择其实系无力服药者，即给小票一纸，盖用图章，令病家向药铺验票照方称配，其尚能自行出资买药者不给小票。

2）本所所用外科丸散丹膏，亦由本堂出资配合，请官医择实系无力自办者，随症酌给不得冒滥。官医出外治病不准带送本堂之药以节经费。

3）本所配合丸散丹膏，傥价在千文外者须先与堂董商明。每年夏天施送痧药药茶，除与本堂常年交易之药铺自愿配合送堂代施外，傥或不敷由本堂添配。如有南方善士捐送药物，本所亦可代施。

4）来所诊病之人，傥实系贫苦，无人煎药侍病，情愿借居养病所者，一律送至养病所，逐日诊治。妇女送女养病所居住①。

（5）经费来源。

施医所官医薪水由道署给发放。其官医伙食，司事辛俸、饭食，内外科药物、笔墨、纸张、灯烛、茶、煤，一切杂用均由广仁堂开支。

（6）管理措施。

为防止官医营私舞弊，章程规定了具体管理措施。

1）每日所诊之病，须将逐号药方全录簿上，俟堂期之日由司事送交知医堂董阅看。每日下午四点钟停诊之后，须将本日诊治外来病人数目及诊治栖贫、养病两所病人数目填给，报单两纸，一送值年董，由值年董转送道署。一送驻董，由驻董转送总董。

2）录方发药摊膏配散登簿记账，每日报单，每月底将所用一切开销及药账并向药铺收回小票，均由司事经理核明，送交董事，以凭付清钱文列入报销②。

登郡广仁堂施医所成立后，上海《申报》多次报道施医所的活动。择其一如下：

烟滩以卑湿之乡，疮痍满目。东海关官医局向例患疡者给发阳和膏，十余年如一日。近于六月底截止。另由堂董施送观音膏，由局中领出，已刊印报纸，遍贴街衢，布告远近矣。③

5. 西法施医所

广仁堂除设有施医所以外，还设有西医院，即"西法施医所"，"延西医诊治，并施刀圭焉"④。西法施医所原设在烟台东栅栏外，后改在广仁堂南首租房。

（1）施医时间。西法施医所每日早九点钟时开诊，四点钟停止，过时不候，次日再诊。

---

①②　《烟台广仁堂章程样本》，上海图书馆，档号：SD073400。

③　《东海鲸波》，《申报》，1893 年 9 月 9 日。

④　《蓬莱春市》，《申报》，1896 年 4 月 10 日。

（2）施医程序。与施医所基本相同。首先是挂号。"赴所诊治先行报名挨号施治，不得争先。"① 对"吞烟服毒者，不拘时刻随时来所报明给药救治"②。在施药方面，西法施医所同样对病人免费。"所中经费皆系捐办不需病家分文。"③

在施医时，西法施医所对"西法用药无效者，准送华施医所诊治。华法无效者亦如之。总以救命为重，不得互相推诿"④。如果遇有病势危险不治之症，"医员回绝难救，不许与医员饶舌。如有假病，一经医员看出，亦不准与医员为难"⑤。

（3）经费来源。西法施医所经费来自广仁堂。中医生"薪水、药料、病人、食物，在捐款开支所有出入账目，由堂经理报销"⑥。

6．养病所

养病所源于古代的"养病坊""养病院"等。在春秋时期，齐国宰相管仲曾在国都设立"养病院"收养残疾病患者。据《管子·入国》记载："凡国都皆有掌养疾，聋盲喑哑跛躃偏枯握递不耐自生者上收而养之疾。官而衣食之，殊身而后止。此之谓养疾。"唐朝"开元二十三年，断京城乞儿，官为置病坊，给廪食焉。近代改悲田院，或曰养病院"⑦。宋代亦设有养病院。北宋大中祥符二年（1009年）七月，"初置养病院"，为穷苦人民治病。

烟台养病所设有男、女养病所。男女养病所分开管理。

根据《养病所章程十八条》：

养病所病人：凡烟台贫苦病人无处医养者，来堂收养，请施医所官医诊治。广仁堂内栖贫所疾病者一体送养诊治。

养病所工作人员：设司事一人，管理一切应用。铺头三名。内二名系伺候病人，内一名取药煎药，暇则洒扫内外，须一体洁净。

就诊程序、要求：

每日早九点钟看病，业经痊愈者暂留数天，俟其体壮再行遣出。

若已治未愈者复为诊视，如有外科病症，每日须换膏药、末药、洗药。

每日上午十二点钟服药，譬如服药十名者，分为两排，每排煎药五剂，将药煎好。即照药方书，某人逐一呼应，铺头监服，上排已毕，然后再呼下排。

每日看病先行挂号，按号诊脉，随看随将原方录簿，以备查考。

每逢急病，无论日夜，立即诊治服药，毋得稍迟片刻。

所中收留养病人口，立有每日旧管、新收、开除、实存四柱清册，用药价目，病故人数、掩埋地名均须详载底册，以凭后查。

病人待遇：

①②③④⑤⑥ 《烟台广仁堂章程样本》，上海图书馆，档号：SD073400。

⑦ （明）陶宗仪等：《说郛三种》（第1册），第211页。

所中设立茶炉药炉，所用内外科药料煤火物件，均由本堂备办。

所中冬天概给棉衣棉裤，床上铺草荐，愿用海草拥护者酌给。

每日早晚米粥两餐，另给咸菜钱文，开水药茶随便饮用。

每逢病故者，即行施棺掩埋。用砖瓦上书某处人氏姓名、年庚及病故日期，立在棺冢，并载册籍备查。

另外，男女养病所分开管理。女病所门终日锁闭，不准男人窥探。官医进女养病所内按脉诊病，由年老司事眼同女号头陪入，以避嫌疑。

7. 戒烟所

近代鸦片烟毒泛滥，成为烟台一大社会问题。1887 年时，"烟台烟馆共约一百七八十家，其觅得妥系照常开设者，现不过一百三四十家"。①

戒烟所是广仁堂开设得较早的一处慈善机构。据 1891 年《申报》记载："各善堂定期本月初四日为始，创设试烟局，俾失足烟霞窟中者可以诞登彼岸，特不知果有成效乎？抑徒骛虚名乎？至其资，则由官宪捐廉并不向人募化云。"②

内部人员设置：

戒烟所内部设官医、帮排人、挂号人、厨房、茶房、打杂夫。其中帮排人四名、挂号人一名、厨房二名、茶房一名、打杂夫二名。

戒烟人：

凡吸食鸦片自愿立志永戒者，预期凭保报名开具年岁籍贯，每日吸瘾多少，已吸若干年，素来有何疾病，由堂给发执照，注明来戒日期，届期于卯正同保到所，入排听候点名诊治。

收费：

戒烟人药资每名银贰钱，伙食每名五天大钱陆百文，每名茶叶、红白糖、藕粉、油烛、炭柴纸大钱壹百伍拾文。

治疗程序：

戒烟每月三次。逢初四、十四、二十四，入排，至第五天放排，路远者多留两天。每排以十二人为率，如路远不能久待，急欲戒者随到随戒，不拘人数。大暑大寒停戒，预将停戒之人数提前补足。

戒烟人入排第一日午刻，服汤药一剂，是夜子刻，再服汤药一剂。第二日巳刻，又服汤药一剂。瘾轻者三剂已愈，瘾重者再服一剂。戌刻参汤一碗，补药一丸。第三第四天戌刻再服参汤丸药。第五天出堂。路近者每人各给丸药，路远者酌量多给，另送戒忌食物单。

广仁堂开设戒烟所后第二年，因"卓有成效，欲脱黑籍者纷至沓来，几于户

---

① 《齐东野语》，《申报》（上海版），1887 年 12 月 9 日。

② 《福海潮音》，《申报》（上海版），1891 年 5 月 22 日。

限为穿。旋因经费支绌，饭资药料不敷开销，遂另议新章，凡有入局受戒者先纳大钱一千文，以资津贴"①。

8. 寄柩所

开埠后的烟台，商业发达，"闽广苏浙辽左津沽南北浮海之市舶，河南山西遵陆之行贾，以至济南东昌，营殖以生者摩肩交踮，淹槥滞轮毕集兹土。市易之盛，匹香港而亚上海"②。除了外来商人外，每年还有大量灾民、贫民在烟台觅食，这些人在烟台遇到天灾人祸亡故后，如何存放、掩埋或运回家乡就成为大问题。近代，宁波商人顺记号烟台分号经理史晋生，曾为宁波商人"成立烟台四明丙舍，办理烟台义冢"③。

广仁堂寄柩所是专为官幕、客商暂寄旅榇而设的慈善救济机构。

寄柩所共有房屋三十六间，其中寄棺号舍二十五间。二十五间号舍分两部分。一在正屋两旁十间号舍，编以"广仁丙舍，寄停旅榇，出旧入新，周而复始，永保平安"，二十字为号。一在东面号舍十五间，编以"于斯暂妥幽魂，咸乐登堂，异乡如故土。果尔俯从众愿，筹添大厦，锡类仰宏恩"。三十字为号。每间号舍寄棺两具，可容伍拾具。

寄柩手续：

凡官幕、客商有欲寄柩者，预期凭保向广仁堂中报名。先发纸条交原报人持向寄柩所定屋，俟柩进后凭寄柩所纸条到堂换给执照，进柩时收房租大钱一千，出柩时收房租大钱壹千，合计每年大钱两千，一年为满。倘欲展限，一年加大钱两千。另外，寄柩所收取寄柩租钱作为经费，倘若不敷，由广仁堂总账贴补。

对于寄柩所内寄棺三年外无人来领，并未每年出大钱两千文者，由广仁堂代为安葬。对于安葬年久无人来领之柩，每柩立有石碑表记，并详载簿内稽查，倘葬后有棺属凭照认领者，准其领回，所有房钱石碑等费，有力者偿还，无力者听。

广仁堂寄柩所设立后，有两位历史名人曾在此寄棺。

一为北洋水师提督丁汝昌。1895年中日甲午战争中，在威海刘公岛服鸦片自杀。其灵柩载上康济轮船，运至广仁堂安厝。"丁统领之灵榇暂寄广仁堂，初九日开吊成礼。官商人等纷纷往吊，素车白马，络绎于途。"④

一为曾任国子监祭酒的王懿荣。1900年八国联军侵华时，王懿荣殉节。次年"四月二十五日灵柩由京运抵烟台，暂寄广仁堂内，官绅皆往吊奠。翌午扶回

① 《海市奇观》，《申报》（上海版），1892年5月1日。
② 沈丙莹：《春星草堂集》，《烟台山新建龙神祠嫽望亭记》清光绪十五年（1889年）刻本，中国人民大学图书馆。
③ 刘平：《悼史晋生先生》，《稀见民国银行史料》四编，2017年版，第1796页。
④ 《光绪三十一年正月二十三日京报全录》，《申报》（上海版），1895年3月9日。

古现村珂里"①。

9. 运柩会

广仁堂运柩会是专为南省仕幕、商贾旅烟台者，因病故无力而有心归葬者运棺的慈善救济机构。

近代烟台虽是通商大埠，但陆路不甚发达，旱路崎岖，搬运不易。海运虽发达，但海道轮船定价甚贵。因此，"虽有主之柩子孙贫困，不能归葬者实属不少"。广仁堂援照天津、江苏、浙江义乌章程，凡遇无力而有心归葬者，由招商局轮船带沪，每具棺柩本应银贰拾两，今减价计烟台漕平估银捌两，上船扛力在外。

运柩手续：

凡南省客柩久停烟台，自愿归葬而无力者，或亲族友谊助资归葬，均准各柩属及亲族友谊人等，来堂报名。由广仁堂给发联单，单内填明姓名、籍贯、男女棺柩具数，现在运往何处等情，持单向烟台招商局预定轮船。

广仁堂所发联单保照营口咸安堂用三联格式。一给柩属，持向招商局定船，一由广仁堂先行送知招商局，一由广仁堂存根。

凡运柩归葬者，须有的实保人或铺保具保结一纸以凭，给予联单，无保者不准。

会中联单簿籍等费，由广仁堂开支，每年底将所发运柩月日、姓名、具数由广仁堂造册汇报备查。

另外，如柩属无处筹给，及并无帮助代给者，由本堂酌量情形，访查确实撙度经费盈绌，如实在非由堂代给不可者，方照章代给。

10. 备棺会

备棺会是为设有猝然病故于烟台的官幕客商等提供棺材的一个慈善救济机构。1900 年夏天，烟台"时疫流行，一经渐染，无不名登鬼箓，然患此者大半贫苦食力之流。闻之，善堂中人数日以来棺木已施至六百余具，亦一时小刼也"②。

因烟台地方木料甚少，当官幕客商设有猝然病故，往往不及购木制作棺材或木质不堪应用。广仁堂乃仿照南方寿星会章程，集资预在产木之区，购运木段至烟台，令匠制成存储于广仁堂，以备听人择用。

备棺会实行会员制。会员制具体内容，《备棺会章程十条》择之如下：

先集同志若干人，每人各捐若干愿，每愿英洋叁元或银贰两壹钱，积有成数，以为购木制棺赀本。

制成正副两号棺木十二口，凡遇有愿用会内棺木者或用正号或用副号，听其来堂拣择。

① 《之罘近事》，《申报》（上海版），1901 年 7 月 7 日。
② 《烟海涛声》，《申报》（上海版），1900 年 6 月 12 日。

木料水脚、税厘、运力工价、漆钱每具合成若干数目，悉照原价出售，不准增减分毫，以昭信实。

购置棺木及管理出入银钱账目，须由堂董议请公正殷实各善士数人，互相经理稽查，庶不致日久废弛滋弊。

会内之人曾捐愿银者，倘用会内棺木，只取成本原价。其会外未经捐愿者，每具加补愿银贰两壹钱，或英洋叁元，以归一律。

会外有力之人，愿购会内正副棺具者，无论官幕绅士客商及本地绅富商民，补捐愿钱，缴清棺价，均准来堂择用。

会中售出一棺，必须随时添补，一棺不得短少。

会中账簿纸笔信钱等用，均由堂账开支，其已经定何棺由堂运至丧家，需用扛抬绳索费用，均归用棺之家自行出钱，与会中无涉。

备棺会设立后，"其每年施棺数目，不下数百具。其中以码头病毙贫民，及枪毙匪类为多数"①。

11. 训善会

慈善不仅是一种民间社会主导的生活救助行为，还是一种以劝人为善为宗旨的教化活动。② 训善会就是一种劝人为善的慈善机构。训善会源于江南善会——同善会，以高攀龙等创立的无锡同善会和陈龙正等创立的嘉善同善会影响最大、最为典型。他们创办同善会的目的是"专一劝人为善"。

在《烟台广仁堂章程样本》中，盛宣怀就提出："北地人性多懒，善气未扬，名节不重，更宜教养兼施。故本堂顾名思义，不专以小惠示恩，惟以转移风俗人心为本原之计。"③

《训善会章程四条》中提出，训善会设立目的为"教养兼施惟以正人心、敦薄俗、开善风，为牣堂本意，是以设立训善会"。

训善会设司事。司事必须是"勤俭好善，素有名望者"。司事周游登都各县各乡，"随带衣冠各书件每至一乡一邑，察访公正乐善之人，劝其各自倡善以为乡里表式，并至各家书房拜会塾师，给以关道谕单，分送小学各书，劝其栽培子弟心术，勿徒以文艺为训"。

司事在周游登都各县各乡时，随地选择的本处品学兼优、口音相同之贡监生员作讲生。讲生主讲乡约，劝化不识文字之人。

同时，训善会还刊印各种善书，施送各家学塾。"以冀师道立则善人多，互相劝勉，士农工商皆乐为善。"

---

① 刘精一、仲绍文、张乐山、刘云楼等：《烟台概览》，1937 年版，第 76 页。
② 《救济与劝善："慈善"本义的历史考察》，《光明日报》，2019 年 5 月 6 日第 14 版。
③ 《烟台广仁堂章程样本》，上海图书馆，档号：SD073400。

12. 保婴会

近代，民间有溺婴、弃婴的社会恶俗。道光二十三年（1843 年），大慈善家无锡人余治的被此陋习深深触动，进而成立了慈善史上最早的组织——保婴会。保婴会是收养弃婴的慈善机构，它不同于收养弃婴的官方慈善机构育婴堂。余治创设的保婴会立足乡村，弥补了"育婴堂立足城镇之不足"，保婴会将婴儿由城镇育婴堂的"堂养"变为"家养"，从"个人救济"变为"家庭救济"，保持了家庭的完整性。而且从过去的单纯救济婴孩到产妇、婴孩并举意在从源头上根除弃婴、溺婴现象。①

广仁堂保婴会的救助对象是"烟台东南西北二十里以内，各村庄凡属贫苦人家妇女有孕者"。保婴额数暂定壹百名，俟经费充足，再为推广。

救助程序、内容如下：

有孕者于未产之前由本夫或保人来堂报名挂号，由司事查明实系真苦，方准给发执照。俟产后即报，堂中立派司事往验该孩头顶发纹偏正及左右两手箕斗，收还执照，给发腰牌登册。无论男女，每名先给大钱一千文，以备该孩衣裳及产妇食物服药之需。月钱另给。双生者倍给。父故遗腹而生者三年为满。

每孩每月给大钱五百文，以一年为止。一年后如不愿自留者送堂抚养，以后不准领回。

临产即以保婴。产后母孩有疾病者，均酌贴药资数百文。

产后乳旺之妇，可以分哺别孩者，如愿代领别孩寄乳，由本堂先与订明挂号，届时送养，每孩每月给寄乳大钱壹千陆百文，如产后无乳，由堂代为寄乳，不给本妇月钱。

满年后，母孩有病者加恩宽给半年为止。

界外之人来烟就食吃粥及住栖贫所者，如生产一体报名查给。

另外，广仁堂便门旁设立收婴处转桶。如果孕妇私自生产，任凭随时送入。开具该孩生日时辰纸条，高声叫应门内接婴之人，免致孩冻饿。来人不必见面，如系从旁别人送来，无妨见面者，准其来堂领酬劳钱叁百文。

广仁堂预备小孩衣裤，俟转桶接留，立刻送至预先订明挂号寄乳之家，会内产后无乳之孩一体寄乳。

如果寄乳婴孩有疾病速即报明，由司事立刻往验，延医给药。会内婴孩傥有病故，速即报明往验，缴还腰牌，给予棺殓或酌给钱文，不准隐瞒希图冒领月钱。若产母病故，其孩由堂代乳抚养，有关嗣续者一二年后，准该孩父族领回抚养。

13. 惜字会

所谓惜字，即敬惜字纸。"敬惜字纸"是中国古代特别是明清时代直到近现

---

①　刘峰、吴金良：《中华慈善大典》，华文出版社 2010 年版，第 159 页。

代特有的一种文化现象。

"烟台旧有惜字局,雇工收检字纸,亦善举也。"① 登郡广仁堂开办时即设有惜字会。惜字会设在广仁堂西北隅院内,有焚化字纸炉一座。惜字会雇工两人,常年挑担收取各衙署、店铺、公馆、民宅字纸,又另雇工一人,专揭墙上及拾街衢路边字纸。

惜字会在"沿街每段设有惜字木斗及洋铁斗,责成就近店铺带管,不得被人偷窃。如衙署公馆店铺民宅,要用纸字篓者随时敬送"②。

惜字会对收来的字纸进行焚化,当"所有纸灰炉丙满时,随即装蒲包用绳捆好,外面糊纸,托海船送至大洋"③。

14. 恤嫠会

恤嫠会就是要对寡妇进行救济的慈善机构。最早的恤嫠会大约乾隆三十九年(1774年)出现于苏州。"苏州恤嫠会的对象,是节妇中尤其属于'士族'类者,即使打算自力更生但仍然在体面上有顾忌、连孩子的教育也无法提供而走向没落的'士族'的寡妇"。④ 一般恤嫠会也设有附属设施——清节堂。清节堂又称为敬节堂或完节堂,是收容寡妇以便她们始终保持"贞洁"的设施。

根据《恤嫠会章程八条》,恤嫠会的救济对象是"烟台东西南北二十里之内节妇。这些节妇还根据具体情况的不同,予以不同的救济数额"。具体内容如表5-5所示:

表5-5　恤嫠会对不同类型节妇救济情况

节妇年龄	翁姑/子女	家庭人口数	家庭经济情况	救济金额
现在三十六岁以内节妇	上有翁姑,下有子女	人口在五名外	极贫者	每月给大钱贰千伍百文
	无翁姑而有子女,或无子女而有翁姑,或翁姑子女不全	人口在五名内	极贫者	每月给大钱贰千文
		节妇人口在三名内	极贫者	每月给大钱壹千伍百文
		节妇人口在三名内	次贫者	每月给大钱八百文

① 《烟台近闻》,《申报》,1885年4月20日。
②③ 《烟台广仁堂章程样本》,上海图书馆,档号:SD073400。
④ [日]夫马进:《中国善会善堂史研究》,伍跃、杨文信、张学锋译,商务印书馆2005年版,第323页。

续表

节妇年龄	翁姑/子女	家庭人口数	家庭经济情况	救济金额
三十六岁以外夫故守节，现年未及五十	上有翁姑，下有子女	人口在五名外	而极贫者	每月给大钱贰千文
	无翁姑而有子女，或无子女而有翁姑，或翁姑子女不全	人口在五名内	极贫者	每月给大钱壹千伍百文
		节妇人口在三名内	极贫者	每月给大钱壹千文
		节妇人口在三名内	次贫者	每月给大钱伍百文
三十六岁以内守节，现年已逾五十		人口在五名外	而极贫者	每月给大钱贰千文
		人口在五名内	而极贫者	每月给大钱壹千伍百文
		节妇人口一名	极贫者	每月给大钱捌百文
			次贫减半	每月给大钱肆百文

资料来源：广仁堂：《恤嫠会章程八条》。

恤嫠会对三种情况下节妇不予以救济：

节妇之子能养其母，及节妇有亲族可依靠可资助者不给。

年轻贫而失节，及贫老而非守节者不给。

节妇为人佣工而足以顾家者不给。

广仁堂还对节妇予以精神奖励："三十六岁以内守节而现年已逾五十者，由邻里亲族请堂董查明，禀请详咨奏旌建坊。三十六岁以外守节年已逾五十者，予以宪旌匾额。"

15. 因利会

因利会即因利局，也称作因利贷济处等，早在清咸丰、同治年间，就已是江南社会常见的救助机构。清人余治在《得一录》中有"借资作本说"："营生无本，则束手坐困，借给些些，便堪养活。"出借金额"少则数百，多不过三千，每借钱一百，缴利半文，惟需每日将本钱或存货呈缴取信，不论异乡土著，但有保人，即准借给"[1]。

广仁堂创办之前，烟台就有"押铺数家，按月取利五分，贫民已受剥削。有一种小押铺，按日取利二分，合月计之取利竟有六十分之多。此种押铺，无非代

---

① 宋光宇：《民国初年中国宗教团体的社会慈善事业——以世界红字会为例》，（台北）《文史哲学报》1997年第46期。

贼消赃。平人无有过而问者。一至年关，宵小窃发，小押铺以此为利薮焉"①。甚至还有"所谓印子钱者，贷钱一千，每日缴还二十文，计两个月，共交本利钱一千二百。似此重利，不止二十分矣。乃贷者皆甘心受之"②。

广仁堂因利会仿南方因利会章程，制定了《因利会章程八条》。

（1）因利会设立的原因："烟台贫民四方来集，无本营生者多往往重利借贷，易于亏本，难以度日，甚至因贫失业流为乞丐匪类，殊堪悯恻。"

（2）因利会内部分工和资本：因利会中设管账、挂号、查户、催钱四项，须请公正勤廉之人经理。

因利会资本由广仁堂拨取，永远结存。其薪水伙食一切费用由广仁堂账开支，不准动用资本。

（3）因利会借资对象：烟台镇内凡安分贫民，专为借本营生者。有10种情况不借。即凡不做生意者不借，吸洋烟者不借，赌博游荡者不借，以钱还债者不借，僧道教门不借，兵勇衙役不借，扛抬脚夫工艺度日无须本钱者不借，船户车夫优人不借，无保人不借，在烟台镇外者不借。

（4）基本规则：

一是挂号。"愿借本营生者凭保报名。来借之人挂号时，须先问明向作何业，今借钱作何生意，实系安分之人方准给借。"

二是领还钱执照。"挂号时取具领借甘结，给发还钱执照。"

三是借款。"借款可以借伍百文或借壹千文酌量。生意大小以伍千文为止。如借钱壹千者每天还钱拾文，五天一送，仅壹百天还清，不取分文利息。"

四是还款。"五天还钱，执照内加一收字戳记。百天还清，将执照缴销。如欲再借者，重具领结，重给执照。"

五是逾期处理。"如果遇到疾病、雨雪、婚丧、有故逾期者，册簿执照上均须加一有故戳记。逢期，逐户追清，不得漏催徇情袒护。另外，借钱之人素系勤俭营生，众信可靠者，设或遇有疾病死丧水火一切灾殃，查确凭保酌给抚恤。"

六是倒账。"如果借钱本人病故，未还之钱实难归清。作为倒账者，准照南方章程开除资本报销。"

16. 掩骼会

掩骼会也称掩骨会，专事掩埋贫民之尸骨，免致暴露的慈善机构。"明崇祯十年（1637年），北京出现了掩骼会。在江南也有乡贤名僧捐资创立'为死者谋'的掩骼会、白骨会等。入清以后，丧葬善会仍大量存在。如天津的掩骨会、

---

① 《烟台年景》，《申报》（上海版），1890年2月2日。
② 《烟海波涛》，《申报》（上海版），1894年2月12日。

安徽桐城的葬会等。"①

掩骼会以施棺为始事，以义冢终事。烟台掩骼会原来由众商公会经手，收取房租，办理未能妥洽。开设广仁堂后，掩骼会收归广仁堂。其施材掩埋等经费由烟台桂子街租房一所，及大关东首租房四所，房租项下开支，倘或不敷由广仁堂贴补。

掩骼会共备义冢（义地）十一处。"除广仁堂后、毓璜顶西坡、粉干市、河西崖、西围子外、毕家茔、东毕家茔、中毕家茔、西东沙旺、烟台山下等十处业已葬满外，所有通伸岗一处尚可添葬。嗣后。宜随时置买义地多处，须择高燥不耕之地，离市并及海滩三里以外者，或山麓或废基约数亩，一块分别男女，编排字号随殓随埋，不择日时。"② 到20世纪30年代时，掩骼会还有义地七处，合计四百余亩。均位于距市内五里以外之山冈……数十年来，行将葬满。现只余空地十余亩矣。③

掩埋对象及手续如下：

一是烟台地面路毙之人，及各小店贫民病故者。由海保丐头先报巡检衙门，请官临验无伤者到堂领材。令海保丐头人等抬至广仁堂义冢，禀请堂中派令司事前往验明，当日掩埋。有伤者由巡检禀报福山县验究，广仁堂不给棺木。

二是广仁堂养病所、栖贫所所有贫民病故者。由广仁堂请地方官临验，给发施材，即派司事带同丐头、铺头人等，抬至义冢当日编号掩埋，注册以便存查。

三是凡烟台奇山所附近各村庄世家大族中，设有年久停柩无力归葬祖坟者，由本堂酌给钱文，雇工代为埋葬。

对于广仁堂开办掩骼会的善举，1892年《申报》上就有一篇报道：

广仁堂办理善举，不独生者戴德，即泉下枯骨亦露厚泽。各处义茔皆筑墙围护，不使牧竖樵童任意作践，其有隶平康籍，郁郁埋香，深深葬玉，历年既久，暴露堪虞，堂中一律修整，未尝膜视，夜台魂魄，可免啼风泣雨矣。④

17. 拯济会

烟台是沿海通商大埠，国内外船只来往频繁。因此时有船只失事事件发生。船只失事后，甚至"有以抢滩为生业者"抢夺海难中船只物品的事情。如1887年7月，招商局的"保大"轮船在成山头失事，发生了"沿海村民乘势捞抢，并发生知县前往勘验、武举弹压，村民抗拒，双方斗殴事件"⑤。为此，盛宣怀

① 刘峰、吴金良：《中华慈善大典》，华文出版社2010年版，第123页。

② 《掩骼会章程八条》。

③ 刘精一、仲绍文、张乐山、刘云楼等：《烟台概览》，1937年版，第76页。

④ 《登州海市》，《申报》（上海版），1892年4月4日。

⑤ 张怀恭、张铭：《清勤果公张曜年谱》，浙江古籍出版社2009年版，第81页。

专门设立了拯济局，并制定了《拯济会章程八条》。

（1）拯济局组织设置：

在大关码头设立拯济会公所。凡遇大风，大关委员督率海差、舢板水手及摆渡船户、运货脚夫，巡检汛官，督率海保差役，汛兵，练军营官督率勇弁一体往救弹压。海差、水手、兵弁均穿号衣。其无号衣者无论何人，统至大关公所领腰牌，各自佩挂，庶可辨认，不致匪类混淆。

（2）救助对象：

烟台海口以外和烟台海口以内船只。

烟台海口以外大洋船只遭风浪袭击。凡中国、日本、高丽、琉球商民各船在大洋失事，遇有救起人口至烟台，须资遣回籍者，由广仁堂给发盘缠费，或给轮船票，以示一视同仁。烟台海口以内停泊船只倘遇风暴走锚失事者。

（3）救助程序：

如遇大风，船只势将走锚或已走锚，许岸上诸色人等立刻报知大关衙署，营盘及广仁堂，以便弹压救助。

凡遇大风，大关委员督率海差、舢板水手及摆渡船户、运货脚夫。巡检。汛官，督率海保差役。汛兵，练军营官督率勇弁一体往救弹压。

先救人，次救货，不许私自抢夺。如有游手匪类混迹，冀图偷抢，立刻拏送，从重严办。

（4）奖励：

烟台海口以外遇难船只，商民各船随时救起者，来堂报领酬劳。每救起落水活人一名，酬大钱伍千文，捞获死尸一名，酬大钱贰千文。须有真凭确据，方准保领，如或捏造冒领，分别究办议罚。

烟台海口以内，停泊船只倘遇风暴走锚失事者，许岸上不拘何人往救，救起落水活人一名者，酬大钱叁千文，捞起死尸一名者，酬大钱壹千文。凡人未落水而救渡上岸，及捞起货物者，酌量情迹议酬。

往救须用船只，凡口内大小空民船，均准借用。如遇有轮船在口能带民船往救者，一体议酬。如往救之船损坏由会中出钱赔修。

失事之船只仅走锚搁浅，船身无损，人货无须往救搬渡者，概不议酬。

拯济局成立后，在救助遇难船只方面屡有报道。下面是《申报》中的部分报道：

前有某国兵船在南口拯起朝鲜被风难民十余人，载至烟台，经道宪安置广仁堂，旋于初七日附镇东轮船回国。①

---

① 《之罘琐语》，《申报》（上海版），1893 年 5 月 12 日。

以前由上海解来朝鲜被风之难民数人。俱在广仁堂寄寓。嗣由道宪饬派镇海轮船载送回国。①

上月十九日，有一朝鲜船被风失事，经英国某轮船援救得庆更生者二十余人，现已经广仁堂备资送之回国矣。②

18. 保熄会

保熄会又称作救火会、水会、水局、水龙局、救火社等。它是一种民办或商办的业余消防组织，主要担负救火任务。这种组织形式最早出现于清康熙年间。③

烟台开埠后，城市建设发展很快。"山上洋房栉比，街道井然，有英法德美日五国领事署，税务司住宅及海关道署亦在焉……。进西一带，民房鳞栉，贸易颇盛。"④ 进西一带是烟台华人区，房屋民房鳞次栉比，经常发生火灾。

《申报》上就经常登载烟台发生火灾的新闻：

初七日，附近烟街之奇山所地方，张姓家不戒于火，烧毁房屋二间。缘其时天晴风静，而文武厅汛及海防弁兵以来弹压施救，故易于扑灭也。⑤

月之十七日，新建之广仁善堂不戒于火，焚去房屋十余间，现经道宪饬重加修理，趁期半月竣工，以俟抚宪按临，即备作行台云。⑥

为了应对频繁的火患，早在刘达善担任登莱青道台期间，就曾立"水火会"。盛宣怀创办广仁堂，设立了保熄会，并制定了《保熄会章程十二条》。

（1）保熄会救济范围：烟台镇各街衢遇有火灾，不论东南西北路之远近，无分昼夜，风雨寒暑，皆须随即请龙往救。

（2）保熄会洋龙执事名单。保熄会洋龙（旧指水龙，引水救火的工具）执事。执事名单如下：

广仁堂司事一人，督理龙夫，正管龙头。

栖贫所司事一人，督理水夫，催水巡查。

寄柩所司事一人，带领钩手，帮管龙头。

广仁堂司事一人，管理腰牌、水龙、签灯烛、照料洋龙。

传锣报锣两名，皆号衣号帽。

广仁堂龙夫十二名，皆号衣号帽。四名抬皮带、携龙头。八名轮换抬洋龙，夜间携灯四盏。

栖贫所水夫十二名，夜间加添灯笼夫十四名。

① 《燕海余谈》，《申报》（上海版），1895 年 6 月 3 日。

② 《烟台近事》，《申报》（上海版），1901 年 11 月 16 日。

③ 宋辉：《中国消防辞典》，辽宁人民出版社 1992 年版，第 628 页。

④ 《企业回忆录》（第 14 卷）第 1 部分，第 18 页。

⑤ 《芝罘杂录》，《申报》（上海版），1887 年 1 月 10 日。

⑥ 《烟台近事》，《申报》（上海版），1891 年 5 月 3 日。

大旗一名，号衣号帽。大灯二名。

水柜四名。小灯十二名，随龙前后行走。

水桶十名，龙义五名，号衣号帽。

匠工钩手十二名。

掌龙头二名。

云梯二名，号衣号帽。

排钩八名，号衣号帽。

（3）救火程序：

遇有火警信息，凡在会中者速即到堂，按照执事单，各司其事，不准稍迟。

闻有警信，速即传锣，立刻请龙，不准迟延片刻，违者查明情节，分别轻重，公同议罚。

广仁堂司事一人带领本堂各龙夫，发给布背心、号衣、藤号帽，检点器具护龙往救。

栖贫所司事一人，带领栖贫所壮实有力水夫，发给水柜、水桶随龙往救。

寄柩所司事一人，带同匠工、钩手十二人，闻信时先派二人到火灾处探信，十人速至堂中领给号衣、号帽、排钩、云梯、随龙到场，临时看其大势，请示救火官员，择其紧要，折断火道。

广仁堂司事一人，管理发给腰牌、灯烛兼投水龙、签照料各事宜。

凡遇灾重，本会人夫不敷所用，准随时另添人手，当即给发腰牌。

水龙回宫后，凡龙上一切器具对象，各执事均须一一查点安放，应修理者随时修理，免致临时迟误。倘龙久未出，须猝令演习，以观人手生熟齐否，免致临事仓皇。

广仁堂保熄会设立后，在后来的报纸中还屡见其新闻。如下：

上月二十三日之夜，奇山所南关张姓草园不戒于火，焚毁草屋三间。幸广堂水龙驰至救熄。当火炽时附近居民均执喷水机竭力救护，是以邻屋不至蔓延。①

烟台访事人云，前者兴茂裕号突遇回禄之灾，迨本月初四日之夜三鼓时，忽又失火。霎时红光四照，其势熊熊。幸广仁堂及各铺水龙飞驰而至，竭力喷浇，始得渐熄。仅焚毁房屋三间。②

（五）广仁堂的其他慈善公益事业

作为烟台官办慈善机构，广仁堂除了承担"十所十会"的慈善功能以外，还承担了平粜、以工代赈和清理街道这样的慈善救济事业。另外，广仁堂也会根

---

① 《烟海涛声》，《申报》（上海版），1900 年 6 月 12 日。

② 《之罘火警》，《申报》（上海版），1901 年 10 月 9 日。

据资金、社会环境等原因，增减或添加新的慈善机构。如 1909 年，广仁堂增设济良所一处。

1. 济良所

广仁堂开办后，也会根据具体情况，经常会对"十会十所"有所增减。如 1909 年广仁堂增设济良所一处。1937 年出版的《烟台概览》对济良所介绍：

宣统元年创办，专事收容娼寮乐户之雏妓。入所后，除供给其衣食外，并教其读书习算、针织执炊等事，在所以六个月为期，期满即予择配。数十年来，由该堂拯救遭受虐待之妓女，而得家庭幸福者，不下数百余口。①

2. 平粜

作为登莱青道设置的官办慈善组织，广仁堂还承担了平粜的职责。一旦烟台出现粮食不足和粮价飞涨的局面，登莱青道便通过广仁堂采购粮食、平抑粮价。

1899 年，因烟台粮价过高，登莱青道"劝谕商会由奉天省运米数百石，发交广仁堂平粜，每石收库平银七两二钱，照市间每斗可省大钱百余文。除芝罘奇山社殷户较多，自行办理外，其余各社由县发给凭条，持赴堂中粜取"②。

次年，烟台粮价日贵，物力艰难。登莱青道台李希杰"特筹巨款，购备红粮若千石，发交广仁堂平粜。初时只准土著来粜，每斗制钱四百文，近则不论何处人民，一律均沾实惠，惟每斗照前定之价增收一百文，然较之市价每斗需钱六百文者尚少一百文，故人皆趋之若鹜也"③。

有时，广仁堂也运载杂粮往登莱青道辖区如荣成等地方进行平粜。

3. 以工代赈

遇到灾荒年岁，登莱青道还会组织"有力"灾民进行公共工程建设。广仁堂也会负责组织以工代赈。1900 年，八国联军入侵，"津沽烟台市面萧条，日形不振，力食之辈谋生不得，易起盗心。迳由广仁堂资雇人夫挑挖各河，并疏通街巷阴沟，为以工代振之举，贫民之赖以得食者，多至三百余名，诚良法也"④。

4. 清理街道

清理街道也是广仁堂的一项重要工作。

近代烟台，由于缺乏市政建设，特别是华人居住地段，"大街小巷作践不堪，一遇雨雪之时，行人皆带水拖泥，足为之茧。自广仁堂有清道之举，逐日派夫，役粪除污秽，乾坤顿变，而为清净世界矣"⑤。

---

①　刘精一等：《烟台概览》，复兴印刷书局 1937 年版，第 76 页。

②　《烟台杂志》，《申报》（上海版），1899 年 5 月 5 日。

③　《之罘近事》，《申报》（上海版），1900 年 6 月 4 日。

④　《安置贫民》，《申报》（上海版），1900 年 8 月 14 日。

⑤　《东海扬尘》，《申报》（上海版），1894 年 3 月 21 日。

三、广仁堂慈善事业特点

烟台广仁堂作为清末综合性善堂，既有传统善堂的特点，也有一些创新，在救助对象、慈善理念、运转模式和慈善内容方面有自身的特色，主要表现在以下四方面：

1. 救助对象

在救助对象的选择上，广仁堂还没有脱离传统善堂的特点，在救助对象的选择上强调道德化倾向。如在 1892 年《申报》上就提到：

烟台"广仁堂义学设立有年，今正择吉开学，先期出帖招纳贫户子弟无力延师教读者，准其具保入学肄业。至于倡优隶卒，概不收录，是于造就人才之中仍寓分别良贱之意也"。①

2. 慈善理念

在慈善理念上，广仁堂开始由重养轻教向教养并举方向发展。

中国传统慈善理念以"养济"为主，直接向各类弱势群体提供衣食救助。广仁堂所办慈善事业，如育婴、养老、济贫、收流民、保节、施棺掩埋代葬、施粥、施药以及义塾、惜字、放生等基本上是以"养济"为主，但也开始出现了"教养并举""教养兼施"的趋向。如在《烟台广仁堂章程样本》就提到：

历来善堂能于衣食医药上用心，已云尽美。然养人固所当先，而教人尤所当急。养在一时，教在百世。北地人性多懒，善气未扬，名节不重，更宜教养兼施，故本堂顾名思义，不专以小惠示恩，惟以转移风俗人心为本原之计。蒙养、训善、保婴、恤嫠列于善举之前，具有深意。②

此外，烟台广仁堂也设有新型的慈善事业机构，如工艺所。"教养兼施"理念体现了烟台慈善组织开始向近代转型。

3. 运转模式

烟台广仁堂虽是官办慈善机构，但随着清末政府腐败衰落，官方控制力的减弱使民间慈善事业却更加兴旺，运转模式也变得科学规范，开始带有近代企业色彩。如烟台广仁堂设有总董、驻堂董事、值年董事和司帐管事。道署幕友、本地绅士中有公正勤廉，勇于为善者，可以担任值年董事或司账管事。

另外还规定了严密的管理制度，涉及筹款、日常管理、账目、审计等。如广

---

① 《之罘杂录》，《申报》（上海版），1892 年 3 月 13 日。
② 《烟台广仁堂章程样本》，上海图书馆，档号：SD073400。

仁堂的征信录制度。广仁堂每年"将报销册底刊印征信录，分呈各大宪鉴核及分送南北各绅士阅核，并将征信录当天焚化，以表各人心迹"①。

　　4. 慈善内容

　　登郡烟台广仁堂是一个综合性善堂，慈善内容的种类多样化。烟台广仁堂由十所十会组成。这十会十所覆盖了育婴、养老、济贫、收流民、保节、施棺、掩埋、代葬、施粥、施药以及义塾、惜字、放生等传统的慈善救济内容。远远超过了1878年创办于天津的广仁堂，天津广仁堂初创时仅有"六所"。烟台广仁堂完善程度为整个华北地区所罕见。

---

　　①　《烟台广仁堂章程样本》，上海图书馆，档号：SD073400。

第三编

民国前期烟台慈善

第六章　民国前期烟台慈善救济

"自民国建立，至完成北伐的十七年中，天灾频仍，无年无之，无地无之。且各种灾害多同时迸发，杂然纷陈。"① 在北洋政府时期，由于政局动荡，官方救灾不力，民间慈善团体成为救灾的主要力量；1928 年南京国民政府成立后，政府逐渐成为救灾的主力，形成了以官方为主、民间为辅的救灾新格局。

一、民国时期政府救灾制度与办法

民国时期，政府救灾的措施与办法依旧沿袭了清朝的荒政制度，建立了从中央到地方的救灾体制。救灾的措施与办法主要有急赈、工赈、农赈、蠲缓及卫生防疫等。

（一）北洋政府的救灾制度

北洋政府时期（1912~1927 年）是我国从传统社会向近代社会转型的过渡时期。在这一时期，中央政府还没有设立专门的常设救灾机构，由于财政拮据，新成立的北洋政府还无力承担救灾的责任。

1. 救灾体制

1912 年 1 月，中华民国南京临时政府成立后。在中央设内务部，内务部之民治司掌管保息、荒政及公益慈善事项。除内务部外，在实际的救灾中，财政部、农商部、交通部、外交部等也都参与救灾。由此可以看出，中央政府没有设立专门的常设救灾机构。

在地方上，各省由于政局不稳，社会救济一般由都督兼管。至于各省的救灾

---

① 戴玄之：《中国秘密宗教与秘密会社》，台湾商务印刷馆 1990 年版，第 1161 页。

机构，依据1913年1月公布的《划一现行各省地方行政官厅组织令》，各省行政长官称民政长，省行政机关称行政公署。省行政公署设置总务处和内务、财政、教育、实业四司，其中内务司办理赈恤、救济事项。后又改设政务厅，内设总务、内务、教育、实业四科，内务科办理赈恤、救济事项。从地方官制来看，地方政府也没有设立专门的常设救灾机构。

综合来看，北洋政府在设立内务部负责救灾的同时，每遇大灾还设立临时性的专门救灾机构，这些临时性的救灾机构才是救灾的实际领导者。但这些机构因灾而设，灾后即裁，级别较低，督办虽奉大总统之命，但一般由内务总长或次长兼任，在与各部门协调中，权威性不够。

2. 救灾程序

在救灾程序设计上，北京（北洋）政府依旧沿袭清朝建立了一套较为规范的报灾、勘灾、蠲免等制度。此外，以工代赈、移民就粟等政策也是北洋政府经常使用的政策。

1915年，北洋政府颁布《勘报灾歉条例》，在制度上基本规范了当时荒政实施的程序与政策。《勘报灾歉条例》规定：

地方遇有灾伤，除旱灾虫灾由渐而成，县知事随时履勘，至迟不得逾十日外。其有风雹水灾均须立即履勘，不得逾三日，先将受灾大概情形通详该管道尹、财政厅或财政分厅暨本省巡按使……地方勘报灾伤将灾户原纳正赋作十分计算，被灾十分者蠲正赋十分之七，被灾九分者蠲正赋十分之六，被灾八分者蠲正赋十分之四，被灾七分者蠲正赋十分之二，被灾六分五分者蠲正赋十分之一。

尽管北洋政府制定了较为完整的救灾制度，但由于政局不稳、财政拮据和官方救灾不力，北洋政府不得不在救灾资金筹集上，靠发行国债。"发行赈灾公债成为了北洋政府筹措救灾资金的重要手段。"[①] 并动员社会力量参与救灾，将救灾这一本应由政府承担的责任让渡于民间慈善团体。这一时期，民间慈善团体成为北洋政府时期救灾的主要力量。

（二）北洋政府时期的灾情与救济

北洋政府时期，烟台地区所受灾情主要是兵灾和水灾，包括1911～1913年的黄县兵灾、烟台兵变和1914年的胶东水灾。

1. 1911年黄县兵灾

在辛亥革命中，烟台是山东首义之地，也是北方革命中心。因此，革命军与清军战斗尤为激烈，主战场在黄县、蓬莱一带，因此黄县一带损失惨重。1912

---

① 王卫平等：《中国慈善史纲》，中国劳动社会保障出版社2011年版。

年5月15日的《申报》记录了当时黄县的灾状：

窃黄县自上年光复以来，屡遭兵燹。城陷之后，屡被抢掠，人民死伤无算。财产则十室九空，至今农不得耕，工不得作，商业闭户，市面停滞，饥民遍野，乞食无所，私产拍卖，绝无售主，公款耗尽，周恤无方，加以盗贼蜂起，扰乱滋甚。高粮则价涨五六千，困苦莫甚。于三四月幸赖奉天商界输送食粟，暂得生活，有心者口不忍谈，目不忍睹。一般人民如沈苦海。①

黄县地方损失惨重，急待进行救济。1912年1月中华民国南京临时政府成立后，黄县民众吁求免征。但黄县"民政署淡视民瘼，置若罔闻，仍力迫乡约保正极力催科，然至今因民不聊生，完纳者仍百无一二"。② 为此，黄县旅烟同乡会先后两次向民国临时大总统袁世凯发电，请北京政府免征。但未见回示。黄县临时议会成立后，有议员提议此案，经过黄县议参两会公决决定："除请民政长电达（山东）周都督，将本年地丁粮银一律豁免外，复具请愿书到省城临时议会，以期达到目的。"③

尽管黄县议参两会及绅民等向山东省政府呈请抚恤，但经交山东省军政司劝业道会议答复：黄县商民被抢损失情固可悯，该县各机关呈请抚恤，亦属事理之常。唯查该商务分会呈报损失数至80余万之多，姑无论其虚实如何，当此库款奇绌之时，省垣议恤之款，尚无从出。黄县一隅之地，何能兼顾此等为难情形，当必为被灾商民所共谅也。④

通过黄县议参两会及绅民等向山东省政府呈请抚恤失败一事，可以看出辛亥革命后由于地方政府、中央政府财政拮据，对地方救济无能为力。新成立的北洋政府无力承担救灾的责任。

2. 1913年烟台兵变

辛亥革命中，烟台革命党人于1911年11月12日晚发动武装起义，成功光复了烟台，随即成立了临时军政府。次日，山东巡抚孙宝琦宣布山东独立。但是，山东独立只维系了11天，在顽固派重新掌控军政权力后就取消了独立，又归附满清政府。满清政府试图扑灭胶东地区的革命，派大量军队进攻胶东。为挽救烟台危局，中华民国临时政府任命胡瑛为山东军政府都督。"烟台成为反对北京政府的军事根据地，有一个短时期是山东省的省会。从东北和南方有一万五千军队来到烟台。"⑤

1912年2月，南北和谈成功。1912年2月15日袁世凯接替孙中山为临时大总统，标志着辛亥革命结束。麇集烟台的大量革命军亟须进行裁撤。陆军部委派

---

①②③　《黄县吁求免征》，《申报》（上海版），1912年5月15日。

④　《黄县无款抚恤》《申报》（上海版），1912年5月15日。

⑤　赵海涛：《美国在烟台的传教事业》，山东师范大学硕士学位论文，第16页。

曲同丰以"办理登烟岛整顿军队并发饷及善后事宜"的名义，前往烟台收束军事，整编裁撤部队。但在遣散驻烟关外军时，1913年1月5日烟台市区发生兵变。《中华民国史事日志》记载："驻烟台之关外军因不肯遣散，哗变，纵火抢掠。"《申报》对烟台兵变造成的损失有详细报道：

兹查该军即关外军，已于去腊二十八日发饷，不日即将遣散。一月五日晚，业将该军队二百余名下轮驶往大连。其余未下轮者，即行蠢动，抢去现银十箱，尚未满意，闯入烟镇施放快枪，计被焚者宝成银楼一家，被抢者儒林街一二家，桃花街一二家，该处长官睹此现状，异常惊恐，因乱兵抢有多数器械炮弹，不敢轻视，后经德国战舰特派一队登岸，与鲁军合力弹压，地方秩序始行恢复。然夜间炮声仍不绝于耳。至天明时尚有余响。各处人心惶惶。乱兵被捕者为数不多。其余或离烟台或逃往别地。惟洋人均无波及。①

烟台兵变发生后，烟台商会电请北京政府内务部进行抚恤。内务部会同财政部、商务部商讨后，回复：北京保定各商号上年兵变损失甚巨，近据各商会请恤，均因部库奇绌，无款拨给。烟台商会电请各情，事同一律等因，经即批令该商会知照在案。②

3. 1914年胶东水灾赈济

1914年7月第一次世界大战爆发，日本乘欧洲列强无暇东顾之际，8月23日正式向德国宣战，发动日德之战，并出兵强占胶东半岛。

日德之战本已使胶东半岛的民众惨遭池鱼之殃，雪上加霜，水灾接踵，更陷他们于水深火热的尴尬境地。"山左胶东一带今秋霪雨为灾，福山、即墨、高密、胶县、安邱、昌邑、潍、掖等县，周围千里尽成泽国，死者枕藉，苦无棺殓之赀。生者流离莫觅衣食之计，嗷鸿遍野，巢燕无依，闻者伤心，见者惨目"。③

胶东水灾发生后，北洋政府一方面进行急赈，另一方面采取移民就粟的办法救济灾民。

一是北洋政府"著财政部筹拨银三万元，并由本大总统捐银五千元。克日汇交该省巡按使蔡儒楷，遴派专员分往四县会同各该县知事亲赴灾区，分别重轻赶放急赈。一面即由该巡按使速筹善后之法，以资接济而免流亡是为至要"。④

二是山东省政府采取移民就粟办法救济灾民。由山东巡按使蔡儒楷与黑龙江将军朱庆澜拟定胶莱灾民赴黑龙江开垦办法。《申报》报道了山东省政府采取的

① 《烟台兵变纪详》，《申报》（上海版），1913年1月14日。
② 《北洋军阀天津档案史料选编》，天津市档案馆编辑，第245页。
③ 《为救济山东受灾同胞的函（附捐册等件）》，天津市档案馆，档号：401206800-J0128-3-003933-001。
④ 《荒政》，《公言》1914年第1卷第2期，第35-36页。

移民就粟办法：

兹闻此事经蔡巡按使与之电商，现已拟定办法，资遣之费由鲁省担任，招待安插及规定移垦等事均由江省主持，定于明春实行。并闻巡按使以资遣，一切费用自当以人数多寡为标准，亟应先事调查，特行饬知胶东道尹及被灾各县知事，出示晓瑜。凡确系业农之户，情愿赴垦者，应即具妥保声明，携带眷口人数，赴县报名造册，详候遵办。①

尽管北洋政府和山东省政府采取了如上救灾办法，但"灾区既广，灾户不齐，各县被灾之家统老幼妇女儿童计算，不下数百万户"②，区区三万元五千元，无异于杯水车薪。

中央政府救灾无力，民间慈善团体开始走上前台，成为救灾的主体。

首先，中国红十字会会长掖县人吕海寰向全国发出《为救济山东受灾同胞的函》。函中提出：

仰蒙大总统轸念民依，发帑三万元，并特施五千元，以苏民命。惟是灾区既广，来日方长，普及难周，生存罕保，倘不继筹赈事，亟图进行，窃恐壮者流为匪窃，老弱待毙沟渠，值此战地密迩之交，尤深隐患预防之虑。凡我东人眷怀桑梓，念此灾荒，固宜各尽绵薄，惠济乡里，犹虑力或限于一隅，施终难于博济。更赖仁人义士，疴瘝共抱，推解为怀，惟集腋而为裘，庶众擎之易举，分余润以拯饥溺幸免，吾其为鱼望。

高谊之薄云天，得使鲁其有豸，海寰衰朽余生③

另外，旅沪山东会馆也在上海报纸上发布公告，进行胶东水灾募捐活动。

查胶东一隅，战祸日亟，益以水灾无告，饥民饥寒变迫，动易滋事，其关系于内地治安、外交秩序，诚非浅鲜，宜以救灾恤邻之义，寓维持国步之艰，素稔大君子饥溺怀高，救时念切，仁浆义粟，嘉惠鲁民。谨将该会馆函送捐册转送察收，敬恳慨捐，更劳劝募，庶几裘成集腋，拯此钜灾，利国救民，两有裨益，侠义高风，行见口碑，益倾矣。

敬颂台祺云云。昨总商会已分函各业董，转为劝募矣。④

此外，《申报》上也发表了《胶东乞振感言》：

国有难，慷慨以赴之，所谓爱国也。同胞有难，慷慨以拯救之，所谓爱同胞也。国以民而立，国中多一被难之民，即少一捍卫国家之人。故爱同胞，即所以

①　《鲁事杂报》，《申报》（上海版），1914年10月27日。

②　《山东饥民公呈吕督办之血泪书》，《申报》，1914年11月14日。

③　《为救济山东受灾同胞的函（附捐册等件）》，天津市档案馆，档号：401206800-J0128-3-003933-001。

④　《胶东水灾之募捐》，《时报》，1914年10月18日第10版。

爱国也。然而今日之国人，闻鲁省中立之破坏，未尝不奋然义形于色。闻鲁民被灾之惨状，则皆漠然，视如秦越，绝少慷慨解囊以拯救之者。岂中国人之爱同胞，不敌其爱国耶？抑其爱钱甚于爱同胞耶？我国人识之能尽力捐输以救胶东之灾民，斯真爱国心发现之徵也？不然空言爱国，亦欺人语耳？①

北洋政府时期，由于政局不稳、财政拮据和官方救灾不力，北洋政府不得不发动社会力量，整合社会资源进行救灾。这一时期，民间慈善团体逐渐成为救灾的主要力量。

二、南京国民政府时期的救灾

（一）南京国民政府的救灾制度

南京国民政府时期（1927～1949 年），名义上实现了"全国统一"，结束了军阀混战，有了统一的中央政府领导时期。在这一时期，中央政府强化了政府在救灾中的主导地位，设立了专门的常设救灾机构。逐渐形成了以官方为主、民间为辅的救灾新格局。

1. 救灾体制

南京国民政府建立后，设立了专门的常设救灾机构。1929 年 2 月 26 日，国民政府将赈款委员会及直鲁、豫甘陕、晋冀察绥、两粤各赈灾委员会合并，改组为赈灾委员会，直属于国民政府，负责赈济各灾区。1930 年 2 月 1 日，赈灾委员会改组为赈务委员会，直隶于行政院，负责办理各灾区赈务事宜。

最终，中央政府设置了以振务委员会为中心，以内政部为辅助的救灾体制。救灾机构走向专门化、制度化。中央振务委员会暨各省振务会、各县振务分会组成垂直的救灾行政机制。而内政部则负责日常的恤贫、仓储、慈善团体管理等事务。若遇大灾，还设立规格更高的救灾机构，如 1931 年设立国民政府救济水灾委员会、1933 年设立国民政府救济黄河水灾委员会等。

2.《勘报灾歉条例》

1928 年，南京国民政府颁布《勘报灾歉条例》，作为政府救灾制度的规范化设计。其简要内容如下：

旱虫各灾由渐而成，应由县局长随时履勘，至迟不得逾十日，风、雹、水灾

---

① 《胶东乞振感言》，《申报》，1914 年 10 月 18 日。

及他项急灾应立时履勘，至迟不得逾三日。履勘后先将被灾大概情形分报该管省政府及民政厅、财政厅察核……被灾九分以上者蠲正赋十分之八，被灾七分以上者蠲正赋十分之五，被灾五分以上者蠲正赋十分之二。

与北洋政府1915年《勘报灾歉条例》相比，可以看出国民政府的《勘报灾歉条例》在报灾、勘灾、蠲免等程序上与前者基本一致，变化不大。仅在蠲免程度上有所调整，较之于北洋政府的蠲免程度，国民政府蠲免力度有所减弱。关于具体的救灾措施，国民政府延续了清朝与北洋政府的政策，即以工代赈、移民就粟等内容，与之前的政策变化不大。不过，这一阶段国民政府仍探索了一些具有近代意义的制度设计，较之以往更显制度化与规范化。①

（二）南京国民政府时期的灾情与救济

1928年底，南京国民政府在形式上统一了全国，全国各地均已结束军事。但从1928～1932年，烟台一带先后发生多次兵灾，除了地方政府进行赈济外，胶东善绅也组织了临时救济机构进行救济。

1. 胶东兵祸概述

1928年12月，南京国民政府在形式上统一了全国。但胶东一带仍有兵匪达五六十万人，人民仍沦陷于水深火热中。据查，"由济南达海滨之鲁东区域内，现有兵匪共达五六十万。军队之外，更有红枪会、白枪会、清廉会、保乡团、自卫团、保卫团等分布各乡镇，其数当数倍于军队，衣食饷项。均取自民间，故人民苦况，有不堪言状者"。②

1928年12月6日《申报》发表了一篇《暗无天日之胶东，小军阀割据下之惨象》的文章，详细描述了胶东为直鲁残军杂牌兵匪所割据，人民惨遭涂炭的惨状：

昨有某慈善家，自胶东一带视察返济，谈及该地情形，令人闻之酸鼻。据云：鲁东各县此次所受兵灾匪患，真可谓空前惨祸。被灾区域有章丘、邹平、桓台、长山、临淄、寿光、高苑、潍县、昌邑、胶县、平度、莱阳、掖县、招远、栖霞、牟平、高密、日照、诸城、安邱、昌乐、益都、临朐、淄川等县，小军阀及土匪首领，著名者有刘珍年、刘志陆、顾震、齐玉衡、陈子成、黄凤起、朱泮藻、王子修、刘黑七、吴延年、张明九、刘振标、张玉亭、王子允、窦宝章、施仲诚、刘子成、刘开泰、张有泰、周仲和李锡桐等数十人。每一县中，仅供应两部分军队者，已为万幸。甚至有供应杂牌军队四五部分外，尚须再向省政府缴纳丁漕者。亦有每季须完纳丁漕数份者。人民所纳之款税，虽如此其重，而实际上

① 唐博：《清代以来荒政治理体系特征及其演变》，第153页。
② 《胶东兵匪达六十万，衣食饷项取自民间》，《民国日报》，1928年12月11日。

仍不得安生。每一庄村，每一日夜，最少亦有土匪或杂牌军队光临数次，人民组织之红枪会民团无一日不与土匪开火，土匪破一庄村，架票皆以千百计。统计自济案发生迄今，鲁东各县被土匪及杂牌军队屠劫焚掠之村，已有三四百处，死伤民众，不下数十万人。往往数十里内，但见一片焦土，不见人畜。各县因不堪杂牌军队及土匪之骚扰，曾屡推代表，向山东省政府请愿剿除，但省政府格于情势，迄未派兵前往。于是遂有一部分野心政客及直鲁余孽，乘机向各地奔走游说，希图由人民派代表欢迎前山东某大军阀张某回鲁，但人民对张某怨恨已深，绝难成为事实。惟杂牌军队及土匪虽号称数万，实则尽系乌合之众，有精兵一师，便能扫平而有余，胶东民众无不渴望政府从速派兵往剿，以解倒悬。①

1928～1932年，胶东一带各种政治势力不断进行分化组合，并伴随着武力火并。1928年，刘珍年占领烟台，统治胶东十三县长达五年之久。其间，先后发生的较大的战争有：民国十七年（1928年）张宗昌旧部刘珍年占胶东、民国十八年（1929年）张宗昌与刘珍年互战及民国二十一年（1932年）省军与刘珍年互战②。连续不断的战争给胶东人民带来了深重的灾难。

2. 1929年胶东兵祸

民国十八年（1929年），前山东省督办张宗昌与"胶东王"刘珍年在胶东发生战事。导致了"张褚之变"与"黄县兵灾"。

（1）"张褚之变"。

"张褚之变"是1929年3月25日至5月10日，刘珍年在牟平、福山与张宗昌、褚玉璞的"中华国民军讨逆军"发生的战事。"张褚之变"最终以刘珍年胜利而结束。张宗昌、褚玉璞讨伐刘珍年也给福山、牟平两县人民带来了深重的灾难。"胶东被张褚扰害。迄四阅月。给养畜牲，随意征代。劫掠杀烧，无时不有。当此春夏之交，麦秧为畜牧所尽，播种亦几无所出。牟平、福山二县，炊烟久断，田舍为墟，哀鸿遍野，饿殍载道"③。

"张褚之变"发生后，刘珍年电请南京中央政府进行急赈："若不立即赈恤，哀我灾黎，恐无噍类矣。除将胶东各县灾况调查完竣，再行呈请大规模赈济外。所有牟平福山二县，亟待赈恤情形。务恳钧座，俯念民命，立予批发帑银若干，以救灾黎而绥地方云云。"④

另外，刘珍年还"设法筹赈济一次。继又电呈省府。请予豁免该两县下忙地丁"。⑤

① 《暗无天日之胶东，小军阀割据下之惨象》，《申报》（上海版），1928年12月6日。
② 《牟平县志》卷五，第61页。
③④ 《牟平福山炊烟久断，刘珍年电请赈济》，《实报》，1929年5月25日。
⑤ 《刘珍年赈福牟灾民》，《实报》，1929年12月13日。

1929 年冬，牟平、福山二县灾区，尚未完全恢复。刘珍年又发起冬赈。刘"本人预先捐助出全年饷俸，并劝令全师各级官长酌为捐助，共筹得大洋三万元。分送福牟两县各一万五千元。交由县政府会同地方正公绅耆。办理特别冬赈云"。①

（2）黄县兵变。

"张褚之变"后，1929 年 5 月 14 日，国军任应岐部安永昌团士兵在黄县发动兵变，山东最繁华之一县黄县损失惨重："统计损失之数，约过千万。盖该县于数百年内，未受兵匪之灾，所有临县之富户，乡民之细软，移存城内者甚多，而城中之旧世家，比邻而居，珍宝物品，蕴藏极多，自任部安团进城之后，将城关闭，按户穷搜，强奸妇女，临行索大车一百三十余辆，将金银珍物，装载而去，将美色妇女，掳去五十余人。事后，官民曾向中央各方通电申诉，并经刘珍年师长，电呈中央，要求赈济，现闻国府文官处函复到烟，已蒙蒋主席批交赈务委员会核办矣云。"②

黄县兵灾后，黄县当地成立了民间"兵灾善后委员会"，并发表筹赈宣言。

黄县兵灾后，刘珍年去电蒋介石，请求迅拨黄县匪灾抚恤款项。刘珍年电称：黄县为逆匪张升九窃据，约两旬有余，劫掠烧杀无所不为，上至典当，下至负贩，无一幸免。距城二十里以内村镇，抢劫一空，总计损失约一千余万元。灾情之重，较牟福二县，有过之无不及等语。兹经复查，确属实情，为此恳请钧座，迅予批发帑银若干，与牟平、福山二县，一并提前赈恤，以免向隅，而资普遍，是所切祷。③

南京国民政府收到刘珍年请赈电后，由南京赈灾委员会，转令山东赈务总会核办。山东赈务处"派杜华亭、张中立二人，为查赈委员，前来调查牟平、福山、黄县、招远，四县受灾之情形。以俟查毕，禀复之后，再行斟酌缓急轻重，施行赈济"。④

山东赈灾委员分会查赈后，山东省府即决议：为"牟、黄、福三县兵灾，速运面粉及增加赈款，以资急赈。并请调查登州府属各县，以资急赈"。⑤

3. 1932 年韩刘之战

1932 年，山东省主席韩复榘与"胶东王"刘珍年双方发生战事。这场战事主要发生在烟台一带，受损最严重的地方为掖县和莱阳两县。

① 《刘珍年赈福牟灾民》，《实报》，1929 年 12 月 13 日。
② 《刘珍年为黄县请赈》，《大公报》（天津），1929 年 6 月 24 日第 8 版。
③ 《黄县匪灾刘珍年电请赈》，《大公报》（天津），1929 年 5 月 31 日。
④ 《鲁赈会调查灾区牟平、福山、黄县三县》，《中央日报》，1929 年 7 月 22 日第 5 版。
⑤ 《鲁省府十四次委员会议》（续），《中央日报》，1929 年 8 月 7 日。

1932 年 12 月《实报》上发表了一篇时事打油诗《醉丐》，对这场灾情进行了描述：

胶东平地起争端，作战双方解决难，哀我小民罹浩劫，流离颠沛太辛酸。

可笑将军善倒戈，胶东数县战痕多，如今又赋南征曲，闽浙边氓唤奈何。

中央真是善调停，调遣军防不露行，排难解纷皆就绪，劫余民众感伶仃。

敲民脂髓吸民膏，雄踞登莱气足豪，只怕省军真厉害，思量还是让为高。

横行那管受批评，军阀淫威旧有名。此乃中华真特色，甘遭蹂躏是群氓。

惨逢兵燹叹胶东，十室逃亡九室空，寄语仁人须悯怜，各输义粟赈哀鸿。①

韩刘之战，以刘珍年调离山东，韩复榘取得胜利结束。但胶东一带地方糜烂、损失惨重。胶东百姓"今饱受人所难信、笔所难述之痛苦。奸淫枪杀，几无处不然。不独庐舍荡然，且全部村庄亦付诸一炬。乡间难民现纷纷避至烟台，数以万计。此间各医院皆甚忙碌，疗治为兵匪所伤之难民。烟台现有兵力，殊嫌简薄，不足以应付时局。因双方现皆从事掳抢也。烟台一带为花边业之中心点，今遭此乱，恐乡间所有原料，悉被抢劫一空矣"。②

（1）莱阳救济。

1932 年的"韩刘之战"，胶东各县损失奇重，山东省府经令各县调查损失数目，以凭救济。战后，莱阳县地方各界组织了善后委员会，据莱阳善后委员会调查全县所受兵灾损失如下：

查莱阳县善后委员会调查呈报，损失竟达五百八十余万，计为五十二乡镇，三百零一村，三万二千四百四十四户，灾民七十万零三百七十三人，损失二百二十七万六千六百零九元。因事变而农民遗弃豆子地瓜未收麦田未种者十二万亩，平均每亩损失九元，共一百零八万元。历年供给刘部给养等二百零三万元，此次刘部调防，需用骡驮大车六千个，每个七十元，计四十二万元。以上共计直接损失之数为五百八十万零六千六百零九元，其他间接损失尚无法统计。③

莱阳善后委员会查明灾情后，即呈报莱阳县府。"莱阳县府转呈山东省府，请求设法救济。并请豁免下忙丁银附捐等，以苏民困。"④ 1933 年 1 月 10 日，山东省政府召开政务会议，提出"莱阳民众请求振济案讨论议决与一九九次会议之救济兵灾案合并审查，统筹救济"。⑤

除此之外，旅青莱阳县同乡会也请求青岛市商会设法筹赈：

敬启者。胶东兵灾，敝邑最重城里关外周围，数百余村劫掠一空，难民老幼，号呼转徙，四方奔逃，饥寒交迫，二三越月，惨不忍言。兹值冰天雪地，无

① 《时事打油诗：醉丐》，《实报》，1932 年 12 月 18 日。

② 《东鲁难民麇集烟台》，《申报》（上海版），1932 年 10 月 7 日。

③④⑤ 《胶东兵灾中之莱阳县》，《申报》（上海版），1933 年 1 月 14 日。

衣无食，危在旦夕，切望拯救，敝会情切桑梓，碍难漠视，业经联席会同筹款急赈，奈数十万难民杯水车薪，无济于事。拟请贵会查核予以盛德周全，设法筹赈以济眉急，事关义举，刻不容缓，除函请各处慈善机构赈济外，相应函请　贵会查酌筹赈，并希见复为荷，此致。

旅青莱阳县同乡会①

（2）掖县救济。

韩刘之战另一损失奇重的地方为掖县。《申报》报道了劫后掖县的惨状：

刘军全数撤退后，逃亡各地之人民，亦渐次返掖。回视旧日家园，即幸而未成一堆瓦砾者，亦家徒四壁，空无一物。虽素封之户，归来亦无以为生，哀鸿遍地，嗷嗷待哺。据红卍字会调查，此等灾民，计有二千余户，八千余人，亟待赈济。②

对掖县兵灾进行救济的一是官方救济，二是民间组织进行救济。

官方救济。韩刘之战后，1932年12月，山东省政府派"民政厅长李树春，会同省赈务会携款二万元，前往掖县，按情轻重，分别施以赈济，并令掖县绅商，组织灾民赈济会，随时施赈"。③另外，李树春"嘱县长赵鸿泽调查灾民实数，战时死亡若干，以凭抚恤。并将刘珍年征余粗粮四十万斤，谷草二十万斤，旧有仓谷六百石，缴出赈济灾民"。④

但由于掖县损失惨重，仅靠这些赈济还是杯水车薪。1933年2月，掖县灾民赈济会给山东省政府发函称：

略谓天祸掖人，遭次愍凶，哀鸿遍野，城郭为墟，地方农工商完全停顿、民众之衣食住破坏无余、息战以来，又值隆冬，要非外来各慈善团体暨省赈济，则流四方填沟壑者何可数计，惟是眉急难展，来春方长，麦苗禾种，生计实难。既得生我于前，尤望成我于后。况灾阽过重，贫困太多，若不继续补救，均难全活。用敢备具捐启，恳请主席力为倡慕。⑤

尽管掖县灾民赈济会给山东省政府发函求助，"但现闻省府据此，将令省赈务会设法再行赈济云"。后续没有赈灾的报道。

民间组织进行救济。掖县兵灾发生后，"幸青岛、济南、烟台、龙口等处红卍字会，纷纷来掖，办理急赈，设立粥厂五处，每日施粥两次。又发出棉衣2000余套，一面筹措现洋12000千元，拟按受灾轻重，酌量赈恤，每户自元至20元

---

① 《关于胶东兵灾莱阳县最重请求青岛市商会设法筹赈的函》，1932年12月3日，青岛档案馆，档号：qdB0038-001-00677-0188。
② 《劫后掖县视察记（续）》，《申报》，1932年12月24日，第9页。
③⑤ 《鲁省将再赈掖县灾民》，《中央日报》，1933年2月8日。
④ 《鲁民厅在掖县施振》，《新闻报》，1932年12月26日。

不等。十八日已发出 3000 元、闻青岛商会亦捐有棉衣 500 余套，并征募款项，日内即来掖振济"。①

此外，为救济灾民，掖县成立了专门的官方救济机构赈务会。"掖县县长赵鸿泽、公安局局长王维湘等，鉴于灾情奇重，人民无衣无食，现虽有红卍字会等在掖设立粥厂，但该会以经费关系，势难持久。粥厂结束，8000 难民，势将尽成饿殍"。② 掖县县长赵鸿泽等特联合各机关及地方人士，组织赈务会募款赈济。公推赵为委员长，各局长商会主席为委员，现已开成立大会，分调查、施放、募捐、文牍、会计、庶务六股，积极进行，办理善后。③

三、烟台本土慈善事业的兴起

北洋政府时期，由于中央政府没有设立专门的常设救灾机构，民间慈善组织逐渐成为救灾的主力。1928 年南京国民政府统一全国后，政府逐渐成为救灾的主力，但民间仍然是赈灾中的重要一部分。特别是胶东一带，一直是战乱频仍，形成了以官方为主、民间为辅的救灾新格局。一方面是烟台本土民间慈善救济组织的兴起，另一方面，烟台本土慈善文化的发育成熟。

（一）胶东赈灾组织

民国时期，烟台本土民间慈善救济组织主要有胶东赈灾公会、胶东赈灾公会、烟台俄荒义赈会、胶东各界全国水灾筹振会、烟台赈济水灾募捐会和掖县灾荒赈济请愿委员会等。

这些救济组织主要是一些临时性救灾机构，专为救济某次或某地灾荒而设立。

另外，民国时期，烟台红十字会和烟台红卍字会也是主要的慈善救济团体，其慈善救济内容在其他章节有分述，本章不再涉及。

1. 胶东筹赈协会

胶东筹赈协会是为赈救华北五省大旱灾而成立的。是一个由烟台官商组织的临时性慈善组织。1920 年，直、鲁、豫、晋、秦五省发生"四十年未有之奇荒"。全国各地发起了筹款赈灾活动。当时东海关税务司苏古敦到京津济南，亲见沿津浦路遍野全是灾民，情形甚惨。乃拍电与和记行大班爱克夫，并转致华商

---

①②③ 《劫后掖县视察记（续）》，《申报》，1932 年 12 月 24 日，第 9 页。

会长澹台玉田，集议筹捐办法。于是，烟台成立胶东筹赈协会。

正会长：胶东道尹吴永。

副会长：烟台警察厅长张锡纯、烟台商会会长澹台玉田。

名誉会长：烟台镇守使张怀斌、东海关监督王守善。

王团长、商会副会长为总干事。

下设干事、文牍、会计、总务四部。每部主任二人，部员无定额。

协会成立之日，烟台官绅商学报各界及各团体之代表到者约 70 人，在观海亭举办成立大会。"先由吴道演说此会大旨。及灾民惨状后。由澹台会长请陈松如君宣布简章毕。即当场推举职员。凡是日到会之诸代表。均为干事，请在场者随意书捐，其各团体代表。均须由各团体会议后再捐。至在场所捐之数，约 3000 元。书捐讫。即提议拍电于北京报告本会成立。并限定本日须将捐款送至商会。以便及早汇至灾区。张警厅长提倡于街市设一大柜。令行人随意投捐，众均赞成。此外又讨论防弊与劝募种种手续。将近六钟，始散会。"①

1920 年秋成立的胶东筹赈协会，官民捐款踊跃，"到 12 月中旬就筹款 38000 余元"。②

此后，胶东筹赈协会还曾陆续赈济沪浙风灾、甘肃大地震等灾害。

2. 胶东赈灾公会

1923 年胶东赈灾公会成立，这是一个永久性救灾组织，其雏形是胶东筹赈协会。

烟台政绅商学各界 1920 年成立胶东筹赈协会后，本着恤灾救邻之心办理赈务，历次均卓有成效。先后救助沪浙风灾、甘肃地震。时国人伤亡损失者，受创至巨。给烟台政绅商学各界极大震动。1922 年，"直豫苏浙水灾连绵，而尤以山东黄河缺口，利津沾化一带 20 余县，灾情綦重。西府前次绕被旱荒，元气尚未恢复，又益以水灾，人民所受苦况，有并家室都全行飘没者。其惨状直有令人不忍卒闻"。③

尤其是华北连续几次大灾，促使烟台政绅商学各界决定成立一个永久性救灾组织。旋即接收胶东筹赈协会之存余款项，改组设立胶东赈灾公会。

胶东赈灾公会会址附设于烟台青年会内。会中办事人员，以澹台玉田、吴敬之、于子明、倪显廷诸君为最有毅力。兹并录其职员名单如下：

名誉会长：烟台镇守使张怀斌，胶东道尹。

正会长：澹台玉田。

① 《烟台官商筹赈之踊跃》，《民国日报》，1920 年 10 月 8 日。

② 《山东胶东筹赈会开会》，《大公报》，1920 年 12 月 19 日。

③ 郑千里：《烟台要览》（慈善篇），烟台要览编纂局 1923 年版。

副会长：于子明、吴敬之。

司库：游汉庭。

存款：山东银行。

文牍：倪显庭。

总干事：徐宗民、曲子元。

干事：刘滋堂、刘保之、孙伯峨、朱玉田、张宗岳、刘汉舫、李虹轩、李华亭、黄烈卿、卫国桢、郑千里、刘雍熙、于梓生、李子超、杜树棠、刘彝堂、崔葆生等三十人。

"以施本省灾区为主，外省之灾情较重者为辅"是胶东赈灾公会的办赈宗旨，显示出烟台绅商活动已突破地域限制。

胶东赈灾公会成立后，即派于子明、曲子元两君，带款 10000 元。亲赴利津一带实行放赈。胶东赈灾公会前后所募赈捐达大洋两万数百余元。施赈区域，以利津、沾化等县为最多。此后，胶东赈灾公会还曾经赈济过章丘火灾、即墨水灾、汕头风灾、甘肃震灾等。对西府各逃荒灾民经过烟台者，公会均分别酌量施赈之。

3. 烟台俄荒义赈会

1921 年，俄国涅瓦河两岸发生严重旱灾。中国各地纷纷成立俄国灾荒赈济会。在烟台的中西人士也一起成立了一个救济俄灾的团体，名曰"烟台俄荒义赈会"。

烟台俄荒义赈会委员成员共十二人，其成员有：

嘉弥邻、阿保罗、爱克夫、欧尔克、爱似德、明宪文、富吉力、烈德立、韦威廉、刘树德、穆留钦、文格思。

其中，穆留钦是原沙俄驻烟台领事，文格思是原沙俄客邮局局长。

俄荒义赈会委员成立后，对外发布劝赈公启。公启如下：

敬启者，俄国去年荒旱，赤地千里省灾民死亡载道，其一息尚存者，散至四方求乞，然茫茫前途，何处谋生，见之酸鼻，闻者痛心。时在隆冬，饥寒交迫，濒死哀鸿至数千万，草根泥土，暂以果腹。俄国人民素称勤俭，乃以连年兵燹，继以奇荒。劫运频乘，仁者同感，将来新种难以预备，奈青黄不接，何以续命。窃以天灾流行，何国蔑有，救灾恤邻，同负义务，用敢不揣冒昧，代作将伯之呼。倘荷仁人君子，慨慷解囊，请将捐款交司库爱克夫君（和记洋行）查收。一俟集腋成裘，即当汇交万国俄荒义赈会。除将芳衔逐日登报宣布外，仍当将本地办理情形，随时登录各报，以资征信。①

4. 胶东各界全国水灾筹振会

1931 年是近代中国内忧外患交织、天灾人祸相煎的一年。该年夏秋之交，

---

① 《为俄国灾民募捐公启》，《晨星报》1922 年 3 月第 191 期。

"江淮运河流域大水，遍及十八省，灾民一亿人。而湘、鄂、赣、皖、苏省尤烈，溺毙约十五万人，财产损失二十亿元"。① 又称"十六省水灾"。

面对江淮地区的大水灾，全国各地纷纷成立水灾急赈会。1931 年 9 月 8 日，"胶东王"刘珍年召集烟台各公私团体代表及当地士绅，共同集议，成立胶东各界全国水灾筹赈会。胶东各界全国水灾筹振会组织成员如下：

委员长：刘珍年。

委员：何益三、韩洞、吴洁、澹台玉田、胡詠、高林章、王震东、张容溪、王宗儒、崔葆生、李恒华、贺丹桂、郑冠缙、李文骏、马既济、吴敬之。②

胶东各界全国水灾筹振会成立后，刘珍年向全国发出通电，电文内容如下：

此次江淮流域洪水为患，灾区延及十六省之广，难胞竟达数千万之多，田园庐舍，尽付漂流，老弱孑遗，葬身鱼腹，奇灾浩劫，亘古未闻，霾耗频传，伤心惨目。当此全国灾民饥溺呼号之际，凡具仁心，同深恻怛，轸念哀鸿，义难坐视。珍年等爰于本月八日，召集烟台各公私团体代表及当地士绅，公同集议成立胶东各界全国水灾筹赈会，公推珍年为委员长，益三等为委员，并延聘各县士绅名流，广为劝募，积极筹赈，共策进行。俾资救济。谨代灾区难胞呼吁。尚冀党国贤达，海内仁人，本民胞物与之怀，同舟共济之举，则嘉惠灾黎，感无既矣。除赈款集有成数，汇解中央分配散放外，特电奉闻，伏维垂察。

胶东各界全国水灾筹赈会委员长刘珍年（委员各界）同叩齐印③

水灾筹赈会自成立后，烟台刘珍年二十一师官兵发起捐款活动，"本师官兵原在八月份薪饷内一律量力捐输，计集洋一万五千元，悉数助赈"。④ 当时的《华北日报》以《烟台筹赈会募款将逾十万元》为题报道：

刘师长本已饥己溺之心，积极设法劝募，各界助募，亦异常踊跃，经募赈款，成绩极佳，兹闻该会截至现在已汇国府九万元，汇汉口五千元。现存未汇者，尚有三五千元，共计已将逾十万元之数，至赈衣之募集，已达二千五百余件，不日即装运南下，交国府筹赈会照收分放云。⑤

5. 烟台赈济水灾募捐会

1935 年是继 1931 年大水灾、1934 年大旱灾之后的又一个大灾之年。国内广大地区水旱交乘，又加风、雹、虫、疫、地震等多种灾害，受灾地区达 21 省，

---

① 苏有全：《中国社会史专题研究》，内蒙古人民出版社 2006 年版，第 586 页。

② 《胶东各界成立筹赈会》，《民国日报》，1931 年 9 月 11 日第 3 版。

③ 《电烟台水灾筹赈会：烟台水灾筹赈会刘会长并诸委员勋鉴齐电敬悉仰见情》，《行政公报》，1932 年第 2-3 期，第 20-21 页。

④ 《公电》，《申报》，1931 年 9 月 16 日。

⑤ 《烟台筹赈会募款将逾十万元》，《华北日报》，1931 年 11 月 2 日。

尤以长江、黄河流域的洪灾为重。①

为救济水灾，烟台1935年7月27日成立了各界赈济水灾募捐会。此次水灾募捐会以烟台新生活运动促进会为主体。水灾募捐会在山东省政府、省党部、山东省黄河水灾救济委会备案。山东烟台各界赈济水灾募捐会组织成员有：

会长：张彬忱。

副会长：张书平、崔葆生。

干事：林秋圃、李猷甫、王仲芳、王震东、邓璞珊、马琅斋、赵振华、张靖宇、张默生、庄子毅、林求源、胡詠高、丁训初、褚宗周、曲刚夫、王宗儒。

山东烟台各界赈济水灾募捐会内部分总务、募捐、宣传三个组。其中，总务组分庶务、会计、文牍三股。

庶务组组长张靖宇，会计有曹荫南、张月川，文牍兼庶务股有徐立廷、张靖宇、王益斋、王兆麟、潘冠士。

宣传组组长马琅斋。干事有胡啸云、张默生、庄子毅、丁训初、林求源、曲刚夫、褚宗周、王宗儒、葛棣华、郑伴俅、刘云楼、赵少华、贾梅卿、萧惺伯、梁坤生、王慧元。

募捐组组长林秋圃，干事有吴敬之、邹子敏、赵振华、朱玉田、王震东、郑义琛。

同时聘请烟台公安局各分局长、各坊长、各公会主席为募捐委员。

烟台各界赈济水灾募捐会成立后，即在烟台《东海日报》上发布劝捐书——《为劝赈告同胞书》。劝捐书内容如下：

同胞乎！今各地又以惨重水灾闻矣！黄河淹没偃巩之后，复于本月十日在本省临濮决口；现洪流向东南倾泻，水头宽二十里，漫溢于鄄城、菏泽、郓城、钜野、嘉祥，及东平各县，有夺淮由苏入海之势，灾民达五百余万众。长江上游水势危急，荆沙襄樊一带，悉成泽国，武汉各小民垸，亦被水冲毁，汉口市水深数尺。他若皖赣间之马华堤，亦于十二日溃决，附近各县被淹甚重。

综观国内，洪水滔天，哀鸿遍野，念之伤心酸鼻！吾灾虫煎迫中之同胞，何不幸而又遭斯惨祸耶！方今灾区同胞，其惨死水中者无论矣！即幸而存在，亦无家可居，无粮可食；或攀登树巅以藏身，或逃匿山岭以保命；生死决于顷刻，性命危在眉睫。嗷嗷之声，惨绝人寰！呜呼！睹此而无所动于中者，是无人心也！

本会同人痛灾情之惨重，念灾胞之水深火热，爰发起"各界赈济水灾募捐

① 李文海等：《近代中国灾荒纪年续编（1919—1949）》，湖南教育出版社1993年版，第439页。

会"；期尽绵薄，竭力呼吁，以唤起各界同胞之声援！夫缓急人之所时有也，救灾恤困，人所应尔，况待救者为吾人之同胞乎？灾胞为国家构成份子之一；多救一灾胞，即多为国家保存一分原气，是救济灾胞，亦国民应尽之义务也！深望各界同胞，慨解义囊，尽力输将；在捐者一金市义，胜造七级浮屠；在灾胞获洋一元，可活数条人命。同人等愿鞠躬尽瘁以为灾胞请命！

马相伯老人有言："衣齐纨而裹蜀锦者，当念灾黎之赤其身而裸其体，饮芳冽而餐肥鲜者，当念灾黎之啃树皮而嚼草根，居高堂而处大厦者，当念灾黎之巢树巅而穴土山，策骏马而驱细车者，当念灾黎之沉洪流而浮泻波。"又言："野有饿殍，而我独饱食，人皆露宿，而我独燕居，扪心自讼，于心安乎？"愿各界同胞三复斯言也。①

同时，水灾募捐会的干事及宣传组各成员分别在进德会、福禄寿电影院、青年会和丹桂戏院这些场所进行讲演，劝募烟台五区民众。如新生活促进会委员张静宇1935年8月5日演讲题目是《怎样来捐款赈灾？》，新生活运动促进会讲演员林秋圃1935年8月8日演讲题目是《捐赈要看不如我的》。

这次募捐在以前募捐经验的基础上，烟台各界赈济水灾募捐会规划合理、组织完善、程序严格。有以下特点：

一是内部分工负责。水灾募捐会分总务、募捐、宣传三个组。总务组负责庶务、文牍、会计处理账目手续等。宣传组负责讲向民众讲演灾情，劝募捐款。募捐组负责分发募捐公启、制定募捐办法、确定募捐日期等。

二是采取普遍主义募捐原则。烟台所有民户由各坊长负责募捐，各商户由商会下属的各同业公会组织劝捐。

三是严格的募捐程序。

其一，水灾募捐会印制捐册与收据两种。

其二，募捐时间限定。水灾募捐会募捐自八月五日开始，暂以两星期为限。

其三，征信制度。募捐资金在报纸公布，以昭慎重。所有募起之现金及灾民需用物品，无论由各干事、各委员经募或各机关、各学校、各团体代收与各大善士随时乐轮者统交商会收存，按期公布。② 另外，募捐组收到的捐款交到募捐会，由曹荫南、张月川、徐立廷在商会收款账簿登明捐册，或收据号数、户数及钱物总数，按日于办公时间内，报告来会，登录会计总簿，以凭稽核。各册据存根至相当时期，由商会交由本组复核，并公开揭示。

此外，为了有效募捐，水灾募捐会制定了严格的纪律。如各组干事于办公时间内，不得迟到缺席，每次迟到20分钟者，罚两元，无故缺席者罚5元，并由

① 《各界赈济水灾募捐会劝赈救灾》，《东海日报》，1935年8月3日。
② 《山东烟台赈济水灾募捐会启事》，《东海日报》，1935年8月9日。

邹干事子敏监察报告会长执行。

6. 掖县灾荒振济请愿委员会

1928 年起，掖县一带仍屡遭劫难。"民国十七年，济案发生，刘志陆军一部分哗于掖，旋围方永昌军于掖城，罢战议和未及一月约，钟振国、施忠诚各军围城大战城南。秋冬之交，方部刘珍年驱方，十八年一月刘珍年部驻掖将校忽响应张宗昌，又由鲁西调队陆续集掖。夏间，任应岐军与张部黄凤岐交绥于沙河，转战而东设令部于掖。任军撤后，刘珍年派骑兵驻掖。二年以来，作战三次，朝秦暮楚，入主出奴。公家之帑藏，任便取携，私人之赀财，目为战利。而黎元之燔于炮火，糜于刀俎者尤不知凡几。加以十七年飞蝗过境，遗蝻于地，继值恒阳，跳蝻暴长，飞蝗蔽天，禾黍立槁。十八年又旱蝗。"①

1929 年，为拯救灾民，掖县商绅赵竹坡、程光耀、董玉山等集合绅民捐赀发起，组织成立灾荒振济请愿会，呈准备案。掖县灾荒振济请愿委员会是一个民间临时慈善机构。

掖县灾荒振济请愿委员会有常务委员和执行委员组成。常务委员 7 人，即张省斋、宋鹏程、赵竹坡、董玉山、温子廉、程光耀、程汲三；执行委员 21 人，即吕叔英、徐星伯、侯翼汝、张介石、李笃三、赵金千、周海秋、王发、林苇村、王子法、张福轩、修文先、程巨山、曲鹏扬、陈吉甫、刘月亭、陈和卿、孙伯阿、程青萍、赵景侯、韩廷俊②。

掖县灾荒振济请愿委员会成立时，同时发布了请愿委员会的《宣言书》和《灾荒振济请愿委员会简章》。

《宣言书》如下：

吁嗟乎，灾劫重重，已草薙而禽狝，凶荒累累，复川涤而山童。惟戊维午，惊羽檄之纷驰，呼癸呼庚，叹鳞册之疲弊。亦既声嘶以力竭，何惜口屠而音嘹。惟希拯彼鸿哀，庶几庆兹鸠集。此本会所由以成立也。

溯自去岁春夏，旱暵不雨，麦秋既歉，嘉禾渐枯。爰有刘军、顾军、谢军、方军、钟军、施军纷至沓来，循环递嬗。惟时哗变数连作战两次，其间炮火所燔，垒培所侵，以及换防接阵，冲锋追击所蹂躏。盖吾民生命赀财田亩庐舍，一概听客所为，不敢过问。而政变频仍，再接再厉，天不悔祸，荼毒荐臻，虫蝗肆虐，秋禾俱踣，初冬恒燠，蝻子重生，来牟萌蘖，遂尔槁毙。入此岁来，张褚返斾，部伍麇集，机关林立，惟应接之不暇，实守土之无责。悍匪蹶起，豕突狼奔，逻掠抢架，几无虚夕，公帑则恣其豪夺，闾阎则听其凭凌，迨至任军东下，又交绥于沙镇，全县精华一扫而空。今虽防军分驻，依然游匪滋扰，如火益热，

---

① 刘国斌：《四续掖县志》，1935 年版，第 352-354 页。
② 《掖县灾荒振济请愿委员会简章》，天津市档案馆，档号：401206800-J0128-3-006269-025。

如水益深，旱魃为灾，蝗孽再起。呜呼，不植何获，不绩何衣。泽既竭而渔未休，薪已湿而束愈急。弦歌响辍，轮轨声稀，商嗟于衢，农泣於陇，瞻四方而靡骋，睹万井其骚然。

诸君子胞与为怀，痛瘝在抱。嘅流民之有图，继迹郑子，喜回春之有律，媲美邹公，或建广厦以就庇寒，或渡慈航以救苦惠。此东国锡我，南针将镂骨而铭心，爰拜手而稽首。①

《掖县灾荒振济请愿委员会简章》（以下简称《简章》）由总纲、组织、职员、程序、会期和罚则六章三十条款组成。

（1）设立宗旨：《简章》第二条款确立灾荒振济请愿委员会设立的宗旨是"本会以调查全县各种灾荒，随时报告，请求赈恤，徐图救济为宗旨"。第三条规定经费"暂由临时治安维持会借垫"。

（2）组织构成：《简章》第五条、第六条规定灾荒振济请愿委员会"由全县各团体公同组织之（本会成立后有愿加入之团体一律欢迎）；本会既由全县各团体公同组织，应以每团体为单位，即应互相推举执行委员数人，并得由执行委员中公推常务委员九人"。

灾荒振济请愿委员会设常务委员和执行委员。"常务委员七人至九人，由执行委员中公推之。""执行委员二十一人至三十五人，由各个团体互推充任之。其陆续加入之团体，在两个团体以上时，亦应续推执行委员，但执行委员不得超过三十五人。"

内部设置四科，即总务科、文书科、调查科、会计科。其中，"总务科二人，掌本会收发公件暨不属于各科事件"；"文书科四人，掌本会文牍暨编辑报告，撰拟宣布各事件"；"调查科科员无定额，掌调查一切灾荒情形各事件"；"会计科一人，掌本会款项收支，暨保存放发赈款事"。另外，在施放赈济时，临时组织施赈科，检查各项事件时可随时组织检查科。事毕即解散。

调查科调查员分政、商、农、学各界。政界调查，由各机关担任，每一机关应推定调查若干人；商界调查，由各商会担任，每一商会应推定调查员若干人，其未设商会之处得由该地各商联合推举一或二人充调查员；农界调查员由各区董事、区长充调查员；学界调查员由各校担任，每校推举调查员一人。各界调查员各自公推调查主任一人，负责整理各界调查报告事件。

（3）实行会员制：会员有普通会员和名誉会员两种，普通会员来源有三。

一是各调查主任暨调查员经各机关举定姓名，报告本会注册，均认为本会会员。

---

① 《为退还捐册事致掖县灾委会的函（附捐启）》，天津市档案馆，档号：401206800－J0128－3－006269－022。

二是本县侨寓外埠外省或外国者，凡赞成本会宗旨，愿取一致行动，均可通信注册，认为本会会员。

三是凡具有公民资格者，均得随时报名，充本会会员。

名誉会员是各处慈善大家，愿以人力或财力赞助本会进行者，应认为名誉会员。

（4）救灾程序：调查为第一步。调查第一期限四星期完竣。调查1928年至1929年6月底期间，掖县各区各户，某项损失，估值若干，详细列表。分别旱灾、蝗灾、虫灾及兵灾、匪灾，各自填写，各为一表。在调查员调查期间，应持有本会调查证以资证明。

（5）调查规则：

甲，旱灾应以每一村为一表，分别轻重，估计减收若干，折价若干，并分别以年份注明。

乙，虫灾、蝗灾应注明某户地亩若干，减收若干，计值若干，仍分别以年份注明。

丙，兵灾以有形损失，如炮击弹伤，拆卸焚毁及失落某件，除人命外，均应估值照每户计算，分年月先后填列。其征发给养等件，应归军费案内核算，不在兵灾范围内，不得与本表混杂。

丁，匪灾以焚抢奸杀掳架各节为限，除奸杀外，应将焚抢估价，注明其掳架所勒数目，并应调查明确。以一户为一表，分别以年月填载。至其勒索全村供给等件，得以一村为一表。

戊，各机关损失应以一机关为一表，惟学校曾于十七年由全县筹有赔偿，应将曾领赔偿费若干注明外，均照损失原件估值载明。

对于以上损失各项，均应注明曾否自行报告官署，以备参证。另外，凡调查表应由经手调查人署名证明。

调查完毕后，由灾荒赈济请愿委员会报告官厅，应即要求官府施放急赈。并备具捐启，觅请各方助赈。

另外，在调查的基础上，灾荒赈济请愿委员会"胪陈灾况，请求豁免或暂停地方临时各项担负，以苏民困"。或"援照各县成案，请求豁免地方各项正杂税捐。以三年为限。如将来地方灾荒延长，应再请展限，续免税捐"。①

掖县灾荒赈济请愿委员会成立后的运作情况，没有详细资料，但在《四续掖县志》提到：掖县灾荒赈济请愿委员会"函电呼吁，先后觅集各埠捐洋一仟一十一元，购籴红粮一万七千四百斤，于十九年五月协同赈务分会散给全县贫民，

---

① 《掖县灾荒振济请愿委员会简章》，天津市档案馆，档号：401206800-J0128-3-006269-025。

其调查表册移交赈务分会"。①

（二）烟台本土慈善文化的兴起

民国时期，随着烟台慈善救济事业的发达，烟台本土慈善文化也开始兴起。体现在以下三个方面：

1. 民间社会组织成为慈善救助的主体

民国时期，全国范围内战乱频仍，灾害频繁。相比其他地区，胶东一带除兵灾以外，其他灾荒相对较少。烟台政、绅、商、学各界本着恤灾救邻之心，救助这些受灾地区的民众。在这个救助过程中，民间社会成为慈善救助的主体。体现在民国时期烟台赈灾组织的大量出现和烟台慈善家群体的出现。

（1）民国时期烟台赈灾组织的大量出现。

从"烟台民国时期成立的赈灾组织"列表中可以看出，民国时期，参与赈灾的组织有胶东筹赈协会、胶东赈灾公会、烟台俄荒义赈会、烟台基督教救助协会、胶东各界全国水灾筹赈会、烟台赈济水灾募捐会和掖县灾荒赈济请愿委员会等慈善救助组织。这些组织中，都是民间临时性慈善救济组织。个别组织的发起人可能是烟台官员，如胶东筹赈协会和胶东各界全国水灾筹赈会，但改变不了这个组织是民间慈善组织的本质。

可以看出，民国时期，烟台的民间社会组织成为慈善救助的主体。烟台民国时期成立的赈灾组织如表6-1所示。

表6-1　烟台民国时期成立的赈灾组织

赈灾组织名称	救助目的	正/副会长	干事/委员	成立时间
胶东筹赈协会[1]	1920年华北五省大旱灾	正会长：胶东道尹吴永 副会长：烟台警察厅长张锡纯、烟台商会会长澹台玉田	王团长、商会副会长为总干事	1920年秋
胶东赈灾公会[2]	1922年山东黄河水灾	正会长：澹台玉田 副会长：于子明、吴敬之	刘滋堂、刘保之、孙伯峨、朱玉田、张宗岳、刘汉舫、李虹轩、李华亭、黄烈卿、卫国桢、郑千里、刘雍熙、于梓生、李子超、杜树棠、刘彝堂、崔葆生等30人	1923年

---

① 刘国斌：《四续掖县志》，1935年版，第352-354页。

续表

赈灾组织名称	救助目的	正/副会长	干事/委员	成立时间
烟台俄荒义赈会[3]	1921 年俄国涅瓦河两岸发生严重旱灾		嘉弼邻、阿保罗、爱克夫、欧尔克、爱似德、明宪文、富吉力、烈德立、韦威廉、刘树德、穆留钦、文格思	1921 年
烟台基督教救助协会[4]（Chinese Christian Relief Association）	1929 年烟台"张褚之变"兵灾		烟台美南浸信会李格尔、烟台美北长老会毕维廉和烟台信丰公司经理吴覃臣等	1929 年
胶东各界全国水灾筹赈会[5]	1931 年"十六省水灾"	委员长：刘珍年	何益三、韩洞、吴洁、澹台玉田、胡詠、高林章、王震东、张容溪、王宗儒、崔葆生、李恒华、贺丹桂、郑冠缙、李文骏、马既济、吴敬之	1931 年 9 月 8 日
烟台赈济水灾募捐会[6]	1935 年全国水灾	正会长：张彬忱 副会长：张书平、崔葆生	林秋圃、李猷甫、王仲芳、王震东、邓璞珊、马琅斋、赵振华、张靖宇、张默生、庄子毅、林求源、胡詠高、丁训初、褚宗周、曲刚夫、王宗儒	1935 年 7 月 27 日
掖县灾荒赈济请愿委员会[7]	1928 年掖县兵灾、蝗灾等		常务委员：张省斋、宋鹏程、赵竹坡、董玉山、温子廉、程光耀、程汲三 执行委员：吕叔英、徐星伯、侯翼汝、张介石、李筠三、赵金千、周海秋、王发、林苇村、王子法、张福轩、修文先、程巨山、曲鹏扬、陈吉甫、刘月亭、陈和卿、孙伯阿、程青萍、赵景侯、韩廷俊	1929 年

资料来源：[1]《烟台官商筹赈之踊跃》,《民国日报》, 1920 年 10 月 8 日。

[2] 郑千里：《烟台要览》（慈善篇）, 1923 年版。

[3]《为俄国灾民募捐公启》,《晨星报》1922 年 3 月第 191 期。

[4] "Devastation by war around Chefoo", *The Shanghai Times*, 1929-05-16（15）.

[5]《胶东各界成立筹赈会》,《民国日报》, 1931 年 9 月 11 日, 第 3 版。

[6]《各界赈济水灾募捐会劝赈救灾》,《东海日报》, 1935 年 8 月 3 日。

[7]《掖县灾荒振济请愿委员会简章》, 天津市档案馆, 档号：401206800-J0128-3-006269-025。

（2）烟台慈善家群体的出现。

民国时期,烟台本土慈善家大量出现。烟台因商而兴,商贸繁盛,民国时代孕育出一个思想开放、极具活力的商人阶层。这些商人既有中国商人,也有西方商人。如烟台商会会长澹台玉田、烟台新生活运动促进会常务干事林秋圃、牟平富绅张颜山、醴泉啤酒公司经理王益斋、烟台基督教自立会牧师刘树德、龙口商会会长王惠堂、烟台和记洋行老板爱克夫、仁德洋行英国人马师娘等一批慈善家。

又如牟平富绅张颜山,对地方公益事,素称热心。牟平县立中学校舍,系旧日寺宇,修改而成。学生宿舍,独付阙如。二十一年夏,张氏闻知,慨然捐资一万四千元，专以作建筑学生宿舍之费。①

龙口王惠堂②，曾任龙口商会会长达 14 年之久。王一生热心公益慈善事业，凡地方上筑路、架桥、办学、赈灾等事宜，无不慷慨解囊，其善行懿德有口皆碑。大总统颁赐予其"乐善为怀"匾额、山东省省长奖给他"以仁存心"匾额，内务部授予其七等嘉禾勋章。

1935 年，全国有 21 省发生水灾。商人林秋圃积极在烟台进行募捐，并发表劝捐演讲："常言说，救灾恤邻义不容辞，我们这些幸而不受水灾，站在旱地上的，当然要募集捐款，助办急赈……对于这回的赈灾。第一要看不如我的，第二要鼓起勇气来，不要转念头。如果自己业已捐过，不妨劝人量力捐些，不但是灾民受惠感恩，我们国家的元气，亦可借此保存几分，这不是极有价值的光荣事迹吗，奉劝大家努力努力。"③

2. 筹款手段、善款来源上的广泛性

民国北洋政府时期，由于财政拮据，新成立的北洋政府还无力承担救灾的责任。民间慈善组织开始占据主导地位，其经费来源几乎全靠社会捐献。筹捐方式多元化，有移助糜费、义演、义卖、彩票等各种方式，拓宽了近代慈善事业经费的募集渠道。善款来源广泛，既有官员，也有商人、士兵，还有学生等。

在筹捐方式上，烟台募捐主要采用游艺会、比赛会等各种形式。如在 1931 年"九·一八"事变后，中国东北地区平民，警察和东北军部分官兵组成东北抗日义勇军，抗击日本的侵略。烟台青年会为援助东北义勇军，组织募捐，就采用了三种方法募款：其一是援助义勇军募捐游艺会；其二是援助义勇军篮球比赛会；其三是援助义勇军月捐运动。当时的杂志就有报道：

烟台青年会以敌军深入，凶焰日张，今岁工作计划，特别注重救国运动。其运动之目标为援助东北义勇军。月前特按三种方法募款。

（一）援助义勇军募捐游艺会。三月十日十一日，连开两晚。券资成人六角，儿童四角。各界参观者每晚均达三百人以上。

（二）援助义勇军篮球比赛会。由该会体育委员会举办。券分三角一角两种。与赛球队，男性有商人组合之白燕队，武装同志组合之克伦队，全埠教职员组合之导队及省立第八中学之八中队，益文商专之益文队，芝罘中学之玲珑队，崇正小学之铁血队共七队。女性有培真队、真光队、芝中队等三队。自三月十八

---

① 《牟平富绅张颜山》，《大公报》（天津），1934 年 1 月 19 日第 9 版。

② 王惠堂，1870~1933 年，名和言，字惠堂，道名云济，清同治九年（1870 年）生于黄县西关二圣庙。一生经商，以经营炽昌厚号著称，作为龙口八大行之一的炽昌厚，兼营煤炭、水运等业务，并于大连设分号。因声名卓著，王任龙口商会会长历 14 年之久。

③ 《题为捐赈要看不如我的》，《东海日报》，1935 年 8 月 9 日。

日起，比赛四日，参观者约三千人。

（三）援助义勇军月捐运动。由该会印制捐启若干册，分送各热心会员四出劝募，愿捐者自一角起码按月照缴，以六个月为期。闻第一批捐款，已于三月杪汇寄朱子桥将军，转交义军云。①

3. 救济范围、区域上的广阔性

传统慈善机构都带有浓厚的地域色彩，所开展慈善活动的范围多局限于本籍或当地。清末民初，慈善机构救济范围、区域不再局限于此。即使是地方性慈善机构，也不再把慈善活动仅专注于本区域。民国时期，烟台先后成立了若干临时性的慈善救灾组织。这些慈善组织不再把慈善活动仅专注于本区域，而是扩展到别省他地，甚至延伸至海外。正如 1923 年胶东赈灾公会成立时，制定的办赈宗旨就是"以施本省灾区为主，外省之灾情较重者为辅"。从"民国时期烟台跨区域赈灾募款列表"中，可以看出，烟台民间社会参与的救灾区域广泛。既有国内，也有国外；有北方华北地区，也有南方江淮地区，还有西部甘肃等地。表6-2 显示出烟台慈善救助活动已突破地域限制。

表 6-2　民国时期烟台跨区域赈灾募款列表（部分）

灾荒	捐助团体	组织者	捐助数量	资料来源
1917 年天津水灾	烟台商务会	倪显庭、李森、薛（保）筠	大洋二千二百零七元七角	《烟台助赈》，《大公报（天津）》，1917 年 12 月 22 日，第 7 版
	烟台商务会	倪显庭、李森、薛（保）筠	大洋一千四百零七元七角一分	《烟台助赈》，《大公报（天津）》，1918 年 1 月 7 日，第 6 版
	烟台海军学校		旧呢军衣裤一百件	《大公报》，1917 年 11 月 27 日
	美北长老会	郭显德	一千余元	《华北募捐盛况》，《晨星报》，总第 145 期，1918 年 5 月
1920 年直鲁豫大灾荒	奇山会	马茂兰夫人	共计千余元	《筹赈捐款之踊跃》，《晨星报》，总第 175 期，1920 年 11 月
	胶东筹赈协会	澹台玉田	三万八千余元	《胶东筹赈会开会》，《大公报（天津）》，1920 年 12 月 19 日
	胶东筹赈协会	澹台玉田	赈衣一百二十件，呢布三疋	《为代存胶东筹赈协会施助赈衣事致天津总商会的函》，天津市档案馆，档号：401206800-J0128-3-005009-044
	烟台电话局		洋一千元	《爱国报》，1921 年 1 月 4 日

---

① 《烟台举办救国募款》，《同工》1933 年第 121 期，第 45—46 页。

续表

灾荒	捐助团体	组织者	捐助数量	资料来源
1921 年上海广仁善堂附设北京拯济极贫京旗生计维持会捐款		吴渔川、庄仲咸等	大洋二百十四元小洋六十角，钱一百零四千五百文	《上海广仁善堂附设北京拯济极贫京旗生计维持会》，《申报上海版》，1921 年 5 月 18 日
1933 年救国募款	烟台青年会			《烟台举办救国募款》，《同工》1933 年第 121 期，第 45-46 页
1931 年江淮流域水灾	胶东各界全国水灾筹赈会	刘珍年	逾十万元，赈衣达二千五百余件	《烟台筹赈会募款将逾十万元》，《华北日报》，1931 年 11 月 2 日
1933 年鲁西水灾	烟台进德分会		八千元	《烟台募集鲁西赈款》，《大公报（天津）》1933 年 11 月 17 日
鲁西水灾	烟台进德会鲁西水灾赈济募捐委员会		两次捐洋一万零四百四十二元五角，收掖县演剧助赈洋五百零一元	《山东省赈务会造送鲁西水灾内外埠各处团体善士捐款清册》，《山东省政府公报》1934 年第 307 期，第 84-87 页
1935 年全国水灾	烟台赈济水灾募捐会			《东海日报》，1935 年 8 月 9 日
	烟台慈光社		二千元，棉衣一千零二十件	《烟台慈光社汇来灾赈捐款二千元》，《益世报》（天津版），1935 年 10 月 17 日
	美国亚细亚舰队及旅烟美侨			《美舰美侨将筹款助赈》，《东海日报》，1935 年 8 月 9 日
1937 年甘灾			中央赈务委员会甘肃省赈务监放员杨志春君在掖县募得赈衣一千余件，赈款数百元。又北平万国道德总会在烟募得棉夹赈衣一千件，共计二千余件	

注：本表只是展示了民国时期烟台部分跨区域赈灾募款活动。

资料来源：《烟台募集甘灾衣款》，《大公报》（天津），1937 年 4 月 11 日。

本章小结

民国时期，烟台的慈善事业已经发生了深刻的变化。在北洋政府时期，由于政局动荡，官方救灾不力，民间慈善团体成为救灾的主要力量；1928年南京国民政府成立后，政府逐渐成为救灾的主力，形成了以官方为主、民间为辅的救灾新格局。

第七章 民国前期新型慈善救济机构

民国时期是烟台慈善救济事业发展较快的时期。这一时期最明显的表现就是民办慈善组织的大量出现。民国初期，由于北洋政府的软弱，政局的动荡，慈善救助的主体由政府转移到民间社会，官办慈善主导位置让给了民间慈善。1928年后，随着南京国民政府建立和对慈善救济事业的重视，以救济院为代表的官办慈善组织得到迅速发展，与民办慈善机构共同成为慈善救济事业的主体。

一、传统慈善机构

民国时期，烟台的慈善机构按其主办者的身份和经费来源，可分为官办和民办，或官民合办。按创办时间，又可分为传统和近代新设两大类。传统时期保留下来的救济组织，如普济堂、养济院、广仁堂、仓储机构等。近代新设的救济机构，如红十字分会、世界红卍字分会、赈务会、贫民工厂、救济院等。另外也有一些社会机构举办的慈善事业。

（一）民国时期的普济堂

普济堂是清代遍设的官方慈善机构。在北洋政府时期和国民政府时期，烟台各县普济堂有的已经没有记录，有的仍然继续存在。如掖县普济堂、莱阳普济堂。也有改为其他用途的，如牟平普济堂改为平民工厂。

（1）掖县普济堂。民国时，还有"义田三百余亩，收租充孤贫口粮。民国十四五年（1925年、1926年）加以整修，收容男女贫民。救济孤贫名额为四十九名，每月由义田租项下支京钱三十六千文又二百一十文（约六元六角）。民国二十年（1931年）改为救济院，孤贫名额增加十一名，每月由义田租项下支京

表7-1 1931年（民国二十年）烟台各县积谷款数

县别	二十年份积谷数（石）				二十年份积谷款数（吊）				其他
	原有	新收	使用	现存	原有	新收	使用	现存	
福山	6			6					
黄县	503			503					
栖霞	3187			3187					
招远					62588				62588
掖县	2300			2300					

注：各地仓廒多因年久废弛，积谷无存，加以兵匪骚扰，水旱频仍，致未办者尚属多数。

资料来源：《中国劳动年鉴》，实业部劳工司，民国二十三年十二月（1934年12月），第189-190页。

通过此表可以看出：

第一，1931年，烟台各县只有福山、黄县、栖霞、招远、掖县还有积谷存款，其他各县没有积谷存款记录。牟平县直到1933年，"奉省令办理积谷，县府乃按田赋每两带征银元二角五分，至民国二十四年（1935年）将仓谷征齐，并筹建仓廒储存"。[①] 莱阳县1933年"奉省令办理积谷，时莱阳已无谷仓，将征得之谷暂存民众教育馆后院"。[②]

第二，栖霞、掖县积谷最多。但按照《山东省各县市仓储管理细则》第二条规定"一等县定为三千石，二等县二千石，三等县一千石"的标准。栖霞县作为三等县，积谷3187石，绝对达标。掖县作为一等县，还不够三千石标准。[③]

（三）民国时期的广仁堂

民国初年，广仁堂由官办改为官商合办，董事长由官方委任，多为商会会长担任。经费由董事会会员募捐。[④] 民国三年（1914年），烟台广仁堂改称胶东第一广仁堂。

1. 民初广仁堂的状况

清末，烟台资格最老、最大的慈善机构广仁堂已经腐败不堪。民国初年（1912年），烟台广仁堂由官办改为官商合办。但仍存在房租减少、资金来源困难等问题。

（1）资金来源困难。

民国建立后，1913年，吴永出任胶东观察使，他在给盛宣怀的信函中称：

① 《牟平县志》卷二，第54页。

② 《莱阳县志》卷一之二，第5页。

③ 烟台市地方史志编纂委员会办公室：《烟台市志》，科学普及出版社1994年版，第99页。

④ 烟台市地方史志编纂委员会办公室：《烟台市志》，科学普及出版社1994年版，第361-362页。

"烟台广仁堂十年来已渐腐败，改革后军政府将存款任意提用，困不可支。永极力整顿清厘，稍有眉目，然欲复旧观不可得矣。"①

"现在东海关协济本省各款，全归无著，收入减少，一切应支款项苦无款应付。前项米折早经拨作他项之用，碍难再行照拨，仰即会商海关监督，于海关征存各款项下，酌筹转发，以期久远。"②

（2）裁减会所。

民国以后，烟台广仁堂还"有房屋 1800 余间，义地 1200 余亩。及一切支出统赖此项房租。充为常年经费。惟该堂房产被官厅占用者，约居半数。倘照时价计算，每年足能收入四万余元，惟该官厅占用且不给租。即老年租户及公馆赁住者，亦以久占低价便宜，不肯公道增租，所以市房每间每月无有过 2 元者，公馆居屋亦无有过一元者，统计全年收入仅有一万余元，更以杂捐收入 2000 余元，合共约 15000 余元。遂至入不敷出，历年亏空云"。③ 由于"入不敷出，历年亏空"，广仁堂所设机构也由原设十所十会，今已减为六所两会。即男女慈幼所、济良所、施医所、养病所、庇寒所、寄柩所、掩骼施材会、恤嫠孤贫会和男、女国民学校。

尽管如此，在烟台红卍字会创办的恤养院（20 世纪 30 年代）出现之前，广仁堂仍然是烟台举办慈善项目最多，规模最大的慈善机构。

2. 烟台广仁堂发展

民国时期，烟台广仁堂有了新的发展。如新设残废院、女学校。同时，资金来源主要来自社会捐助。

（1）新设慈善组织。

1916 年，烟台广仁堂增设残废院。"专收容男女老羸残疾不能工作之贫民，由院中供给衣食。而其有子能事奉其亲，或能自食其力者，一概不收。"④

1922 年（民国十一年）广仁堂开办女学校，"则专对堂内之慈幼、济良两所各妇女，施以相当之教授，但工读参半。该堂外之贫家幼女，亦肯收容云"。⑤

该校性质属半工半读，不招外生，只就在堂妇女。教授浅显易明文字。俾该等择配出堂时。得有执掌家事能力。其教授科目分国语、模范公民、常识、珠

---

① 《吴永致盛宣怀函，民国二年九月十七日》，盛宣怀档案，香港中文大学数码典藏，档号：sxh49-0016。

② 《山东行政公署指令：第二千八百号：令胶东观察使：财政司案呈该观察使呈请照案拨还米折以维善举一案》，《山东公报》1913 年第 122 期，第 9 页。

③ 郑千里：《烟台要览》，烟台要览编纂局 1923 年版。

④ 刘精一等：《烟台概览》，复兴印刷书局 1937 年版，第 76 页。

⑤ 郑千里：《烟台要览》（下册，慈善篇），烟台要览编纂局 1923 年版。

算、体育等。一切书籍文具等费，悉由堂中供。①

（2）社会捐款。

广仁堂由官办改为官商合办后，资金来源主要来自社会捐助。下面是一些捐款报道：

牟平商人张宗桂（张颜山）"民国八年（1919 年）捐助胶东第一广仁堂二千元、庇寒所一千元、烟台贫民工厂一万七千五百二十七元，总计捐款二万元以上"。②

1933 年 6 月，《东海日报》登载，烟台公安局张局长，"为接济广仁堂残废病人养膳，筹助苞米三千斤"。③ 广仁堂复函答谢：

迳复者，顷奉大函，聆悉一是，承赐苞米三千斤，专济残废病人，足见热忱恤黎，曷胜感戴，业将原米三千斤，遵入敝堂，以资养膳必要之需，除声明各董事，暨众病民，共颂盛德，并登报鸣谢外，相应函覆查照是荷，此致烟台公安局。④

1933 年 12 月 16 日《东海日报》登载《胶东第一广仁堂通告》：山东第十三区烟酒稽征分局捐助本堂庇寒所冬季粥厂大洋二百元整，特此登诸报端以表感谢之意。胶东第一广仁堂谨启。⑤

由于大量来自绅商、政府机构的捐款，20 世纪 30 年代后，尽管烟台红卍字会开办的恤养院成为"烟市第一慈善机构"，但广仁堂在烟台慈善领域仍然占有一席之地。正如《烟台概览》中提到烟台广仁堂"现经费虽形支绌堪虞，而举办事业，却较前增多。总计共十有三项"。⑥

附：烟台广仁善堂碑记

三等嘉禾章上大夫山东胶东道道尹兼外交部烟台交涉员吴县吴永撰并书。

宣尼重施济，释迦尚慈悲。宗教虽殊，其旨一也。末劫颓波，罕明斯义，婆心捄世，其惟武进宫保尚书盛公乎？公名宣怀，字杏荪，江苏武进人也。其吁谟伟略，显秩雄贤，中外士夫，咸所叹仰。赫然襮著，无待重陈矣。公于胶东功德尤溥。昔以兵备兼榷海关。广仁庇寒，次第兴举，宏

---

① ⑥　刘精一等：《烟台概览》，复兴印刷书局 1937 年版，第 76 页。

② 　《中华民国褒扬令集：初编》，1984 年版。

③ ④　《公安局筹助苞米，接济病黎膳养。广仁堂复函表谢忱》，《东海日报》，1933 年 6 月 8 日。

⑤ 　《胶东第一广仁堂通告》，《东海日报》，1933 年 12 月 16 日。

规无替，以迄于今。计公移莅二十余载，义浆仁粟，源源而来，岁以为常，不惮暑刻。捐助金币，普度恒沙，全活饥民历年莫算已。世常谓古今人不相及。如鲁子敬、郭令公、范文正父子豪情，胜慨史策，艳称传播千秋，遂成殊邈。今以公例之，较其广狭久暂，果孰劣而孰优欤？永忝据溟藩，萧规是继。与公密戚相知尤深。兹徇胶东父老之请，将勒贞珉，事属当仁，勿敢溢美，昭兹来许，其在斯乎？

中华民国五年岁在丙辰春三月①

表7-2　民国不同时期，广仁堂所设机构

《烟台要览》（1923年）	《烟台概览》（1937年）	《烟台大观》（1941年）
1. 男女慈幼所	1. 济良所	1. 女慈幼所
2. 济良所	2. 慈幼所	2. 济良所
3. 施医所	3. 女学校	3. 施医所
4. 养病所	4. 施医所	4. 备棺会
5. 庇寒所	5. 庇寒所	5. 掩骼会
6. 寄柩所	6. 养病所	6. 恤嫠会
7. 掩骼施材会	7. 残废院	7. 孤贫会
8. 恤嫠孤贫会	8. 备棺会	8. 惜字会
9. 男女国民学校	9. 掩骨会	9. 庇寒所
	10. 恤嫠会	10. 残废院
	11. 惜字会	11. 饭场
	12. 暖粥厂	12. 初级小学

资料来源：郑千里：《烟台要览》（下册，慈善篇）烟台要览编纂局1923年版；刘精一等：《烟台概览》，复兴印刷书局1937年版；池田薰、刘云楼：《烟台大观》，鲁东日报社1941年版。

二、近代新设的救济机构

1928年后，随着南京国民政府建立和对慈善救济事业的重视，官办慈善组织得到迅速发展，如赈务分会、救济院、贫民工厂等。其中，救济院是这一时期

---

① 沈云龙主编：《愚斋存稿》（卷1-25）奏疏·电奏·电报，文海出版社1974年版，第2120页。

代表性的慈善组织。

（一）赈务分会

南京国民政府在成立之初，并没有设立专门的机构管理慈善救济事务，赈济事务由内政部主管。1929 年，为了统一全国赈灾事务，国民政府将赈济事务从内政部划出，并裁撤地区性赈灾事务机构，成立了赈灾委员会，为全国最高赈灾机构。赈灾委员会最初直属于国民政府，后改属行政院。1930 年赈灾委员会改组为赈务委员会，主管救济工作，负责对因水、旱、蝗、雹等灾害的难民的救济。

南京国民政府建立后，国民政府于 1930 年 5 月颁布了《各省赈务会组织章程》，规定"凡被灾省份为办理本省赈务，设省赈务会"。①

1928 年 8 月，山东省赈务会成立，办理全省赈济、慈善事业。山东省赈务会是山东省最高官办救济机构。其后，各县赈务分会纷纷成立，它们大多于 1928～1932 年（民国十七年至二十一年）陆续设立。救灾与济贫兼顾。烟台下属各县设有赈务分会的有：掖县赈务分会、蓬莱赈务分会、招远赈务分会、牟平赈务分会和栖霞赈务分会。

其中，掖县赈务分会设立于 1929 年。"公推地方士绅七人为该会委员，并推委员宋振翮为主席，于十八年蒙省赈务会发款洋三千元，历年贷息共积存账款洋四千元。至该分会经费由县地方款支销。"②

（二）救济院

救济院是民国时期设立的官办慈善机构。

1928 年 5 月，南京政府内政部颁发各地的《各地方救济院规则》。该规则是南京政府成立后颁行的第一部专门救济法规③，也是政府第一次将长期以来纷乱繁杂的救济设施名称作了统一规范④。

《各地方救济院规则》要求"各省区、各特别市、各县市政府，为教养无自救力的老、幼、残废人，并保护贫民健康、救济贫民计，于各该省区、省会、特别市政府及县市政府所在地，应依规定设立救济院，各县、乡、区、村、镇人口较繁处所，也得酌量情形设立"。救济院内分设"一、养老所，二、孤儿所，

---

① 蔡鸿源：《民国法规集成（39 册）》，黄山书社 1999 年版，第 502 页。
② 《四续掖县志》（卷三），第 37 页。
③ 岳宗福：《近代中国社会保障立法研究（1912–1949）》，齐鲁书社 2006 年版，第 230 页。
④ 蔡勤禹：《国家、社会与弱势群体：民国时期的社会救济（1927–1949）》，天津人民出版社 2002 年版。

三、残废所，四、育婴所，五、施医所，六、贷款所，各县各普通市及乡、区、村、镇设立救济院。对于前项列举各所，得分别缓急、次第筹办，也可斟酌各地方经济情形，合并办理"。

此外，该规则规定救济院经费的筹集和使用实行基金化管理，基金由各地方收入内酌量补助或设法筹募，救济院基金无论何项情形不得移作别用。这些经费应分别列入省预算及县地方预算作为固定之款，不得挪减，这是民国政府首次在法律上将救济经费明确列入政府预算。

内政部于1930年、1931年、1932年三次迭催各地政府依法举办。"当时文登、掖县、黄县、龙口，均皆分别成立了救济院，这是官办的慈善机构。"①

而在1936年出版的《内政年鉴》一书中，山东省设立的救济院共11处，烟台地区只有掖县、黄县设有救济院。②

1. 掖县救济院

1931年10月，掖县救济院设立。县长马镇藩委任张震、翟震起分别为院长、副院长，准假关岳庙为临时办公室。

（1）掖县救济院内部设有六所：养老所、孤儿所、残废所、育婴所、施医所、贷款所。在《四续掖县志》中，关于掖县救济院六所的设置：

于普济堂东院设置养老残废所，收养衰老残废。又于普济堂西院设置育婴孤儿所，收容婴孩孤儿。于乡贤祠设立施医所，先办种痘施药等事。假财政局设贷款所，以便贫民贷款，均隶属于救济院。复于三元宫设男附住所，于普济堂女住所改设女附住所，俾羸贫男妇得以临时庇寒，由养老残废所兼管。③

（2）掖县救济院经费来源主要是旧普济堂义田地租、临时基金和善士捐款。

一是旧普济堂义田地租。掖县救济院所需经费"除旧普济堂义田地租，岁发孤贫口粮，余款仍按年拨充育婴孤儿所经费……又将广仁堂接管，育婴堂地九亩五分二厘六毫交院接管收租，以充本院经费"。④

二是临时基金。1933年，"县长赵鸿泽拨发大洋一百五十五元六角四分七厘，京钱三仟九百三十三吊六百三十文交院，充临时基金，发商生息"。此外，又从"曲捐项下提洋二百元，充贷款所贷款基金外并无的款"。⑤另外临时接济者，"则马县长镇藩捐洋一百元，又筹捐洋三百七十元。刘县长国斌筹发罚款洋一百四十四元。节经支充历年经费"。⑥

三是善士捐款。"其善士捐款指定用途者，则以王同方捐施医所、养老所、残废所洋一百元。杨尽臣、杨丛肇、杨新、姜从新等共捐小学开办费洋一百元为

---

① 烟台市民政志编纂办公室：《烟台民政志》，1987年版，第559页。
② 内政部年鉴编纂委员会：《内政年鉴》（第1册），商务印书馆1936年版，第391页。
③④⑤⑥ 《四续掖县志》（卷三，"慈善"）。

大宗。各绅商亦有零星捐助。"惟收养既众，食指日繁，尚待厚积基金，俾资善后。①

2. 龙口救济院

龙口救济院 1930 年设立，由王惠堂先生所设之利济会改组而成。首任院长王惠堂，1933 年王惠堂去世，继任者孙子浮。龙口救济院经民政厅立案，内容设施，悉遵内政部规定之救济院条例办理。内部主要设置养老所、孤儿所、育婴所。另外还设有冬季施粥厂、夏季施药茶两部。

龙口救济院内部机构设置：

（一）养老所——养老所常年收养孤苦无告之衰老贫人，约二十余人，均年在六七十岁以上。彼等已无力工作，故除供给衣食住宿之外，并无其他劳作之组织。

（二）孤儿所——孤儿所常年收养之孤儿十余人，贫儿约二十余人。设初级小学一所施以教育，归本县教育局直辖，成绩尚有可观。该校除孤儿所收养之学童外，并有纳费学生三四十人。课外组织有小学生读书会、音乐团、武术团等。

（三）育婴所——该院所办事业中，惟育婴所竟同虚设，从未收有婴儿。揆厥原因，由于龙口商埠之区，距乡村较远，往来多感不便，不能迳为送入，良深可惜。

（四）冬季施粥厂。

（五）夏季施药茶两部。②

在龙口救济院的这些内部机构中，以"施粥厂为最著"。

龙口救济院施粥厂设有筹款委员。1934 年，"仲长春、王兰圃、徐周庭、戚福庭四君为筹款委员"。③ 放粥办法由救济院委员会议议决。

施粥时间："为救济贫民，每届寒季，即行施放米粥三个月。" 1934 年冬天，定于"十二月七日起，至来年三月四日止。每日两次，上午九时至十时，下午三时至四时，为贫民来院吃粥时间"。④

（三）贫民工厂

贫民工厂也被称为平民工厂、厚生工厂、贫民工作所等。

清末民初，山东各地出现一批为贫穷者（流民或轻微犯罪者）提供谋生场所、教授其谋生技能的慈善救济机构，如教养局、平民工厂、感化工厂等。

清末山东巡抚袁世凯就曾在济南设立过教养局、工艺局。1904 年，山东布

---

① 《四续掖县志》（卷三，"慈善"）。
② 《龙口救济院访问记》，《黄县民友》，1934 年第 2 卷第 40 期，第 16 页。
③④ 《龙口救济院筹备寒季施粥——黄县民友》1934 年第 2 卷第 47 期。

政使胡廷干上奏："凡富民以农利为先，而教养无业闲民，则以工艺为急。东省人多田少，不敷耕种，连年河水冲没闲民日多，弱者坐守饥困，黠者流为剽窃。是以曹州东昌等属，历年多盗，诛不胜诛，良由年壮游闲，迫而为此。前升任抚臣袁世凯，审知其故，先就省城设立教养局，专教贫民无业者，学做粗工；另设工艺一局，考求各项精巧工作，如范金、冶铁、织绣、雕嵌之类，以为全省工艺模范。"①

随着晚清政府的瓦解，工艺局也名存实亡。民国初年游民人数有增无减，为应对这种局势，北洋政府参照和借鉴前清的经验，于 1915 年 4 月 12 日，制定并公布了《游民习艺所章程》。该章程是民国最早的社会救济法令。虽然这种游民习艺所因经费、人员等困难，在当时未能陆续推广，收效甚微。岳宗福认为，该章程具有两方面的重要意义。首先，政府开始以更积极的姿态介入社会救济事业，且突破传统社会救济单纯"收养"的模式，使救济兼具义务教育、职业训练等多种社会功能；其次，该章程是迄今民国北洋政府颁行的唯一一部专门的救济法规，明确规定了非纳费制和无偿救助的方式，其代表着由原来官府的施舍行为渐变为政府的当然责任或义务，这在中国近代历史上也是一个显著的进步。

民国时期，烟台地区有烟台贫民工厂、牟平平民工厂等。烟台贫民工厂创办于北洋政府时期，其他各县平民工厂，如牟平平民工厂创办于南京国民政府时期。

1. 烟台贫民工厂

烟台贫民工厂创办于 1919 年，"亦为烟台公立之慈善机构……是澹台玉田君因感于广仁堂之腐败不堪，乃创此以谋实惠贫民者也"。②

烟台贫民工厂开办经费来源，一由出售彩票所得之纯利，一由地方慈善家之捐输。起初省政府批准由广仁堂拨款创立贫民工厂。但因广仁堂拨款不足以建设贫民工厂，遂由烟台警察厅厅长徐朝桐和烟台总商会会长澹台宝莲（即澹台玉田）牵头，在上海、北京、天津、济南、青岛、奉天、汉口、哈尔滨、长春、营口、龙口等处举办烟台贫民工厂奖券销售，以给奖余款作工厂开办费。贫民工厂奖券定额 2 万张。

烟台总商会寄给各地商会的《关于筹设烟台贫民工厂等事宜的笺函》，其内容如下：

敬启者，近以鲁省贫民过多，生计维艰，由敝会会同烟埠官绅等界，筹设烟台贫民工厂，刻已将房地购造妥当，惟开办巨款促不易办，特呈请山东省长准予

---

① 《中国近代手工业史资料（1840—1949）》第二卷，第 534 页。
② 郑千里：《烟台要览》（下册，慈善篇），烟台要览编纂局 1923 年版。

由敝会发售，烟台贫民工厂奖券一次，计共二万号，所得余利尽数充作贫民工厂开办经费，业蒙批准在案。伏恩。

先生关怀桑梓，热心善举，对于本省慈善义务素常，莫不竭力赞助，敝会同人早深钦佩，刻下奖券业已印齐发售，兹特预寄批发给奖章程各一份先请察阅，随后另寄奖券肯予代为批发售卖，务乞费神惠赐办理，将来该贫民等享受幸福，定皆讴颂。①

1919 年，烟台贫民工厂正式开业。"厂内置职员八人，经理以下有管理员一人，会计一人，监工技师若干人，书记一人，庶务司事计三人，巡警三人，夫役五人。"②

贫民工厂内部分：

工艺分染织、藤竹、织带、攻木、毛巾、纺绳、缝纫、鞋工八部。工徒 200 名，以十二三岁之童子，约占 3/4，每日习工以外，复轮流上班练习汉文。目下制造品，有各色条布，丝光提花布，各色腿带，洋灯芯毛巾，斜纹台布，藤竹器具，中西各式木器家具，包做衣服，中西各式木件杂物。包做衣服，中西学士操衣、军警制服，各样时式缎鞋布鞋及粗细麻绳等类。

该厂亦极注意卫生，内容井井有条，故秩序甚属可观。常年经费需一万四、五千余元，工作盈余可四、五千元。不敷之款，由商会设法维持之。③

20 世纪 30 年代初，澹台玉田辞去商会会长职后，贫民工厂由商会接管。商会"历年拨银两千两补助。嗣因商会经费不足，补费停发，遂致亏累以迄于今"。④

2. 各县平民工厂

1932 年 9 月，南京政府实业部、内政部颁布《县市设立民生工厂办法》及县市政府《劝办工厂考成条例草案》，通咨各省市办理。各省遂纷纷设立市民工厂。1934 年，山东省平民工厂"颇为发达，现在各县已一律具报成立。各厂组织，除特殊情形设有专任副厂长负责办理外，其余一律由各县政府第四科科长兼任厂长，工商技术员兼任副厂长；此外尚有事务员及工程师等。至工人工徒额数，多少不一，所需基金，均系由地方款项下划拨，所设科目，以染织最多"。其概况如表 7-3 所示：

---

①　《关于筹设烟台贫民工厂等事宜的笺函》，青岛市档案馆，档号：qdB0038-001-00403-0082。

②③　郑千里：《烟台要览》（下册，慈善篇），烟台要览编纂局 1923 年版。

④　民国时期文献保护中心、中国社会科学近代史研究所：《民国文献类编续编》（政治卷），第 155、158 页。

表 7-3　1934 年烟台各县平民工厂概况一览

县别	基金数目（元）	工业别	职员人数（人）	工人人数（人）	工徒人数（人）	成立时间	备考
福山	4871.460	染织	4	3	9	1921 年 5 月	
蓬莱	4283.280	机织	4	1	7	1921 年 2 月	
黄县	3700.000	机织	4	2	6	1921 年 3 月	
栖霞	7858.000	染织	5	5	12	1920 年 4 月	
招远	1629.840	机织	4	1	9	1921 年 4 月	
莱阳	5365.898	染织	4	5	16	1920 年 5 月	
牟平	1367.885	机制	3	2	6	1921 年 4 月	
海阳	5260.000	机制	4	2	8	1920 年 4 月	
掖县	2061.543	染织	4	2	8	1921 年 7 月	

　　资料来源：实业部中国劳动年鉴编纂委员会：《山东省平民工厂》，《中国劳动年鉴》，1934 年 12 月，第 250 页。

　　在这些平民工厂中，牟平县曾经办过两次平民工厂。

　　第一次开办平民工厂是在 1912 年。牟平"普济堂改为平民工厂，收养无业乞讨人员，教导手工业生产以自食其力，其资金多摊募于工商界。后因经费不济，自行解散"。[①]

　　第二次开办平民工厂是在 1933 年。由县建设局所创办，后改归四科管理，才改称平民工厂。牟平平民工厂"以正副厂长二人，事务员一人，工师一人，工人三，工徒六，工友一组织之；其出品为粗线男袜，披线女袜，平均每日出二十五打；基金则由建设特捐、建设临时费、地方预备费、实业费、四项下，先后共拨三千九百五十元。开办之初，偏重教养，致亏成本千元以上，今已改趋营业一途，专谋生产矣"。[②]

三、其他社会机构所办慈善事业

　　除上述官办慈善机构外，民国时期的烟台还设有许多民办慈善机构或从事慈善事业的民间组织。如同善社、红卍字会、白卍字会、慈光社、万国道德会、进

---

　　① 山东省牟平县县志编纂委员会：《牟平县志》，科学普及出版社 1991 年版，第 451 页。

　　② 《牟平县志》，第 624 页。

德会等。

（一）烟台同善社

同善社亦称"孔圣教""中和道""孔孟大道""民德社""忠恕道""同善堂""合一会""至善堂""中国福善社""中国三教合一会"等，是民国年间会道门之一。1917 年于北京成立总社，名"洪信祥"。其后在北洋政府支持下，于全国各地广设省级分社组织，省社下设县社，统称"先觉祠"。各乡镇基层组织称"事务所"，成为一个号称信徒 3000 万的会道门组织。

同善社烟台分社成立于 1920 年 1 月 13 日。在此前后，掖县、沙河各分社相继成立。威海卫分社于同年 6 月 12 日成立。

烟台同善社设在会英街。正善长：姚明仁（志道），副善长：龚殿康（湘玉）、凌信煦（云苏）。其宗旨为"劝善规过，正心修身"。纲领为：孝、悌、忠、信、礼、义、廉、耻。[①]

烟台同善社设有总理，闻廷玉（筱珊）督率职员，下分文牍、收支、稽查、庶务、交际等科，办理社中各事。善员计千余人。烟台同善社还设有国学专修馆，校长姚明仁。

烟台同善社所办慈善事实："为保全节孝，施送医药，宣讲道德，印送善书，兴办国学，收检字纸，行方便事，设因利部等事云。"[②]

其中，印送善书是烟台分社的其中一项善举。烟台同善社曾在 1920 年、1921 年刊印了两期《同善实言》，分别介绍该分社的成立经过和一年来的会务。还曾印刷过善书《劝善真言》，是"参酌汕头同善分社《劝世俗言》而改编的。直鲁助赈是应直隶同善社的来信举办的，共募集大洋 56 元"。[③]

1928 年 10 月 21 日，国民政府通令全国各地查禁悟善社、同善社和道院。"案查悟善社、同善社及道院等迷信机关，设坛开乩，宣传迷信，不但妖言惑众，且于进化之理不合，亟应严行查禁，以免淆惑听闻。合行令仰各省市政府将悟善社、同善社等机关，即日关闭，并妥善处理其财产，作为慈善公益之用，并将办理情形，随时具报等语。"[④] 同善社和道院都因设坛扶乩，同时遭禁。但掖县同善社仍然继续存在，在 1941 年东亚宗教协会编写的《华北宗教年鉴》中，掖县同善社仍名列于山东省慈善团体之中。

---

①② 郑千里：《烟台要览》（下册，慈善篇），烟台要览编纂局 1923 年版。

③ 邵雍：《中国会道门》，上海人民出版社 1997 年版，第 177 页。

④ 《国府令查禁各迷信机关悟善社同善社等》，《益世报》，1928 年 10 月 22 日。

（二）万国道德会烟台分会

万国道德会又称道德会、孔教道德会，是会道门之一。1921 年 9 月 28 日，由江寿峰、江希张父子发起，成立于山东泰安。万国道德会提倡尊孔读经，宣扬封建道德。"崇奉孔子及其四大弟子，并采佛、道、耶、回四教的教义精神，融合于儒教之中。在刊印的经典书籍中，宣扬儒教的五伦八德，并渗入了五行生克的性命学，提倡旧道德、旧礼教。"① 万国道德会也举办慈善事业，如义学、安老院、怀少园等。

万国道德会烟台分会，地址惠通街。以实行"利民生、启民智、敦明德"为宗旨。会长曹绍斋，曾充烟台道德中小学校校长，教育会执行委员，北平道德总会理事长。委员：崔葆生、邹子敏、陈成九、童万顺、刘汉舫、吕永南、牟子宏、朱玉田、马翼君、王新谷、王震东、王泰海。男女会员共 572 人。

万国道德会烟台分会举办的慈善事业主要是办学校。万国道德会规定："各分会所在地须设民众学校、女子义务教育学校及初高小学校。所开课程中，尤为重视妇女识字及家庭教育、社会常识等内容。"② 1928 年，万国道德会烟台分会设立之学校"共有七处。计中等学校一处，小学一处，小学分校五处，共计学生七百一十一名"。③

万国道德会烟台分会设立的学校名称及人数如表 7-4 所示：

表 7-4　1928 年万国道德会烟台分会设立学校

	中等学校	道德初级中学	学生 65 名
道德会设立学校	小学校	道德小学本部	学生 200 名
		第一分校	学生 95 名
		第二分校	学生 75 名
		第三分校	学生 92 名
		第五分校	学生 88 名
		第六分校	学生 96 名

资料来源：山东省教育厅：《山东省政府教育厅视察报告（第一集）》，1930 年 11 月 1 日。

此外，万国道德会烟台分会还广设讲演练习班及讲演团，分赴各乡，宣传其改建社会、赈济灾民的宗旨。

---

① 陆仲伟：《中国秘密社会》第五卷，民国会道门，福建人民出版社 2002 年版，第 130 页。
②③ 山东省教育厅：《山东省政府教育厅视察报告（第一集）》，1930 年 11 月 1 日。

（三）烟台慈光社

烟台慈光社成立于民国五年（1916 年）。主办人为迟瑞五，社址设于永隆街，以周济贫民、施药为主旨。另外烟台慈光社也积极参与社会赈灾事业。

1935 年全国多省发生大水灾，烟台慈光社多次向世界红卍字会天津主会汇去赈款、棉衣，天津《益世报》特意为烟台慈光社发布劝捐启示：

今年江河为患，无分南北，祸延数省，遍地哀鸿。虽各报披露情形历历而动于中，然贵报登载则尤详而且尽，其调查之周确，劝告之剀切，俾阅者悚于目，而动于中，使妇孺亦知救灾拯溺为急务，诚劝世之目铎，灾民之福星。受赐者多，固不止百千万亿。敝社征末团结，心余力拙，会已勉随人后，捐集四千元，付红卍字会，南北散放。复因近邑灾民麋集，又募五百元，交该地善社处分。迩来瞬届严冬，灾民饥寒堪虞，故特竭尽绵薄，又募得二千元，情知杯水车薪，于事何济？独是为数虽微，欲施放于惨苦之尤，所虑见闻较狭，无当于最急之地，仰悉贵报将灾区较甚较重之处，详为分别揭载，俾便支配，速为汇往。庶涸辙之鲋，得之立见复苏，微尘之末，逢之适当其用。贵社实事求是，当蒙不吝珠玉。专此顺颂，台绥。烟台慈光社启。①

（四）世界白卍字会烟台分会

世界白卍字会烟台分会，设于烟台北大街。"民国十九年（1930 年）由崔葆生创办，专以行慈善事业为宗旨，其举办事项，计有施药、济贫、施诊、赈灾。并创办开化初级小学一处，入会人数男一千四百名，女五百三十口。该会亦区内有数之慈善团体也。"②

（五）烟台青年会

基督教青年会是中国近代以来一个极具影响力的宗教性团体。烟台设有青年会和女青年会。

1. 烟台青年会

烟台青年会，即烟台中华基督青年会，创始于 1903 年，发起人为实益学馆馆主韦丰年（George Cornwell）先生。青年会会址在广仁路，以"德智体群四育，养成青年完全人格服务社会"为宗旨。

烟台青年会内部组织结构实行董事会领导下的总干事负责制。1940 年时，烟台青年会"现任总干事王震东。内部组织，略分董事部、干事部。董事部事长

---

① 《烟台慈光社再交二千元救灾》，《益世报》（天津版），1935 年 10 月 10 日。

② 刘精一等：《烟台概览》，复兴印刷书局 1937 年版，第 76 页。

王敬五，内设德智体群四部委员会。干事部内分少年部、学生事业部、会员部、体育部图书馆部、庶务部。共有会员千余人。举办之事项，为提倡社会体育、教育、德育等事项，颇有成绩"。①

2. 烟台青年会与平民教育

烟台青年会"为我国平民教育开办最早者"。② 烟台青年会开办平民教育背景。民国以降，中国社会发生了急剧变化，人们对世界的认识也发生了改变。基督教青年会作为以社会福音为理念的宗教性团体，对于中国数目庞大的文盲群体格外关注，并生出强烈变革之心。它通过晏阳初领导的平民教育科及其之后的中华平教总会，完成了全国性平民教育运动的试验。③ 正是在这一背景之下，烟台青年会在青年会全国协会以及平教总会的指导下开办平民教育，成为20世纪20年代当地平民教育运动高潮的重要推动者。

1923 年，烟台青年会组织平民教育运动。设立平民教育董事部、执行部。董事部下设校长、副校长和董事。执行部下又分经济委办、布告委办、地点委办、教员委办和学生委办五个办事部门。澹台玉田为正校长，于子明为正部长，其余各委办均选各界要人与热心教育的人担任。执行干事是王震东。

同时，青年会将烟台平民教育运动分为四大区：西南河以西为西区、盂兰会以南为南区、盂兰会以北为北区、东河以东为东区。每区都设有若干平民教育学校，由义务老师授课。

1924 年《时事新报》记者采访上海全国青年会协会平民教育部干事傅若愚，傅对烟台的平民教育赞美有加：

烟台为我国平民教育开办最早者，自去春开办迄今，已毕业三次。去年二次毕业学生有二千五百余名之多。本届毕业学生，有一千二百余名，刻下统计平民学校有七十余所、分初级与高级两种。初级去年春季办起，一概用平民千字课主重识字，高级自去年秋季办起，收招在初级学业之学生。

科目有四。（甲）平民书信。（乙）平民算法。（丙）平民地理。（丁）平民历史。

注重平民之常识，此外尚有已毕业之平民，学生所组织之平民同学会，其组织法有正副会长暨书记、会计各一人，并有名人演讲、研究学问、服务社会等事业，每星期出平民报章一纸，专载平民常识及一切浅近之应用文字，以补助平民

---

① 池田薰、刘云楼：《烟台大观》，鲁东日报社 1940 年版。
② 烟台为我国平民教育开办最早者，《时事新报》，1924 年 7 月 30 日。
③ 郑利群：《中国化与专业化：基督教青年会与近代平民教育——以广州青年会为例》，《澳门理工学报》，2019 年 1 月。

之智识。①

烟台青年会还邀请上海晏阳初、刘湛恩、傅若愚三博士，来烟演讲，开露天大会。1923 年 8 月 1 日举行毕业典礼。烟台青年会特请前国务总理熊希龄夫人朱其慧亲临烟台，发给学生"识字国民证书"，并发表了热情洋溢的讲话。称道这种教育："这才是自由平等的人民教育！这才是实现人民政治的真正方法。这就是教育的民主，这就是民主的教育。"②

（六）女青年会

基督教女青年会是世界上最大的妇女组织。1855 年由英国人金纳德夫创办于伦敦。1890 年传入中国，1926 年春烟台女青年会成立。1926 年 11 月 13 日，烟台女青年会举行正式成立大会。烟台女青年会的会训是"尔识真理，真理释尔"。宗旨是"本基督教精神，促进妇女德、智、体、群四育之发展，俾有健全之人格团契之精神，服务社会，造福人群"。该会初在三马路租赁房屋，后新建会所。

烟台女青年会实行董事会领导下的总干事负责制。内部设董事部和干事部。董事部为权力机构，董事必须由责任会员（即基督教徒）选举或当选。非基督教徒的会员则不参加选举或当选。选出董事后，再由董事选出董事会的正副会长。烟台女青年会历任会长有：1925 年筹备会会长郑文应夫人，1927 年高仪廷夫人，1931 年时香雪女士，1934 年于仁斋夫人，1935 年马刘馨山。

干事部设总干事一人，各部主任干事一人，干事若干人。据记载：1935 年有会员 360 名。干事部设总副干事各一人，总理全部事务。下设四部：德育部、智育部、体育部、群育部，每部均设干事一人。所有总、副干事及干事，均由董事会聘任。担任过总干事的有王秀卿、滕书霞（1935 年）等。担任过干事的有袁荷莲、陶玲（冰心燕大同学）、刘纪华（冰心三弟谢冰季夫人）、张默生（烟台中学（省立八中）校长夫人等。她们都是近代烟台各界社会精英或社会名流。

烟台女青年会主办的慈善事业主要有幼儿园和平民学校等。

1. 幼儿园

烟台女青年会成立后，即创办幼儿园。幼儿园园内一切设施均按教育部定章。女青年会经常举行母亲研究会、儿童幸福运动、儿童健康比赛和夏令儿童义务教育班等活动，促进幼儿成长。具体内容如下：

（1）保障儿童健康。每届学期开始，延请泰康医院院长陈兴九检查儿童之体格，凡有病症者，皆分别通知其家长，令其迅速诊治，籍保健康。

---

① 《烟台平民教育情形，傅若愚君之谈话》，《时事新报》，1924 年 7 月 30 日。
② 吴相湘：《晏阳初传》，岳麓书社 2001 年版，第 62 页。

（2）家庭学员密切合作，教师与每学期中期，亲访学生之家长，调查儿童在家庭中之习惯动作与背景。以便纠正其习惯。

（3）女青年会专门研究儿童之心理及养育之方法，使其认识儿童之时代并介绍有关家政儿童幸福之刊物。每学期举行小组母亲会三次，恳亲会两次，参加人数200余名。1934年春期特请王振华夫人教授中外小儿穿衣服，以美观、卫生、经济、合乎儿童卫生为目的。秋期又请高馨芝夫人、顾实鼎夫人教以各种毛织品之做法。不但花样新颖雅观，且坚固适用。参加者三十余人，获益良多。

（4）举行儿童幸福运动。每年暑期，利用闲人、闲时、闲房，开设夏令儿童会，招收家道贫寒，年龄自6岁以上12岁以下之男女儿童，施以义务教育。1935年请刘文秀、曹秉云、高俊儒等五位女士担任教员，参加70余名儿童。以培养其人格，灌输其国民常识，养成活泼健美的儿童生活为目标。

烟台女青年会几乎成为"烟台服务儿童之正式机关"。据统计，到1935年，烟台女青年会幼儿园已有十载毕业生，850余名肄业生，250余名毕业生。为近代烟台儿童教育贡献甚大。①

2. 平民学校

近代烟台手工业发达，工厂林立，从事手工艺之女工为数甚多，女青年会特设立平民学校。女青年会设立的平民学校分普通班和特级班。

普通班全年设有十班，男女各半。计高级两班，初级四班，肄业生341名，毕业生209名。课程系采用江苏省立学校民众教育读本，外加唱歌游戏，以助精神之娱乐。毕业后，简单书信账目，皆可自理。

特级班是针对年长家庭困难不能升学的女工所设。分甲乙两班。有劳工干事负责教以劳工尺牍、地理、常识、经济等课目，以促进其自身觉悟，有创造新生活的能力。

到1935年时，烟台女青年会平民学校毕业生已达五千余人，多服务于低级社会各类职业中。1935年试请女毕业生高玉英、周月珍、王月英、吴月缘四人担任平校教员，教学成绩，甚为优良。正如陶行知先生所倡行之小先生制度。实为普及教育减少文盲之最有效之方法②。

此外，烟台女青年会还每年为平民施种牛痘。1933年春，"特请阎介圃、阎筱锐、刘大房、施伟常、灵淑卿等医士，分四日施种三百余人"。③

本章小结

民国时期，烟台民办慈善救济事业发展较快。北洋政府时期，由于政局动

---

① ② 《烟台中华基督教女青年会会务特刊》，中华基督教女青年会印1935年版。
③ 《女青年月刊》1933年第12卷第6期，第80页。

荡,慈善救助以民间慈善为主。传统时期保留下来的救济组织如普济堂、养济院、广仁堂、仓储机构等仍然发挥一定的作用。在此期间,烟台商会创办了近代慈善机构贫民工厂。南京国民政府建立后,成立了以赈务会、救济院为代表的官办慈善组织。但民间社会慈善机构仍占主导地位。如烟台红卍字会、白卍字会、同善社、万国道德会、慈光社、青年会等。官办慈善组织与民办慈善机构共同成为慈善救济事业的主体。

第八章　烟台红十字会

中国红十字会是民国时期的三大慈善组织之一①，主要从事战地救护与医疗。中国红十字会的创建与烟台有着深深的渊源，早在 1904 年中国最早的红十字组织创建之前，烟台就于 1895 年创建了中国第一批红十字会医院之一的芝罘红十字会医院。1904 年，烟台就开设了中国第一批万国红十字会分会，也是山东第一家和唯一一家红十字分会。近代烟台红十字会的慈善救济活动，构成了近代山东乃至中国慈善史的重要内容。

一、芝罘红十字会医院

1894 年甲午中日战争爆发。战争爆发后，对于伤兵救助问题，成为一些有识之士关注的问题。烟台由于其特殊的地理位置，北接辽东，东连威海，再加上烟台作为北方最早开放的一批通商口岸之一，从而有一批西方医疗传教士来到烟台。因此，中国第一批红十字会医院之一的芝罘红十字会医院在烟台诞生。

（一）战争与芝罘红十字会医院

芝罘红十字会医院的创建与甲午中日战争的战争进程紧密相关。

甲午中日战争以 1894 年 7 月 25 日丰岛海战的爆发为开端。整个战争过程包括三个阶段：

第一阶段，1894 年 7 月 25 日至 9 月 17 日。在朝鲜半岛及海上进行，陆战主要是平壤之战，海战主要是黄海海战。第二阶段，1894 年 9 月 17 日至 11 月 22 日。战争在辽东半岛进行，有鸭绿江防之战和金旅之战。第三阶段，1894 年 11

---

① 另两大慈善组织是华洋义赈会和世界红卍字会。

月 22 日至 1895 年 4 月 17 日。战争在山东半岛和辽东两个战场进行，有威海卫之战和辽东之战。

战争第一阶段，在黄海发生了"高升号事件"。1894 年 7 月 25 日（阴历六月二十三日），清政府租用英国怡和公司的商船高升号，往朝鲜牙山运输士兵和军火辎重，该船驶入朝鲜西海岸丰岛附近海域，遭到日本军舰浪速舰拦截击沉。"约计逃出者二百余人，皆乘倭人轰击纷纷扰扰时，奋力游泳得以保全躯命。"① 其中，"法国兵轮在牙山口外救起被难兵丁 40 余名，于六月廿五日驶至烟台，在广仁堂安插，妥为调治"。② "初一日有德国兵船，装载高升轮船被难兵勇百余名行抵烟台，仍在广仁堂医养。"③

在战争第二阶段，战场在辽东半岛。广仁堂除了救治高升号被难士兵外，还要救治从旅顺逃出的伤兵。

在战争第三阶段，威海卫成为主战场。威海卫之战中，大量受伤士兵运到烟台，单靠广仁堂救助伤兵显然不足。于是，在驻守烟台的清嵩武军总兵孙金彪支持下，"红十字会医生厥司惠也开设医院救治威海卫保卫战中的受伤官兵"。④ 厥司惠即英国内地会医疗传教士稻惟德（Arthur William Douthwaite），他在 1895 年 1 月创建芝罘红十字会医院。据《芝罘学校》一书中记载，稻惟德医生"在内地会疗养院东面腾出一排房子做'接收站'，而疗养院医院则专门收治须住院特别是做手术的伤兵"。芝罘红十字会医院是国内第一批红十字会医院之一，设立时间仅晚于营口红十字医院。

（二）救助受伤清兵

芝罘红十字会医院创办后，在救治伤兵方面发挥了重要作用。医疗传教士稻惟德记录下了当时的救治伤兵情况：

当威海卫受到猛烈的攻击下，中国伤兵源源不绝来到芝罘，许多都是伤势极其严重的，不少还在途中便不治而死去。满地都是积雪，冬天像北极一样的严寒。可怜的将士流着血，耗尽体力，还找不到任何一处避难所。有些以为安全，逃回家乡，却又被战友拉回去，也有因为力尽筋疲，淹死海中。大约有 200 名伤者，身上军服仍染满血蹒跚而行抵达医院，全都是恶劣的症状，双脚都生冻疮。一位军人身上中了七粒子弹，又一位子弹穿过肺部和另一位膝部受伤，都扶着拐杖行了 40 里来到医院。不只全体男女宣教士总动员，连他们的子女也加入抢救，

---

①③　《日人残忍》，《申报》，1894 年 8 月 8 日。

②　《录烟台访事人信述中日交兵事》，《申报》，1894 年 8 月 3 日。

④　《劝助行营医院经费说》，《申报》（上海版），1895 年 2 月 10 日。

也只能收得 163 名中国伤兵在医院留医而已①。

对芝罘红十字会医院的救治情况，在《申报》中也有连续的记载：

威海之战，伤残兵士约千百人，刻已载至烟台求为疗治，所苦烟台只一医士，虽有他人辅助，终难遍应所求。②

目下受伤兵士多往烟台，由医生陶苏偎依脱君（稻惟德）偕同志友人为之敷治，忙迫异常。登莱青道及某武职大员出赀扶之。是处所寓西人，咸以旧布代为包裹，盖亦好行其德者也。华人皆恐惧，不遑相率避难市中，食物购致良难。③

1895 年 2 月，稻惟德在寄给上海著名传教士慕维廉信中，就详细记录了当时芝罘红十字会医院的情况：

目下受伤兵士至烟台求治者实繁有徒。医院中详讯情由。有一人云，小人昆季五人，俱隶名军籍，迤来已死其四，小人尚获生还。当正月十五日，求医者多至一百人，有需用木板夹腿者，有需托其膀臂者，医生忙碌非常。因招英国恩鸣及生都梁二兵船上军医为之襄助，并有教士六人暨女教士三人，料量汤药，英水师提督、领事官及各商皆临医院察视，日来屡有馈药捐赀者，诚可谓好行其德矣。④

（三）资金来源

芝罘红十字会医院救护伤兵，其资金来源除"登莱青道及某武职大员出赀扶之"⑤ 外，更重要的是来自社会捐助。这些社会捐助主要来源有两个。

一是西方人主持的筹资渠道。

芝罘红十字会医院创办后，一度陷入经费和药品不足的困境。"兹以医药资不敷，行将中止，特函请沪上大牧师慕维廉先生出为劝募。"⑥ 慕维廉与"旅居上海的外国人成立了一个红十字会募捐筹款的办事机构，由上海各外国领事、传教士、驻沪外国银行董事自发组成，协调各地红十字会医院的资金周转"⑦。

此后，西方人组成的上海募捐机构收到大量捐款。1895 年 2 月 15 日，《申报》登载了上海"本埠所集行营医院捐资，由汇丰银行汇至北边，已登前报。十九日又汇银六百两，计共汇至牛庄、烟台两处各一千一百两之多矣。慕维廉教

① 林治平、吴昶兴：《跨越三个世纪的传教运动（1865-2015）：内地会来华一百五十周年宣教论文集录》，宇宙光出版社 2016 年版，第 21 页。

② 《劝助行营医院经费说》，《申报》，1895 年 2 月 10 日。

③ 《详译烟台西人信》，《申报》，1895 年 2 月 14 日。

④ 《医院纪闻》，《申报》，1895 年 2 月 15 日。

⑤ 《详译烟台西人信》，《申报》（上海版），1895 年 2 月 14 日。

⑥ 《募捐小引》，《申报》，1895 年 2 月 20 日。

⑦ 宗泽亚：《清日战争》，北京联合出版公司 2012 年版，第 204 页。

士得烟台来信申谢筹捐之谊"。① 1895 年 3 月 9 日，上海"迄今共收到中西官商善士银五千两有奇。已托汇丰银行电汇至营口以及烟台各红十字会施医院银四千两"。②

二是中国人主持的民间筹资渠道。

中国人主持的民间筹资渠道主要有三家义赈机构。这三家机构分别是《申报》馆协赈所、仁济善堂和丝业会馆筹赈公所。

《申报》馆协赈所创办于 1889 年（光绪十五年），是上海大型赈所。从 1895 年 2 月 10 日起，《申报》馆协赈所先后发表多篇劝捐书。如 1895 年 2 月 10 日的《劝助行营医院经费说》、1895 年 2 月 27 日的《武士铭恩》、1895 年 2 月 22 日的《敬募营口烟台军士医伤费》等。《申报》馆协赈所为"红十字会医院募捐到 4500 英镑、白银 1000 两"。③

另外两个民间募捐机构是仁济善堂和丝业会馆筹赈公所。这两个公所都是近代著名慈善家施善昌创办并主持的赈灾机构。上海仁济善堂董事施善昌在《申报》上多次发布劝募启示。"经过半月有余的募捐集得白银 13000 两，由上海英国领事馆转交红十字会医院。"④

此外，瑞士国际红十字会也向清政府捐助药品和钱物。该会闻知清日开战，寄赠药料 30 箱，值银 3000 余两。⑤

（四）芝罘红十字会医院的意义

近代芝罘等红十字会医院的创立，在中国慈善史上有着重要的意义。

一是清政府认识到红十字会医院的重要性。

芝罘等红十字会医院的创立，使中国人、中国慈善组织第一次见识了国际性的战地救护组织的运作方式。在《直隶总督王文韶奏为请奖泰西红十字会医士宝星匾额以昭激劝折》中就对红十字会赞誉有加：

查泰西红十字会专以救人济世为务。凡两国构兵，会中医士在于用兵处设立公所，救治受伤将士，上年中日和北洋虽派有西医委员，在关外设局医治，而受伤弁勇众多，深虑难以遍及，用药尤复不赀，该会总董等闻信，即寄助药料十三箱，约值银三千余两，其窃羁留营口及赴烟台者，会中人亦即代医，又各军载回天津受伤弁勇八百余名，分养中西各医院，该医士等亲奏刀圭，不遗余力，饮膳药资，亦皆出自会中，不取分文酬谢。即李鸿章在马关受伤，亦赖西医疗治速

---

① 《医院纪闻》，《申报》（上海版），1895 年 2 月 15 日。

② 《劝募医伤经费》，《申报》，1895 年 3 月 9 日。

③④⑤ 宗泽亚：《清日战争》北京联合出版公司 2012 年版，第 204 页。

痊，实属心存利济，畛域无分，深堪嘉尚。①

战后，清政府认识到战争医疗的重要性，开始组建随军医院、前敌行营医院以及活用红十字会医院的慈善机能。

二是对中国慈救理念的冲击。

甲午中日战争期间，日本已经成立了救助伤兵难民的红十字会组织——赤十字社，战争期间，赤十字社既救助日本伤兵，也救助中国伤兵难民。这在当时引起轩然大波，认为是国家的耻辱，社会舆论也极力抵制赤十字社救助中国人的行为②。但随着在华教会人士创建红十字会医院救护伤兵，这得到了中国义赈组织的积极支持。"中国义赈组织与西方慈善精神和西方现代性的慈善组织出现了一定程度的认同、互信与融合。从此开始，以西方红十字会精神为中心的现代化的慈善救济思想开始大规模在中国传播，对伤兵和战争难民的救助也开始进入民间慈善组织的视野，而在中国民间慈善组织建设方面也开始了新的制度性探索。"③

二、1904 年的万国红十字会烟台分会

1904 年 2 月，日俄战争在中国东北爆发。为救护日俄战争中受难的东北同胞，上海记名海关道沈敦和联合英国传教士李提摩太及驻沪各国领事，联合英法德美各中立国，设立万国红十字会于上海④。它的成立标志着中国红十字会的诞生。上海万国红十字会（Shanghai International Red Cross Committee）创办后，陆续在战区附近设立了 10 多个分会。其中，万国红十字会烟台分会，是中国第一批红十字会分会，是当时山东第一家，也是唯一一家红十字分会。

（一）烟台分会的设立

1904 年 3 月 10 日上海万国红十字会成立后，就开始救护日俄战争中受难的东北同胞。万国红十字会认识到烟台"去旅顺、青泥洼、牛庄等埠不远，亦应添设分会"。⑤ 1904 年 4 月 7 日，万国红十字会致电烟台招商局总办李载之：沪设中西合办万国红十字会，闻有东三省难民乘民船潜渡，又闻太古、四川等轮船载

---

① 戚其章：《直隶总督王文韶奏为请奖泰西红十字会医士宝星匾额以昭激劝折》，《中日战争》第 3 册，第 644 页。

②③ 靳环宇：《中国民间慈善组织的历史嬗变》，《中州学刊》2006 年第 2 期（总第 152 期）。

④ 《中国红十字会二十年大事纲目》，中国红十字会，第 1 页。

⑤ 《万国红十字会设立金陵烟台分会》，《申报》，1904 年 4 月 12 日。

难民三千数百人，均到烟（台），流离可悯，拟请邀中西商数人为董事合办分会，遇有此种难民，查明酌量接济资遣，款由沪会拨还。各董举定，电示姓名，事关善举，乞速办，先电复。总局暨会董公电。① 同时，万国红十字会还"会同招商总局杨京卿诸公，电请烟台招商局李君载之转邀中西董，次第开办"②。

不久，在烟台招商局总办李载之的组织下，成立了万国红十字会烟台分会。1904 年 5 月 10 日的《申报》刊载了烟台红十字分会中国董事名单：

烟台招商局李载之直刺来书，并烟台红十字分会会董衔名单一纸，谨钞乞登报，惟希公鉴：计开徐凤诏，号五楼，大会首事。刘兆嵩，号云第，洪泰号；梁礼贤，号浩池，顺泰号；张应东，号成卿，张裕公司；范绍颜，号香山，德盛号；唐荣浩，号芝田，小轮公司；万奎基，号坤山，谦益丰；林钟栻，号敬生，广仁堂董事；王庭琛，号屋山，电报局委员；马式金，号聘卿，大关委员；刘毓瀛，号彦之，新关银号委员；徐家璘，号佩棠，毓材学堂委员；李福全，号载之，招商局委员。③

同年 7 月 7 日，《申报》又公布了一份董事名单，这份名单增加了四名西董事。如下：

烟台中董事：李载之福全，徐五楼凤诏，刘云第兆嵩，梁浩池礼贤，张成卿应东，范香山绍颜，唐芝田荣浩，万坤山奎基，林敬生钟栻，王屋山庭琛，马聘卿式金，刘彦之毓瀛，徐佩棠家璘。

西董事：驻烟美领事法初，英领事额必廉，烟台内地分会霍医生、虞医生。④

通过这两份中西会董名单，可以看出：

第一，烟台分会会长是李载之。由于烟台分会是由万国红十字会与招商局总办李载之直接联系，且第二份名单里面，李载之（福全）在烟台中董事里面排名第一位。因此，可以确认，李载之是烟台红十字会首任会长。

第二，红十字会烟台分会会董由中西董事组成。中国董事基本上都是官、商和社会组织的领袖，在烟台有着丰富的政治、经济和社会资源。而西方董事除两位驻烟领事外，还增加了两位内地会医生。其中，霍医生（Dr. Alfred Hogg），中文名霍厚福，是内地会创办的芝罘学校（Chefoo School）校医，具有丰富的医疗经验。

（二）烟台分会的救助

万国红十字会烟台分会成立后，其主要的救助工作是接收难民、救济难民和

---

① 《万国红十字会设立金陵烟台分会》，《申报》（上海版），1904 年 4 月 12 日。

②③ 《烟台红十字分会会董衔名启事公告》，《申报》，1904 年 5 月 10 日第 3 版。

④ 《万国红十字会奉天营口烟台各分会诸董衔名单》，《申报》，1904 年 7 月 7 日。

经募捐款。

1. 接收难民

烟台为"水陆要冲,联络天津、上海、旅顺、青岛之气",便被上海万国红十字会作为设立分会的候选地。烟台分会成立后承担的主要任务就是接收难民。这些难民除来自日俄战争中受难的东北难民外,还有一部分在海参崴经商的胶东华侨。上海万国红十字会借招商局海定轮船前往拯救华侨出险。以当时侨民均山东登莱青人,因将船开至烟台,由烟台招商局(即烟台红十字分会)查明侨民家乡、路程远近,各给川资回里。①

烟台分会接收的东北难民,都在《申报》连续登报公示。

(1)五月,烟台分会接收的东北乘船难民:

本会昨承烟台分会李载之直刺来电云,昨晚有民船装来青泥洼难民三百余人,均系工匠,籍隶山东者,多已经派人赴各客寓详查。如有流离可悯者,即由本会资遣回籍。等因除电复外,谨钞乞登报,伏希公鉴。②

(2)六月,烟台分会接收的东北乘船难民:

顷又接烟台分会来电云:连日从旅洼陆续来烟华人三千余名,大半东籍,已派董详查给资妥遣。升全叩。谨乞登报,伏希公鉴。③

再,本会又接烟台分会来电云:前由旅顺青泥洼来烟之难民,查有贫苦者六百五十二名口,又韩人一名,均从优资送回籍。合并附闻。④

(3)七月,烟台分会接收的东北乘船难民:

又接烟台分会来电云:连日由旅顺来烟华民二千余人,查有贫苦者六百余人,均系东籍,已从优资遣回家。⑤

接烟台分会东海关道何观察、招商局李载之直牧来电云:本会资遣回籍难民,五月十一至二十一止,统计一千四百十二名口。彦升、福全叩。谨钞乞登报,伏希公鉴。⑥

烟台红十字分会除了接收乘船到达烟台的难民外,还有一部分难民由烟台分会派民船救回。当旅顺、青泥洼等处难民,因轮船不能出险时,即"由烟台分会李载之直刺谕令民船设法驶往,优给船资,难民藉以出险者,日有数起,以山东人为多。均由会优给川资,分别送回原籍"。⑦

① 《大公报》,1918 年 4 月 13 日。
② 《万国红十字烟台分会来电——上海万国红十字会启事公告》,《申报》,1904 年 5 月 22 日第 3 版。
③ 《申报》,1904 年 6 月 22 日。
④ 《申报》,1904 年 6 月 29 日。
⑤ 《申报》,1904 年 7 月 6 日。
⑥ 《申报》,1904 年 7 月 11 日。
⑦ 《申报》,1904 年 9 月 7 日。

2. 救济难民

烟台分会还要对无家可归者予以救济。对于接收的难民，除"分别资遣回籍外。其无家可归者电商沪会，暂在烟台分居，由会发给宿食之资"。①

来烟难民先是住在广仁堂及其他公屋，但随着难民增加，"金州难民为数太多，广仁堂及公处空屋甚少，均难安插，拟仍由其赁屋居住，房租、衣食由会开支，五日一给"。②

对于资遣回籍难民，烟台分会通过《申报》还张榜公布难民清单，以昭公信③。

3. 资金来源

日俄战争中，上海万国红十字会共救助难民"467000 余人"④。其中烟台分会救助的难民粗略估计不下数万余人。为此烟台分会投入了大量资金。其资金来源除由上海万国红十字会提供外，也收到了烟台当地大量捐款。《申报》中记载了至少三次烟台当地捐款。兹附录于下：

（1）《烟台万国红十字分会收到驻烟各国官商暨本埠各大善士捐款清单》。

美国兵船洋一百七十八元五角

白脱勒洋二十元

杰伯烈治洋二十五元

思士洋二十五元

梁先生洋二十元

日报馆洋十元

黄铁士洋五元

友人洋五元

盛记洋行洋十元

哈唎洋行洋十元

屠法利洋五元

推勒洋行洋二十元

恩特罗老治二十五元

席麦门洋行洋二十五元

克士洋行十五元

亚西丁司克洋五元

---

① 《申报》，1904 年 10 月 28 日。

② 《申报》，1904 年 9 月 14 日。

③ 《东三省烟台万国红十字分会五月初旬资遣回籍难民清单》，《申报》，1904 年 10 月 18 日。

④ 《抗战时期中国红十字会救护总队研究》，天津古籍出版社 2012 年版，第 40 页。

李先生洋二十元

东海关洋二百元

共洋六百二十三元

烟台本埠商号捐款：

潮州会馆英洋三十元

范德盛英洋二十元

福泰栈、蔡聚盛、源盛号、裕盛和英洋各十元

潮人无名氏英洋六元

顺成　洋四元

共洋一百元①

（2）1904年10月31日的《申报》上刊载捐款名单。

又烟台分会来函。驻烟美国兵船助洋银二百七十元，黄县无名氏助洋银七十元，烟台无名氏助钱四千文，青州府四印堂王助烟平银八两五钱，烟台巡政厅助罚款洋银三元，隐名氏求病愈助洋银一百元，黄县电报局交来代募鹰银一百七十三元，求萱堂永茂人助洋银十元。日本留学生云南邓荆川酌提川资鹰银十元臂助会费。②

（3）《山东黄县电局经募红十字会捐款清单》。

岭南无名氏　英洋一百元

王慎余堂、白圣符、张万铨、赵书亭、王瀛舫　英洋一元

兰兴年、孙本元、张孟成、侯廷显　京钱各拾吊

文和和号　英洋拾元

张芹洲　英洋一元

厚德堂、薛世普、积善堂　京钱各五吊

刘雨亭、张和亭、周村万丰田、裕丰厚、赵竹筠、慎修堂、怡利东、载德堂、友恭堂、爱育堂、庆远堂、郑令吉、存心堂　京钱各二吊

福祥号、怡利号、同裕盛、邹宜记、东成顺、赵知先、益成和　京钱各一吊③

在日俄战争期间，烟台分会作为上海万国红十字会的分会，在接收、救济难民等方面发挥了重要作用，保障了战区救援工作的进行。1908年4月，东三省总督徐世昌遵旨查明上海万国红十字会"在事出力中西员绅职名，奏给奖叙"。其

---

① 《烟台万国红十字分会收到驻烟各国官商暨本埠各大善士捐款清单》，《申报》，1904年9月12日第10版。

② 《申报》，1904年10月31日。

③ 《山东黄县电局经募红十字会捐款清单》，《申报》，1904年11月22日第10版。

中，"烟台西董霍医士、虞医生、法勒、额必廉荣获中国红十字会一等金质勋章"。①充分肯定了烟台分会在救助难民中发挥的作用。

随着日俄战争结束，救护使命的完成，作为临时分会的烟台红十字会也解散。但1904年烟台分会难民救助后来成为红十字会的一种救助模式。如1918年，为救助海参崴华侨，中国红十字总会"一面拨汇巨款交由烟台红十字分会，以便籍隶北省各侨民抵烟时，即可就近资遣回里"。②

三、民国时期烟台红十字会

在孕育民国的辛亥革命中，烟台是北方革命中心，以烟台为首的胶东红十字会发挥了重要作用。民国前期，烟台为首的胶东红十字会积极参与兵灾赈济。但20世纪20年代后随着烟台红卍字会的崛起，红十字会逐渐被其替代，并陷入低谷。

（一）辛亥革命期间烟台红十字会

日俄战争后，上海万国红十字会发生了巨大的改革。1907年7月，上海万国红十字会改为大清红十字会，清政府委派吕海寰、盛宣怀监临会务。1911年10月辛亥革命爆发后，吕海寰等将大清红十字会更名为中国红十字会。但在此期间，中国却出现了两个红十字会对峙的局面。一个是沈敦和在上海成立中国红十字会万国董事会（沪会），一个是吕海寰任会长的中国红十字会（京会）。在辛亥革命中，"京会""沪会"各自行动。其中，"沪会"是整个辛亥救援行动的枢纽和中心，由此建立了辛亥救援的卓越功勋，这是"京会"所难以比肩的。

辛亥革命期间，山东省成立了七家红十字分会，即烟台分会、莱州分会、登州分会、黄县分会、青州分会、济宁分会、潍县分会。其中有四家分会来自烟台地区。如表8-1所示：

表8-1　辛亥革命期间烟台地区成立的红十字分会

红十字分会	经理员	书记员	医员	备注
烟台分会	陈绮垣君和郭教士	普鲁德教士	希尔思君和史弥师君	郭教士应为郭显德

① 马强、池子华：《红十字在上海，1904-1949》，第355页。
② 《拯救海参崴华侨三志》，《民国日报》，1918年4月11日。

红十字分会	经理员	书记员	医员	备注
莱州分会	轧司当君		轧司当君	轧司当即傅雅各或傅雅谷
登州分会				
黄县分会				

资料来源：沈敦和：《中国红十字会战地写真》，中国红十字会，1913 年 8 月。

1. 烟台分会

红十字会烟台分会在辛亥革命期间重新设立，并参加了辛亥救援行动。烟台红十字会分会属于"沪会"。当时驻扎烟台的关东都督蓝天蔚给红十字会会长沈敦和发电："红十字会会长沈敦和先生鉴，营口、烟台已承设立分会，极为感谢。现营口方面，日内即有战事，请电该处，届时派人疗治伤兵为祷。蓝天蔚叩（辛亥十二月）。"[1]

辛亥革命期间新设的烟台分会，经理员是陈绮垣君和郭教士，书记员是普鲁德教士，医员是希尔思君和史弥师君[2]。陈绮垣是烟台招商局经理。1904 年日俄战争期间组织烟台分会的李载之，此时已调往天津担任京奉铁路局局长。另一位经理员郭教士可能是烟台著名传教士郭显德（Hunter Corbett）。书记员普鲁德教士可能是浦其维（C. W. Pruitt）。医员希尔思君是美北长老会医生 Oscar F. Hills，1907 年自美国来烟台筹设毓璜顶医院。

2. 莱州分会

莱州分会辛亥革命期间新设，经理兼医员是轧司当君。轧司当即傅雅各或傅雅谷，是莱州教会医院梅铁医院（Kathleen Mallory and Mayfield Tizzer Hospital）院长。

3. 黄县分会

黄县分会也是辛亥革命期间新设。据《中华基督教年鉴·华北浸信会》记载，1911 年，身为黄县人的同盟会会员徐镜心等领导的革命军因光复登黄，屡与清兵接战，死伤多人。黄县城中缙绅丁子真等，遂与怀麟医院院长艾体伟[3]商酌，函请中国红十字会，分设于黄县，以便救治伤兵。既蒙允可，遂征求会员组织红十字会，救济双方受伤之兵士。这是黄县办理红十字会事务之始。据此推

---

① 《中国红十字运动史料选编》第 2 辑，第 155 页，原载《中国红十字会杂志第一号、关于红十字会往来要函汇录》。

② 沈敦和：《中国红十字会战地写真》，中国红十字会，1913 年 8 月。

③ 艾体伟（Thomas Wilburn Ayers），1858 年 12 月 22 日出生于美国佐治亚州富兰克林县。1901 年，艾体伟受南美浸信会的委派携妻子和长子来到中国，1926 年回国，1954 年 1 月在美国去世。

测，黄县分会首任会长应是怀麟医院院长艾体伟（Thomas Wilburn Ayers）。

（二）民国前期的烟台各分会

1912年1月1日，中华民国临时政府成立，标志着一个新时代的开始。以烟台分会为代表的山东红十字会面临着一个新的发展契机。

1. 民国初期烟台红十字会

辛亥革命期间，众多以赤十字会、红十字会命名的慈善组织大量出现，严重影响了中国红十字会的统一。为此，1912年10月30日至11月1日，中国红十字会在上海特开统一大会。根据中国红十字会"统一大会"代表名单，山东省有三家分会派出代表出席会议。即济南分会、烟台分会和黄县分会。其中烟台分会出席代表是孙元福。黄县分会出席代表是邢国珍（聘三）、赵家理（黻廷）。其中，烟台分会代表孙元福是烟台著名商号丰裕（豫）号驻日本大阪分号的经理。

民国初期，烟台各分会主要工作一是征集会员，二是筹赈。

（1）征集会员。

1911年大清红十字会更名为中国红十字会后，开始大量征集会员。会员有名誉会员、特别会员和正会员三种。根据《红十字会征集会员广告》规定，凡纳会费二百元以上作为特别会员，二十五元以上作为正会员。这一时期，烟台红十字分会征集了大量红十字会会员。据1913年1月24日的《申报》报道，烟台红十字分会从1月18日起至23日止，接纳新会员27位，"各纳会费洋念五元"，另外，"烟台红十字分会刘穆如君介绍王葵坪君。曲维笙君介绍刘厚民君。各纳会费洋五十元。除推赠正会员凭照、佩章及给会费收据外，特登报端以征信实"。[1]

1913年5月，中国红十字会总会总办事处出版了《中国红十字会会员题名录》，里面记录了在此之前征集的红十字会员名单。其中，烟台红十字分会名单如表8-2所示：

表8-2　1913年烟台红十字会会员名录

会员类型	姓名	籍贯	通信处
特别会员	陈绮垣	广东	烟台招商局及烟台红十字分会
	于志圣	山东宁海	烟台公和兴碱庄
外国人正会员	岩城卯吉	日本	烟台岩城行

① 《中国红十字会欢迎新会员》，《申报》，1913年1月24日。

会员类型	姓名	籍贯	通信处
正会员	赵明修	山东蓬莱	烟台德生源
	赵余馨	山东黄县	大阪川口三十番
	万坤山	江苏吴县	烟台民政司
	万耕畲	江苏吴县	烟台谦益丰号
	倪昱庭	山东烟台	烟台丝业公会
	于宾海	山东福山	烟台恒聚茂
	于香山	山东福山	烟台益顺德
	于复元	山东宁海	山东威海华务司署
	于福五（女士）	山东招远	烟台广兴果木园
	孙文山	山东宁海	烟台恒兴德号
	孙宗典	山东福山	烟台恒盛德
	孙云亭	山东黄县	烟台中和顺
	孙升甫	山东宁海	烟台和昌永
	孙南溪	山东威海	烟台丰盛德
	孙声远	山东蓬莱	烟台益顺盛
	孙绍成	山东福山	烟台美孚洋行
	李翰卿	山东昌邑	烟台恒兴德转
	李登仁	广东潮州	烟台海泰
	李瑞文	山东莱阳	烟台永来兴
	李星轩	山东宁海	烟台丰豫号
	李次高	广东顺德	烟台泗兴印字公司
	李克贵	奉天金州	烟台中西药房
	吴敬之	山东福山	烟台同来兴
	吴星显	山东福山	烟台大有当
	吴义常	山东蓬莱	烟台裕庆和
	郑玉卿	广东香山	烟台道胜银行
	郑精一	广东海澄	烟台福泰
	郑子秋	广东潮阳	烟台顺成洽
	郑后东	广东香山	烟台道胜银行
	王时中	山东掖县	山东东南隅
	王子政	山东福山	烟台天成栈

续表

会员类型	姓名	籍贯	通信处
正会员	王春亭	山东福山	烟台源茂
	王日楼	山东宁海	烟台公泰义
	王荣生	山东福山	烟台成顺昌
	王致远	山东黄县	烟台恒盛仁
	王敬五	山东栖霞	烟台发业公司
	王华亭	山东栖霞	烟台发业公司
	王炳曜	山东都昌	烟台源兴和
	王炳光	山东都昌	烟台阜兴和
	王瑞庭	山东福山	烟台奇山社
	王子玉	山东蓬莱	烟台义盛泰
	王子元	山东福山	烟台同和泰
	王允章	山东福山	烟台市议会
	王葵坪	山东福山	烟台洪泰号
	王介亭	山东福山	烟台洪泰号
	王瀛洲	山东福山	烟台洪泰号
	王聘臣	山东黄县	烟台泗兴印字公司
	王逸珊	广东潮阳	烟台范德盛号内
	杨浦三	山东福山	新关新马路昌寿里
	杨振声	山东蓬莱	烟台广源泰
	杨子全	直隶沧州	烟台谦受益
	杨墨棠	直隶	烟台天茂居
	杨梅南	广东香山	烟台太古洋行
	秦志经	山东招远	招远城内同祥永号
	吕秀亭	山东福山	烟台裕丰合
	张鼎甫	山东掖县	烟台德聚成号
	张颜山	山东宁海	烟台泰生东号
	张介堂	山东福山	烟台顺盛
	张蔚东	山东黄县	烟台永和昌
	张莛臣	山东荣成	烟台聚盛东
	张玉川	山东福山	烟台东昇堂
	张容庵	山东黄县	烟台卜内门
	张成卿	广东大埔	烟台张裕公司

续表

会员类型	姓名	籍贯	通信处
正会员	张荣祥	山东福山	烟台洪泰号
	曹和卿	山东宁海	烟台同昇德
	姜班侯	山东宁海	烟台泰生东
	姜方川	山东宁海	烟台裕顺公
	姜承三	山东昌邑	烟台裕顺公
	姜志杭	山东福山	烟台大元油坊
	谭辑五	宁海	烟台和昌永
	谭虚谷	香山	烟台道胜银行
	谭仲常	香山	烟台盎斯行
	萧蕙山	福山	烟台恒盛和
	范香山	潮阳	烟台德盛号
	范子正	福山	烟台大海阳
	范鼎园	潮阳	烟台范德盛号内
	袁宪章	山东黄县	烟台谦受益
	宋万澄	山东掖县	烟台天和兴
	宋二如	广东澄海	烟台源盛号
	宋在明	山东蓬莱	烟台桃花街永顺和号
	蔡利见	广东潮阳	烟台广源号
	丁训初	山东诸城	烟台中国红十字会
	傅心如	山东福山	烟台源来涌
	傅雨三	山东福山	烟台奇山社
	温月林	山东益都	烟台春生药房
	唐云宝	黄县	烟台同泰和
	唐寅东	福山	烟台恒盛和
	马允斋	宁海	烟台同昇德
	刘信舟	宁海	烟台商会
	刘宝贤	宁海	烟台义盛泰
	刘玉山	蓬莱	烟台华英药房
	刘兆铨	福山	烟台成德号
	刘鸣九	黄县	烟台德盛号
	刘镜堂	福山	烟台直方大
	刘天盛	蓬莱	烟台小海阳

续表

会员类型	姓名	籍贯	通信处
正会员	刘纯如	福山	烟台洪泰号
	刘玉墀	广东香山	烟台朝阳街公余总会
	刘殿魁	福山	烟台奇山所
	刘明卿	福山	烟台成生号
	刘恕卿	福山	烟台成生号
	刘厚民	福山	烟台奇山所
	高次芬	章邱	烟台瑞蚨祥
	徐诤臣	宁海	烟台义昌信
	黄荫南	宁海	烟台协茂栈
	黄心如	宁海	烟台元兴德
	黄志清	宁海	烟台元兴德
	谢泽生	福山	烟台成生号
	邓用霖	江苏江宁	烟台合顺
	曲日三	宁海	烟台德生祥
	曲香海	宁海	烟台致和祥
	曲子元	宁海	烟台同庆祥
	曲子勋	宁海	烟台协盛同
	曲衔甫	宁海	烟台鸿源号
	曲树屏	宁海	烟台鸿源号
	曲维笙	宁海	烟台福宁公司
	曲树臻		
	戚舒斋	山东文登	烟台丰豫
	孟燕亭	山东黄县	烟台裕顺公
	翟熙	山东掖县	山东东南隅
	宿葆光	掖县	山东莱州西南隅
	澹台玉田	福山	烟台和记洋行
	季文山	福山	烟台益顺盛
	郝少卿	山东福山	烟台捷成行
	由召南	福山	烟台同义栈
	由荣堂	福山	烟台复泰栈
	由子民	福山	烟台复兴栈
	初乐亭	宁海	烟台丰盛义

会员类型	姓名	籍贯	通信处
正会员	初缄三	宁海	烟台大义号
	牟巨卿	福山	烟台恒盛德
	牟子福	福山	烟台恒盛仁
	牟寅东	福山	烟台福宁公司
	新志堂	莱阳	烟台天和兴
	宫聘之	山东福山	烟台文盛兴
	杜麟样	山东蓬莱	烟台商业公司
	栾封五	蓬莱	烟台裕丰德
	丛殿卿	蓬莱	烟台永顺和
	丛夐弼	蓬莱	大阪川口九十六号
	房春新	福山	烟台成生号

资料来源：中国红十字会总会总办事处：《中国红十字会会员题名录》（增刊）1913年版。

在此之后，中国红十字会总会总办事处还出版过多本会员题名录。其中，1913年中国红十字会编著的《中国红十字会会员题名录》第三次校刊。在这本题名录里面，来自烟台分会的外国人特别会员大幅增加。如表8-3所示：

表8-3　1913年来自烟台的外国人特别会员名单

姓名	籍贯	通信处
慕惟甫	美国	山东登州
艾体伟	美国	山东黄县怀麟医院
傅雅各	美国	山东莱州
苏古敦	英国	烟台海关
金田义一郎	日本	山东烟台
维路士	美国	山东烟台
希路士	美国	山东烟台
衣路德	美国	山东烟台
顾林森	瑞典、挪威	山东烟台
钟士秘	英国	山东烟台

资料来源：中国红十字会：《中国红十字会会员题名录》（第三次校刊），中国红十字会总会总办事处1915年版。

综合这些题名录，可以看出，民国初期烟台红十字分会具有以下特点：

第一，早期烟台红十字会会员基本都是中国商人。如特别会员陈绮垣和于志圣，正会员谭虚谷、张成卿、万坤山、万耕畚、陈绮垣、邓用霖、孙文山、张颜山、杨梅南、澹台玉田、吴敬之、徐净臣、黄荫南、刘纯如等都是民初烟台商业大亨。这与早期红十字会会员入会门槛较高有很大关系。根据 1911 年 11 月 1 日，《申报》刊登《红十字会征集会员广告》，红会规定，"凡纳会费二百元以上作为特别会员，二十五元以上作为正会员"。一般普通百姓很难拿出这么高的会费，因此加入红十字会的会员基本上都是新兴商人。

第二，烟台红十字会会员中西方会员占有较大比例。在 1913 年 5 月中国红十字会总会总办事处编著的《中国红十字会会员题名录》增刊中，来自烟台的外国人正会员中只有烟台岩城行的岩城卯吉。但在 1913 年中国红十字会总会总办事处出版的《中国红十字会会员题名录》第三次校刊中，来自烟台的外国人会员大幅增加至 10 人，且都是特别会员。这些外国人会员在烟台的身份基本是传教士、医生、海关官员。如艾体伟、傅雅各是医疗传教士，顾林森是医生，苏古敦是东海关税务司。这与烟台有较多西方机构或洋务机构有很大关系。

第三，早期烟台红十字会会员在 20 世纪 20 年代后期很多成为烟台红卍字会的骨干。早期红烟台红十字会会员基本都是中国商人，但这部分商人后来几乎都成为烟台红卍字会的骨干。如红十字会会员中的澹台玉田、徐净臣、黄荫南、曹和卿、刘穆如等，在 20 世纪 20 年代后期纷纷加入红卍字会。澹台玉田还成为世界红卍会烟台分会的责任会长，张颜山是后来红卍字会烟台分会下设烟台恤养院特别董事。这与 20 世纪 20 年代后，本土世界红卍字会兴起，"较外来的红十字会为大，业务亦较红十字会为广"，[1] 这与烟台红十字会分会逐渐为本地红卍字会所取代有关。

（2）筹赈。

1912 年民国刚刚诞生，便遭遇顺直和浙江温处特大水灾。这年夏，顺直阴雨连绵，山洪暴发，酿成"数十年未有之奇灾"，永定、大清、滹沱、子牙等河"相继泛决，一望无涯，可数百里。灾区有三十六州县之广，灾民达一百四十余万之多。非随流漂泊，即露宿风栖"[2]。此次大水，天津受灾尤为严重。灾情发生后，中国红十字会发布《劝募顺直赈捐启事》。烟台分会积极响应总会号召，组织义务演剧募捐。1912 年 12 月的《新闻报》报道了这一募捐活动：

陈君绮垣、杨君梅南诸善士，悯温处顺直百万饥黎嗷嗷待哺，特发宏愿，商请烟台市议会、商会、怡和、招商、太古各行，邀请花伶二界各尽义务演剧二

---

① 《民国山东通志》编辑委员会编：《民国山东通志》（第 4 册），1991 年，第 2466 页。

② 李文海等：《近代中国灾荒纪年》，湖南教育出版社 1990 年版，第 806 页。

次，并派员在场演说劝捐。共入戏价捐款，除些微津贴戏园及零星开销外，计存洋一千九百四十二元二角，复由红十字会提洋五十七元八角，合成二千元，为顺直温处赈需。除交会计董事朱葆三君迅解灾区外，合登报端以扬仁风。①

表8-4　清末、民国时期烟台各县红十字分会成立时间

分会名称	成立时间	正（副）会长	担任过会长
万国红十字会烟台分会	1904 年	李载之	
烟台分会	1911 年（重设）	经理员：陈绮垣、郭教士	
黄县分会	1911 年	艾体伟	朱廉圃、安鼎森
登州分会	1911 年		
莱州（掖县）分会	1911 年	轧司当君（傅雅各或傅雅谷）	杜文庭（中国红十字会同心寨分会，1929 年）
龙口分会	1920 年		
牟平分会	1927 年		宫奠钦
招远分会	1929 年		
莱阳分会	1933 年	会长：李立洲 副会长：王慈臣	1948 年，邢松岩为正会长，鲁邦瞻为副会长
福山分会	1927 年左右		1928 年，汤连起为正会长，孙本生为副会长 1929 年，王心斋为正会长，张明堂为副会长

资料来源：沈敦和：《中国红十字会战地写真》，中国红十字会，1913 年 8 月。

Up from Zero, By Anna Seward Pruitt, 2011, p. 79.

《山东黄县红十字会成立》，《大公报》（天津），1929 年 2 月 17 日。

《中国红十字会国际国内善团录》，上海：中国红十字会总办事处，1929 年，第 57-60 页。

《中共烟台历史大事记》第一卷（1919~1949），中共党史出版社 2003 年版。

《中华民国红十字会分会地址及负责人姓名一览表（三十七年八月组训处制）》，《红十字月刊》1948 年第 32 期，第 29 页。

《中国红十字会福山分会改选职员一览表》，青岛档案馆，档号：qdB0038-003-01457-0015。

2. 黄县分会

黄县红十字会历史比较悠久。早在辛亥革命时期，黄县城中缙绅丁子真等与

---

① 《红十字会、市议会、怡和行、商会、太古行、招商局演剧筹赈洋二千元》，《新闻报》，1912 年 12 月 25 日。

怀麟医院院长艾体伟商酌，函请中国红十字会，设立黄县分会，以便救治伤兵。在 1929 年的《大公报（天津）》上就报道，"中国红十字会黄县分会，系固定慈善机构，由中西人士组织而成。会址则分两处。一在黄县南关浸信会医院。一在城东小栾家界怀麟医院。早在上海总办事处册报成立，并经商会通函证明，实心为善"。①

民国时期，黄县分会会长大部分都是西方传教士。首任会长应该是美国人艾体伟（Thomas Wilburn Ayers）。1914 年，日德战争期间，艾体伟担任红十字会黄县分会理事医长，参与战场救护。1926 年艾体伟回国后，怀麟医院朱廉圃医生担任黄县分会会长。1929 年初，朱廉圃辞职。"公推美国人怀麟医院院长安霈森（Nelson A. Bryan）为正会长，朱廉圃为名誉会长，范省斋、姜芳楠为副会长。所有袖章旗帜，均盖有该会图章，以为标识。办理极为完善云。"②

这一时期，黄县红十字会还出现了一位热心红十字事业，"极有恒心之慈善家"。这位慈善家是经纬老人。经纬老人原名丁毓列，字子范，1915 年 1 月加入中国红十字会，成为正会员。1917 年 4 月，经纬老人被推赠为名誉会员。经纬老人自加入红十字会后，随时捐输，"不拘多寡，寡则一元，多则千数"，"凡遇救灾助振，无役不从"，③ 另外介绍其夫人子女共 11 人全体入会，皆为正会员。而且积极介绍他人入会，乐善不倦。经纬老人每月捐助红十字会一元，一年十二次，一直持续到去世的前一年。

《中国红十字会月刊》多次刊载专文称颂经纬老人"乐善不倦"；《申报》数次登载经纬老人热心红会的事迹，赞其"慷慨好施""无役不从"；著名社会教育家朱全璪就对经纬老人推崇备至，称"纵观千古为社会造福之仁人义士，虽不乏人，未见有如经纬老人与李君茂堂者。二君以富贵之资，专心慈善事业。……永垂卓识，善人高超千古于不朽"。④

3. 福山县分会

红十字会福山分会创办于 1927 年左右。设在"福山县烟台正阳街南首路西一号"。⑤ 1928 年 9 月 5 日，福山红十字会进行改选，"汤连起为正会长，孙本生为副会长，柳建功为理事长。不久，孙本生改就栖霞县教育局局长。1928 年 12 月 23 日另举柳建功为副会长，张炳炎为理事长"。⑥ 1929 年 12 月 10 日福山红十字会再次进行改选，选王心斋为正会长，张明堂为副会长。如表 8-5 所示：

① 《山东黄县红十字会成立》，《大公报》（天津），1929 年 2 月 17 日第 8 版。
② 《山东黄县红十字会成立》，《大公报》（天津），1929 年 2 月 17 日。
③ 陈履平：《一个热心的会员：经纬老人》，《红十字月刊》1947 年 8 月第 20 期，第 28 页。
④ 李日、朱良迅、郭春香：《朱全璪社会教育讲演集》，人民出版社 2014 年版，第 2 页。
⑤ 《中国红十字会国际国内善团录》，上海：中国红十字会总办事处，1929 年，第 57-60 页。
⑥ 《中国红十字会福山分会改选职员一览表》，青岛档案馆，档号：qdB0038-003-01457-0015。

表 8-5　1929 年中国红十字会福山分会改选各职员一览（中华民国十八年十二月十日）

职别	姓名	行号
正会长	王心斋	心斋
副会长	张明堂	秋帆
理事长	赵吉昂	宇山
理事	刘敬川	坚森
资产委员	郭文秀	俊甫
议事会正议长	张子生	子生
副议长	王子声	金甫
议事员	张江舫	卓斋
	徐子良	子良
	吕纪元	子纲
	周箴武	铭家
	施明良	明良
	王育芬	育芬
	阎玉斋	受堂
	张善敬	慎斋
	赵善家	永庆
	徐子郁	子郁

资料来源：《中国红十字会福山分会改选职员一览表》，青岛档案馆，档号：qdB0038-003-01457-0015。

福山分会成立后，多次参加战场救护。如 1929 年春，刘珍年与张宗昌发生战事，福山分会"设临时妇孺救济所，组织救护队"。[①]

在这场战事中，福山红十字会分会不允将获救受伤之刘珍年国军交出，张宗昌恼羞成怒，将"福山分会救护队队员孙明奇、李德政、陈锡民、朱家齐、韩邦祥、陈寿、孙凤、宋振棠、郭淇洪九人在烟台李家村惨杀"。[②] 上海红十字总会闻讯后，"除陈请国民政府加以抚恤外，并请求通缉张宗昌等从严惩办"。[③]

4. 西方红十字会在烟台所设机构

作为开埠城市，烟台设有相对独立的外国人居住区，并有大量西方人居住。在民国前期，还曾经出现过日、美等国在烟台设立的红十字分会。这是对中国国家主权的损害。

---

① 《时事新报》，1929 年 2 月 28 日。
② 《分会救护队员在烟台被杀讯》，《新闻报》，1929 年 4 月 28 日第 15 版。
③ 《张逆宗昌杀戮红会救护员，红总会电请国府抚恤》，《时事新报》，1929 年 5 月 1 日。

（1）烟台日本赤十字会医院。

1917 年 7 月，日本在烟台设立日本赤十字会医院。院长为松永医生（Dr. T. Matsunaga）。"设立者为日本赤十字满洲委员部，出资者为日本赤十字满洲委员部及芝罘在留民团。"① 烟台日本赤十字会医院"为疗治日侨疾病之机关者。故其医师及看护俱为日本人，惟有接生妇为吉富津磨，其接产手术颇为周到云"。②

（2）美国红十字会芝罘分会。

第一次世界大战接近尾声。美国红十字会因办理法国战事赈济而来华募捐，为此，由美国总领事萨门司代表美国红十字会与中国红十字会副会长沈敦和接洽，拟在上海设立机关处以备购运绷带等品，并征求中方意见。沈敦和基于："英法等国红十字会在沪设立经理转运机关早有成例，自未便独阻美会；且其宗旨在于劝募华捐，俾可借美红会之设施，间接恤赈友邦，以为吾中国光荣。"③基于这些考虑，沈敦和应允了。不料，萨门司却以中国红十字会允许美国在中国设立分会为借口，在社会上大肆渲染美国红十字会将在中国设立分会。对于这一有损国家主权之事，中国政府、沈敦和和各地分会都立即做出反应。就美国能否在中国设立分会的问题开始了长达一年多的争论。

尽管双方存有争论，但美国仍在中国设立了红十字分会。1918 年全国有 13 处分会。这 13 个分会是：厦门分会、广州分会、长沙分会、烟台分会、重庆分会、福州分会、汉口分会、哈尔滨分会、香港分会、南京分会、北京分会、上海分会、天津分会。④

美国红十字会芝罘分会（American Red Cross Chefoo Chapter）成立于 1917 年秋，会长是美国驻烟台领事梅纳德（Lester Maynard）。芝罘分会成立后，多次在烟台组织募捐活动，侵犯中国的主权。

（三）沦陷和复员期间的烟台各县红十字会

在日本侵华八年期间，烟台各县红十字会工作陷于停顿，红十字会数量大为减少，遭到严重挫折。抗战结束后，烟台各县红十字会亟须复员。但由于一些红十字会已经在战争期间人去会散，再加上国共内战，直到中华人民共和国成立前，烟台地区红十字会也没有恢复到抗战前的水平。

1. 沦陷时期

1937 年 7 月，日本全面侵华，给中华民族带来深重灾难，也给正在蓬勃发展

---

① ［日］《在芝罘日本领事馆管内状况》，外务省通商局 1921 年版，第 283 页。

② 《烟台要览》（卫生篇）。

③ 《沈敦和致夏应堂函》，《申报》，1918 年 5 月 7 日。

④ The Red Cross Magazine，Doubleday，Page & Company，1918，Vol. 7–12. No. 13.

的红十字事业带来损失，全国分会由战前 464 处减少到 254 处。①

日本侵华八年期间，山东绝大多数分会因战争原因被迫宣告解体。存续下来的红十字会本着"博爱、人道"的宗旨，进行恤兵救护。如济南红十字会、青岛红十字会等，但也为日军所敌视。在此期间，烟台地区各县的红十字会工作陷于停顿，鲜有红十字分会活动记录。笔者只在 1939 年《中国红十字会月刊》，看到招远分会设办事处的报道：

招远分会以会员众多散处各村镇，在此时局紧张，亟宜加紧工作以资救护，特在官庄村、傅家村、道头镇、下林庄、大蒋家村五区各设办事处一处，制定简章着手进行，每处白正会员二十人组织之。选举干事七人，监察五人，互选正、副处长三人处理日常会务，并成立救护队，随时出发云。②

2. 复员时期

抗战胜利后，中国红十字会进入"复员时期"。在这个时期，为促进各地分会恢复和重建，中国红十字会在上海、汉口、北平、广州、重庆设立五个区办事处，由各区办事处分辖数省。山东省由上海区办事处管辖。为了使恢复和新建分会工作有序进行，总会规定："战前原有而战后需恢复的市、县分会，恢复前须填调查表，翔实呈报抗战期间情况及今后工作计划，经总会核查确无附逆行为且符合条件，由总会颁发聘书及立案证书，然后召开分会会员大会，宣布恢复。"③

在中国红十字总会和上海区办事处的指导和推动下，山东红十字会恢复工作较为迅速。根据 1947 年 6 月出版的《红十字月刊》，山东有 13 个分会整理恢复或新设，即青岛、济南、即墨、章丘、莒县、益都、胶县、昌邑、平度、寿光、高密、历城、济宁，至年底，莱阳分会也恢复，使山东红十字会总数达到14 个。④

在恢复或新设的山东 14 个红十字分会中，烟台各县只有莱阳分会。莱阳分会设在青岛市无棣路 17 号，会长邢松岩，副会长鲁邦瞻。

1949 年 5 月底，胶东红十字会联合办事处成立。成立的原因是"鉴于胶东多县红十字分会数年来在青岛及人员设备关系一直未复员，加上国内战争激战正酣，救济工作急宜推行，为了统一调配和集中资源的使用，1949 年 5 月底，乃由青岛、高密、莱阳、昌邑、平度、胶县、即墨、烟台、兖州各分会等发起组织联合办事处，借市场三路 9 号为会址，以便集中工作而利会务进行，并公推程伯良

---

① 池子华、郝如一：《中国红十字历史编年（1904-2004）》，安徽人民出版社 2005 年版，第 82 页。

② 《中国红十字会月刊》1939 年第 44 期，第 7-8 页。

③ 中国红十字会总会：《中国红十字会的九十年》，中国友谊出版公司 1994 年版，第 95 页。

④ 蔡勤禹、王永君：《山东红十字会百年史》，第 18 页。

为主任，综理一切会务"。①

胶东红十字会联合办事处仅成立数天，1949 年 6 月 2 日青岛解放，胶东红十字会联合办事处随即停业。

随着全国解放，以烟台为代表的胶东红十字会迎来了一个历史巨变的时机。

四、民国时期烟台各县红十字会的慈善事业

民国时期，胶东战事不断。烟台各县红十字会本着赈灾恤兵之宗旨，积极参与战地救护及由兵灾引起的灾荒赈济。烟台各县红十字会参与的主要有 1914 年日德战争及 1928~1932 年胶东战事。

（一）战地救护

在民国时期，每遇战事，烟台各县红十字会即组织临时医院、救护队、掩埋队和妇孺收容所，进行战地救护。

1. 1914 年日德战争

1914 年，第一次世界大战爆发，胶东半岛成为日德双方战区。中国红十字会上海总办事处在派出救护队的同时，会长吕海寰坐镇青岛加紧在山东各地扩组调度医疗力量。因烟台接近战地，交通便利。上海红十字会总办事处电嘱烟台分会，"组织临时医院，以为疗治伤兵之根据地，并择冲要之区组织分医院数处，以便重伤军士就近救治，昨得该分会复电，已组织完备"。② 不久，因青岛战事紧急，吕海寰从青岛迁往烟台。"昨闻胶督以青岛系属战地，力劝吕会长脱离青岛。故中国红十字会刻已移往烟台矣"。③

日德战争中，在上海红十字总会的指挥下，以烟台分会为首的胶东各县红十字分会在救护遇难军民方面发挥了重要作用。

（1）设立临时分会。上海红十字总会在山东设立八所红十字分会。"山东省青岛、海阳、即墨、胶州、高密、平度、莱阳、烟台八处现均设有中国红十字"。④ 并"推定烟台分会理事长陈绮垣、青岛分会理事长尉礼贤、莱州平度分会理事医长傅雅谷、黄县分会理事医长艾体伟、海阳临时分会医长顾林森、济南

---

① 《红十字九县在青推展工作》，《青联报》，1949 年 5 月 31 日。

② 《申报》，1914 年 8 月 25 日。

③ 《中国红十字会刻已移往烟台》，《时事新报》，1914 年 9 月 4 日。

④ 《时报》，1914 年 10 月 25 日第 2 版。

理事长庄钰前往。其余在战线接近之处，由各分会分驻救护医队。"① 其实，不止这八所红十字分会，至少应该还有黄县分会、莱州分会也参与了战场救护。因此，日德战争期间，几乎整个山东红十字分会共同参与救护遇难军民。

（2）成立临时医院。因"烟台接近战地，交通便利"，且烟台分会有多次组织救助难民的经验，上海总办事处"电嘱烟台分会，组织临时医院，以为疗治伤兵之根据地，并择冲要之区组织分医院数处，以便重伤军士就近救治。得该分会复电，已组织完备"②。烟台分会接电后，即将胶东各县医院，如平度怀阿医院（Oxner Memorial. Hospital）、莱州铁梅医院、烟台毓璜顶医院、黄县怀麟医院（Warren Memorial Hospital）等都归中国红十字会办理。1914 年 10 月 19 日的《申报》上刊载了这些医院对伤兵的救护：

> 两星期前，有华兵一人在平里塘（译音）为日兵击伤，曾由日人医治，昨已交与此间梅斐尔特铁硕（译音）医院，该兵伤势甚重，今晨施用刀圭后，已稍有愈望。③

（3）战场救护。战争开始后，上海红十字会总会即电烟台分会，"仿本会日俄之役，组织渔船救护队，并与交战国红十字会接洽一切，确照日来弗条约办理"。④ "青岛战事既起，红十字会应负救护之义务，着于烟台沿海雇觅渔船，随时救护遇难军民，需款由上海总会补助云云。"⑤ 烟台红十字分会接电后，即开会讨论办法，以便进行。此后，烟台红十字会在沿海村落遍贴告示。要求"凡靠海渔户，遇见受伤兵士，务期用船运至海阳城中往送临时医院，以便疗治而挽救生命。如运一人照章赏洋六元"。⑥

此外，在日德战争进行之时，一场水灾又接踵而至。山东巡按使蔡儒楷向北洋政府内务部发函求救："近日福山、即墨、胶县、高密、潍县、昌邑等县，暴雨河溢，损失人民生命财产甚巨，筹款办赈极为困难，已电请贵会量力协助等语。查福山等县暴雨骤成巨灾，为近数年来所未有。"⑦

这场水灾的赈灾活动主要由上海红十字会组织，烟台各红十字会协助赈灾。

2. 1929～1932 年胶东战事

1929～1932 年，胶东战事频发。其中，1929 年春刘珍年和张宗昌发生战事，

---

① 《中国红十字会刻已移往烟台》，《时事新报》，1914 年 9 月 4 日。

② 《申报》，1914 年 8 月 25 日。

③ 《莱州之中国红十字会》，《申报》（上海版），1914 年 10 月 19 日。

④ 《红十字会筹备救护》，《申报》（上海版），1914 年 8 月 30 日。

⑤ 《青岛戒严中之山东观》，《申报》（上海版），1914 年 8 月 30 日。

⑥ 《关于战事之鲁省消息》，《申报》（上海版），1914 年 9 月 21 日。

⑦ 《电致上海红十字会山东福山等县暴雨成灾拟请酌集赈歀协同拯济文》（9 月 18 日），《内务公报》1914 年第 13 期，第 112-113 页。

"中国红十字会总办事处，即与烟台分会往返电商、组织救护队，及妇孺收容所于战区附近。特电烟台刘儒席师长、蓬莱李锡桐、刘开泰、史竹斋等，请其依照日来佛海陆战条约保护。刘儒席师长昨特复电云，宥电备悉，贵会福山分会，设临时妇孺救济所，组织救护队。慈善盛鉴，至深钦感。已通令所属各部，一体保护矣"。①

在这场战事中，福山红十字会参与了战场救护。福山分会"理事长张炳炎奉命率队出发战区救护，于阴历正月十三在福邑岗峆村成立第一救护队、临时野病院。嗣因战区扩大，诚恐救济不能普及，不免有负红会博爱宗旨。于斯在蓬莱第二、三、四、五、六、七救护队与临时野病院难民收容所、妇孺救济所。依法次第成立。会长汤（连起）委炎（张炳炎）为救护队总监，以利救护事宜"。②

在1929～1932年胶东战事期间，招远红十字会也参与了战场救护，设立临时医院，派出救护队、掩埋队。

（1）设立临时医院。"在民国十八、十九两年（1929年、1930年），兵匪交战，秩序紊乱，伤病特多，聘请王宜之先生担任临时医院医师，治疗病伤约千余名。民国二十一年（1932年），韩复榘与刘珍年交战，刘军北来，过境骚扰，韩军南来，两方冲突，人心惊惶。本会设立临时医院三处：第一医院医士王宜之，第二医院医士吕秀三，第三医院医士刘佩卿，收治伤兵。保寿医院彭德发先生代理护士，兼备饭食，月余出院。"③

（2）派出救护队。1929年春刘张战事期间，招远红十字会组织两队救护队。"每队分队长一人、副队长一人、医务长一人、庶务一人、队员六人，人数有时可以增减。民国十八年（1929年）六月，出发到北马；十二月刘军剿灭无极道，在招城施行救护；复出发到南岭村、黑山等村。民国二十一年（1932年）韩刘交战，人心惊惶，迁徙流离，出发北乡担任医药。"④

（3）组织掩埋队。1929年，刘珍年镇压招远胶东无极会，"与无极道交战，尸体横巷，殷血满地，无人过问。本会掩埋队一一收殓，抬送义地葬埋。甚至良民误中流弹，倒毙门外，其亲属惶极，不敢殡殓。本会掩埋队代为埋葬。在平时饿殍病死，无亲属认领者，亦曾掩埋数次"。⑤

（4）设立妇孺收容所。1929年春，刘张战事期间，招远红十字分会设立妇孺收容所四处。其地点，"第一在东关，第二在张家庄子，第三在瓦里，第四在丁家庄子。每所设正副所长、监察、看护、救护队主任及队长、医务长、庶务。

---

① 《时事新报》，1929年2月28日。
② 《中国红十字会福山分会改选职员一览表》，青岛档案馆，档号：qdB0038-003-01457-0015。
③④⑤ 《招远红十字分会成立始末及工作报告》，《中国红十字会月刊》1938年第37期。

在十八年及二十年之兵荒，俱尽保护之责，来所得保安全及援救脱险者，为数甚伙"。①

（二）灾荒赈济

烟台各县红十字会成立后，还积极参与因兵灾而导致的灾荒赈济。

1929 年，招远县屡遭兵匪蹂躏。《招远县赈灾会报告书》中提到："窃本县南乡于二月间，经军队焚毁村落计有七十余。现该处居民栖身无所，糊口无资，嗷嗷遍野，秩序渐至不保。"②

招远红十字分会"首先施赈千元"，但杯水车薪。黄县红十字分会捐助招远千元，并派红十字会员温梅生在招远"设立驻招办事处，一面赈济，一面募捐。并设立临时医院及组织赈灾会"③。1929 年 3 月 4 日，以中国红十字会黄县分会为发起人，成立招远县赈灾会，名单如下：

赈灾会董事长：温梅生，董事副长：李炳文、赵子仪

董事：冷子卿、孙秩臣、丁干臣、考子修、杨辑五、孙文卿、温俊甫、曲栋臣、李实轩、杨汉三、王晋庵

文牍：温复亭

书记：吕景周

会计：傅子和

收款处：招远商会、和兴药房、太元利、恒兴泰④

招远县赈灾会成立后，"四出劝募，并由红万字会协助巨款。前后发放赈款共约五万余元，灾区同胞因得复生"。⑤社会秩序渐至安宁。

除参与"战事救护伤兵，掩埋尸体，赈济灾民"外，烟台各县红十字会"平时则提倡公共卫生，防疫工作"。⑥

本章小结

民国时期，烟台及其各县红十字会本赈灾恤兵之宗旨，积极参与战地救护及由兵灾引起的灾荒赈济。烟台红十字会有以下特点。

第一，烟台地区是山东红十字会最发达的地区。

烟台红十字分会是山东创建最早的分会。1904 年上海万国红十字会成立之初就在烟台设立分会。辛亥革命中，烟台各地纷纷创建红十字会，成立了烟台分

---

① 《招远红十字分会成立始末及工作报告》，《中国红十字会月刊》1938 年第 37 期。
②④ 《招远县赈灾会报告书》，1929 年 3 月。
③⑤ 《招远红十字分会成立始末及工作报告》，《中国红十字会月刊》1938 年第 37 期。
⑥ 《中国红十字会月刊》1938 年第 37 期，第 74-78 页。

会、黄县分会、登州分会和莱州（掖县）分会。当时全国分会有 36 家，山东就占 7 家，烟台地区就有 4 家，占山东省分会的一半还多。此后，烟台地区红十字会数量一直在山东名列前茅。

第二，烟台红十字会与招商局关系密切。

烟台红十字会的初期发展与招商局有很大关系。从 1904 年烟台招商局组织万国红十字会烟台分会后，烟台红十字会的发展就形成了一种路径依赖，即由招商局组织红十字会。此后的烟台红十字会会长即烟台招商局的局长，如早期的李载之，民国后的陈绮垣和陈焕康。他们还都是广东人。由于单纯依赖招商局的网络资源，而没有充分利用烟台本土慈善资源、慈善网络，因此，民国时期烟台红十字会发展缺乏后劲。

第三，烟台红十字分会被后起烟台红卍会超越。

在 20 世纪 20 年代后期，烟台红十字会分会已经被红卍会烟台分会取代。究其原因，红十字会是一家来自西方的慈善团体，而红卍字会是发源自山东本土的民间慈善组织。红卍字会比红十字会更接地气。烟台红卍字会领导成员都是烟台本土商业精英，并依托烟台商会发展红卍字会慈善事业。因此，20 世纪 20 年代后期才兴起的烟台红卍字会的筹款能力和救济成绩都超过了烟台红十字会。

第九章　烟台红卍字会

世界红卍字会（简称卍字会）是一个源自山东本土的世界性宗教慈善组织。鼎盛时期构建起遍布全国且远及海外的慈善救济网络。烟台红卍字会是世界红卍字会的分会之一，也是世界红卍字会的先进典型。在整个世界红卍字会系统中都有重要影响。

一、烟台道院与红卍字会

红卍字会源于道院，而道院则源自山东。1921 年 3 月，由刘福缘等在济南创立道院。因以提倡道德、实行慈善事业为宗旨，特命名为道院。在济南开院后经北洋政府批准，于 1922 年 2 月 4 日举行正式成立大会，称"济南道院"，为世界所有道院的母院。道院成为政府许可的公开合法组织。地方须先设道院，后设红卍字会。[①]

红卍字会与道院关系。二者同根同源，组织人事多有交叉。"名虽不同，实则一体。盖院为体，会为用，院为静，会为动，一体一用，一动一静，体用兼备，动静互根，一而二，二而一者也。"[②] 红卍字会着重推展慈善事业，道院则重内修。

民国时期，红卍字会在山东省的势力超过红十字会，业务也比红十字广泛。主要原因是"红十字会为纯粹的慈善机构，红卍字会初为宗教组织—道院的附属事业，北伐以后道院的活动受限制，其宗教力量多转入红卍字会"。[③]

---

① 尹致中：《青岛指南》，全国市政协会青岛分会 1947 年版，第 183 页。
② 吕梁建：《道慈概要》（上卷），龙口道院 1938 年版，第 58 页。
③ 《民国山东通志》编辑委员会：《民国山东通志》（第 4 册），第 2466 页。

（一）烟台道院成立

烟台道院创设于 1925 年 3 月 24 日，此后，1926 年 5 月 10 日烟台红卍会成立。

1925 年，烟台镇守使张昭彬①受济南道院指派，计划在烟台创办道院。不久，张昭彬同参谋长施圆定、营长聂承临（聂伯勋）联合胶东士绅曹承虔（曹石屏）等，发起组织成立烟台道院。1925 年 3 月 24 日，烟台道院正式成立，张昭彬担任统掌。开幕时，烟台商会会长澹台盛冲②亦加入。初时院址在南山路德寿里租房数椽。三个月后，复由大马路租楼房一处。

1925 年冬，张昭彬离职，由东海关监督赵圣悟（赵世基）接任统掌。1926 年春，赵圣悟离职。东海道尹高万涵③遂被派为统掌，澹台盛冲任责任统掌。1928 年夏，统掌高万涵倡议购地建筑房舍，募捐款项，购买大马路十字街 2 亩多地，建造房屋 37 间。同年 9 月，新院址落成，由此奠定烟台道院发展的根基。1928 年冬，高万涵离职。1929 年正月，澹台盛冲（澹台玉田）接任统掌。此后，烟台道院一直由澹台玉田（道号盛冲）主持。

除烟台道院以外，在 1925 年前后胶东地区还相继成立了十多个道院。"计有黄县、掖县、牟平、蓬莱、文登、栖霞、大连、福山、威海、海阳、石岛、龙口、长山岛十三道院。"④ 20 世纪二三十年代，胶东地区成立的道院、红卍字会如表 9-1 所示。

表 9-1 胶东各县道院、红卍字会成立时间

胶东各县 道院	道院成立时间 （阴历）	红卍字会 成立时间（阴历）	统掌	责任统掌
莱阳道院	1923 年 2 月 1 日	1925 年	于圆观	福恒
烟台道院	1925 年 3 月 1 日	1926 年 3 月 29 日	张昭彬	
黄县道院	1925 年 4 月	1932 年	张先修	
掖县道院	1925 年 6 月	1932 年 4 月 30 日	王慧深	滕燮洁
牟平道院	1925 年 10 月 1 日	1927 年 6 月 27 日	李盛群、 曹承虔（1933 年）	
蓬莱道院	1926 年 10 月 28 日	1928 年 6 月 2 日		
文登道院	1927 年 11 月 14 日	1929 年 7 月 10 日	于启临	

---

① 即张怀斌，昭彬是其道号。

② 即澹台玉田，道号盛冲。

③ 即高凤和，字仪廷，直隶省献县人。

④ 《道慈实录：胶东院会之推设》，《道德月刊》1934 年第 1 卷第 7 期，第 95 页。

胶东各县道院	道院成立时间（阴历）	红卍字会成立时间（阴历）	统掌	责任统掌
栖霞道院	1928 年 3 月 17 日	1928 年 4 月 1 日	谢涤尘	
大连道院	1928 年 4 月 1 日	1928 年 4 月 1 日	张宏仁	
福山道院	1928 年 11 月 1 日	1928 年 11 月 1 日	李道程	
威海道院	1929 年 5 月 1 日	1929 年 5 月 1 日	戚良因	
海阳道院	1929 年 8 月 15 日	1929 年 8 月 16 日	于福嵩	
石岛道院	1929 年 9 月 15 日	1929 年 9 月 15 日	董盛源	
龙口道院	1930 年 5 月 15 日	1930 年 5 月 15 日	刘化正	
长山岛道院	1932 年 6 月 1 日	1932 年 4 月 15 日	林道勋	

资料来源：《道慈实录：胶东院会之推设》，《道德月刊》，1934 年第 1 卷第 7 期，第 95~98 页。

由表 9-1 可见，大连虽与烟台地理上分割，但大连道院却与烟台道院有密切关系。大连道院的创始人张宏仁、刘英机与烟台关系密切。张宏仁即张本政，最早在烟台创立政记轮船公司。刘英机即刘仙洲，是烟台奇山所巨富刘肇亿之亲侄。

（二）烟台道院的组织体系

烟台道院的组织体系是"职事分统监、统掌两级"。[①]

统监是烟台道院系统最高管理者。烟台道院统监仅澹台盛冲与谢涤尘[②]二人。统监澹台盛冲为道院最高道首，负责道院一切事务。谢鸿焘是"统监掌籍"，主管起草、审议道院重要文告、祭表、掌管道职名册、封号。

烟台道院共六个事务掌监，是道院与卍字会的实权人物。澹台为首，次为谢鸿焘。另四人为陈槎济（陈禹山）、王道揆[③]、林秋圃（道号盛坊）、萧华南（道号盛豫）。

六个事务掌监下是一般统掌。烟台道院有一般统掌 70 余人之多。如褚文郁、孙蚨亭等（但褚、孙名次居统掌后列）。一般统掌仅参加议事与祭祀活动，不能主持日常会务、坛务。也有些人只是挂名，作为捐献的一种酬劳。但"因为统掌也是一种身份，死后出殡，官衔牌上也可多一项荣衔"。[④]因此烟台各界参与者甚多。

烟台道院所有统掌以上人员，都是烟台工商界名人或地方重要士绅。比如澹台玉田是烟台商会会长；谢鸿焘是辛亥革命元老；陈槎济是烟台裕兴原老板；王道揆是长广国民学校校董；林秋圃（道号盛坊）是烟台商会常务理事；萧华南

①④　安邦瀛：《所知烟台红卍字会的一些情况》，《烟台市文史资料》第 9 辑，中国人民政治协商会议烟台市委员会文史资料研究委员会编，1988 年 6 月，第 134 页。

②　即谢鸿焘，字一尘。

③　即王渐五，原为莱阳红卍字会会长。

是福山五大官僚地主首户；王浩生是烟台惠通船行经理；孙蚨亭是烟台捷敏机制冰厂的老板。

（三）烟台红卍字会

1. 烟台红卍字会

按照"院会并立"的组织原则。1925年烟台道院成立后，烟台红卍字会于1926年5月10日正式成立。1937年出版的《烟台概览》一书中对烟台红卍字会是这样介绍的：

世界红卍会总会设北平。烟台分主会。于民国十四年（1925年）筹办。翌年三月始宣告成立。以宣道行慈为宗旨。由澹台盛冲、王道揆、王承宴、王慈勋、王盛开为责任会长。刘麟瑞、聂承临、王树慈、曹承意为副会长。徐盛造、曹承虔、杜德芬、刘盛君为责任副会长。李承荷、孙道佑、牟绍先、褚文郁、陈承因、王盛国、杨盛中为副会长。下并设总务股、储计股、防灾股。每股设主任一名，干事多名，分任其事。入会会员共四百余人。所举办之慈善事业成绩昭著，深为社会一般人士赞许。[1]

烟台红卍字会成立以后，胶东各县红卍字会次第成立。如黄县、蓬莱、福山、文登、威海、牟平、掖县、招远、莱阳、海阳、栖霞等，均先后成立了分会。"1926年5月10日烟台红卍会成立时，有会员有150余人。1934年，烟台红卍字会已拥有会员461人。其中特别会员9人，名誉会员24人，普通终身会员224人，普通会员204人。"[2] 到1940年前后，烟台红卍字会会员发展至近600人，成为胶东"第一慈善机构"。

2. 胶联处

20世纪30年代前后，以烟台红卍字会为中心，先后成立了十余处红卍字会，为"共谋道慈发展"，1932年，胶东的烟台、牟平、威海、龙口、莱阳等13个分会成立以烟台红卍字会为中心的"世界红卍字会胶东各会联合总办事处"[3]，简称"胶联处"。胶联处组织、办事简章如下：

第一条，本处以联合胶东各卍会共谋道慈发展为宗旨。

第二条，本处定名为世界红卍字会胶东各会联合总办事处。

第三条，本处设于烟台卍会。

第四条，本处由胶东之烟台、牟平、威海、龙口、石岛、莱阳、蓬莱、栖

---

① 刘精一等：《烟台概览》，复兴印刷局1937年版。

② 烟台分主院：《烟台分主院暨烟台分主会十年道慈纪实》，1935年版，第13页。

③ 《世界红卍字会胶东各会联合总办事处简章》（1932年10月8日），青岛市档案馆，档号：B63-1-31。

霞、福山、海阳、文登、黄县、长岛各分会共同组织之。

第五条，本处设总监理一人，总副监理二人；监理、副监理若干人。

第六条，本处之监理、副监理由胶东各会之会长、副会长、会监充任之。

第七条，本处之总监理、总副监理由监理、副监理中公推之。

第八条，本处内部设文书、会计、庶务、交际四股，各股设主任人，股员若干人。

第九条，本处须于每年八月一日召集胶联大会，研筹一切重要事宜。

第十条，本处每年召开之胶联大会须有九会以上之代表方得开会。

第十一条，本处之通常事务由总监理主持办理，遇有缺席时得由副监理执行之。

第十二条，本处遇有重要事项须随时召集监理会议解决之。

第十三条，本处之监理会议非有七会以上之监理或副监理出席不得举行。

第十四条，本处所召集之各项会议均由总监理主席，遇有缺席时得由总副监理依次代理，若总副监理缺席，就出席代表中临时公推之。

第十五条，凡对外关于胶东各出会全体事宜以及收据文件，均以本处名义行之。

第十六条，凡本处每年收支款项及经办之事件，每届年终须编造报告通布之。本处之简章如有未尽事宜由胶联大会修改之。①

烟台红卍字会会长澹台盛冲担任胶联处总监理、牟平红卍字会会长曹承虔、莱阳红卍字会会长王道揆分别担任副总监理。其各监理、副监理，由胶东各地红卍字会会长、会监等充任，共推定监理 34 人，副监理 74 人。其他如文书主任、会计主任、庶务主任、交际主任等职也均选出 2~3 人担任正副职。②

胶联处以烟台红卍字会为中心，一方面团结胶东各地红卍字会的分散力量，使胶东各地红卍字会分散的慈善救助力量得以凝聚，密切了胶东各地红卍字会之间的联系。另一方面烟台红卍字会发挥了在世界红卍字会系统中"中转站"的作用，将胶东各地红卍字会的慈善援助源源不断地输往全国各地所需之处。

（四）烟台道院、红卍字会组织

全国道院暨红卍字会是一个严密的金字塔式层级组织系统。在道院统系内，自上而下的总分结构大致为：母院→总院→主院（代主院、分主院→代分主院）→省院（埠院、特院）→县院→支院→寄修所。世界红卍字会自上而下的总分结构大致是：世界红卍字会→总会→主会（代主会、分主会）→省会（特

---

① 《世界红卍字会胶东各会联合总办事处简章》（1932 年 10 月 8 日），青岛市档案馆藏，档号：B63-1-31。

② 烟台分主院：《烟台分主院暨烟台分主会十年道慈纪实》，1935 年版，第 28-29 页。

会、埠会、代分主会）→分会（即各县会）→支会。① 全国道院暨红卍字会组织
系统如图 9-1 所示。

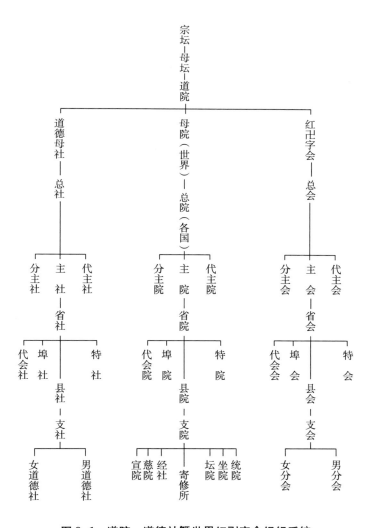

图 9-1 道院、道德社暨世界红卍字会组织系统

资料来源：郭大松：《山东文献》1993 年第 19 卷第 2 期，1993 年 9 月 20 日。

在这个金字塔式层级组织系统内，地方道院暨红卍字会可以因其道务、慈业
发展出色而不断晋级，地位迅速攀升。

---

① 郭大松：《世界红字会与社会救济史料选编》，2011 年（未刊稿）。

20 世纪 30 年代，烟台道院暨红卍字会是全国道院暨红卍字会内道务、慈业发展的先进，因此也是这个系统内晋级最快的组织。烟台道院成立之初，仅是比县院地位略高的"埠院"。1931 年农历七月十一日，烟台道院被晋升为"甲种特院""代分主院"，胶东范围道院、红卍字会基本都为其统辖。烟台红卍字会也相应成为"代分主会"。1933 年农历七月，烟台红卍字会又由"代分主会"升为"中央分主会"，已超过省会级别。这与烟台道院暨红卍字会开展的各项慈善事业成绩优秀直接相关。

二、烟台红卍字会慈善救助活动

清末以来，官设胶东第一广仁堂已经腐败不堪，新兴民间慈善机构烟台红卍字会开始逐渐取代广仁堂。到 1940 年前后，烟台红卍字会会员发展至近 600 人，已经超越胶东第一广仁堂，成为"烟台第一慈善机构"①。

烟台红卍字会举办的慈善事业主要有永久慈善事业和临时慈善事业两类（见图 9-2）。

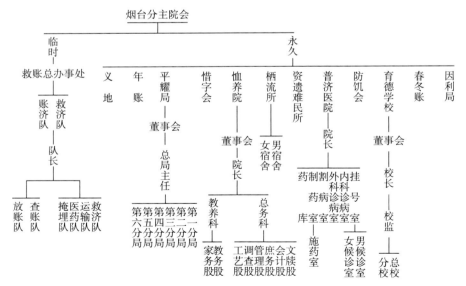

图 9-2 世界红卍字会烟台分主院会各项慈业组织系统

资料来源：烟台分主院：《烟台分主院会十二年道慈纪实》，1940 年版。

---

① 池田薫、刘云楼：《烟台大观》，鲁东日报社 1941 年版，第 125 页。

（一）永久慈善事业

所谓永久慈善事业是指"皆有定所，而能永远行其慈业者"。① 烟台红卍字会举办的永久慈善事业主要有因利局、冬/春赈、防饥会、胶东卍报、育德学校、资遣难民、恤养院、普济医院、栖流所、平粜局、年赈、惜字会、义地等（见表9-2）。烟台红卍字会附设永久慈业及其成立时间如表9-3所示。

表9-2　烟台红卍字会所办永久慈善事业

卍字会所办慈善事业	创办时间	创办人	负责人
因利局	1925 年	统掌赵圣悟	
冬春各赈	1926 年		
防饥会	1927 年 6 月		
育德学校	1928 年	澹台玉田	
资遣难民			
恤养院	1929 年冬		第一任院长王树慈 第二任院长徐盛造
普济医院	1930 年农历四月		院长杜德芬
栖流所	1930 年		
平粜局	1932 年 5 月		董事长澹台玉田
年赈	1931 年 12 月		
惜字会	1931 年		
义地			
胶东卍报			社长曹承虔、副社长褚文郁

表9-3　烟台红卍字会附设永久慈业及其成立时间

永久慈业	成立时间（阴历）	成立时间（阳历）
因利局	乙丑年	1925 年
冬、春各赈	乙丑年十一月举办	1925 年
防饥会	丁卯年六月	1927 年
资遣难民所	己巳年	1929 年
育德学校	己巳年六月成立，甲戌年六月增设分校	1929 年成立，1934 年设分校
普济医院	庚午年四月	1930 年

---

① 《道慈问答》，青岛市档案馆藏，档号：B63-1-247。

续表

永久慈业	成立时间（阴历）	成立时间（阳历）
栖流所	庚午八月成立	1930 年
恤养院	庚午六月成立癸酉八月正式开幕	1930 年成立，1933 年开幕
惜字会	庚午十二月成立	1930 年
平粜局	壬申五月成立，同时分设各分局	1932 年
年赈	癸酉十二月举办	1933 年
义地	癸酉八月设置	1933 年

资料来源：烟台分主院：《烟台分主院会十二年道慈纪实》，1940 年版。

1. 因利局

因利局是"清末设立的慈善机构之以救济贫民，贷放数额很小的营业资金助贫民谋生为目的"。[1] 也称作因利贷济处、因利会等。

烟台卍字会因利局由烟台道院统掌赵圣悟于 1925 年创办。初期"共募集基金洋 800 元，大钱 1753 吊，规定每借户以钱 20 吊为率。1930 年，因钱价大跌，改为以钱 30 吊为率。1934 年，因利局改钱为洋，以 10 元为限"。[2] 1937 年时，"统计十数年来，共贷放二千五百余户"。[3]

2. 冬、春各赈

烟台红卍字会自 1926 年开始办理冬、春赈，其后历年均照常举办。这项救助活动看似临时慈善事业，实则永久慈善事业。冬、春赈时间，大致自每年农历十一月十一日起，至次年农历二月止，主要按气候寒暖的具体情形确定赈恤时间长短。

施赈方法：施赈时，先由赈员分区调查，将贫民户数、口数分别登记，每人每日施放片片（玉米面等粗粮做成的小饼）一至三枚不等，棉衣一套。1932 年，烟台红卍字会平粜局设立后，施放的片片改为玉米面，贫民较前得到更多实惠。无家可归的贫民，仍施给片片，可以使其无须加工，直接食用。

对红卍字会冬赈救济，烟台报纸屡有报道。如 1932 年《东海日报》对烟台红卍字会冬赈报道：

红万字会今冬施放冬赈，自去年开始以来迄今已有数月，按区派员向穷苦同胞分送片片。实惠所及，活人无算。兹闻此次慈善工作。至三月底始行截止。共计约需洋一万四千余元，每日领片片者平均三千人以上云。[4]

---

① 李伟民：《法学辞海 2》，第 1090 页。

② 烟台分主院：《烟台分主院会十二年道慈纪实》，1940 年版，第 20 页。

③ 刘精一等：《烟台概览》，复兴印刷局 1937 年版，第 81 页。

④ 《本年冬赈约需万余元》，《东海日报》，1932 年 2 月 24 日。

3. 防饥会

烟台红卍字会防饥会是"由各会员募集款项存储，以备急需"①的慈善机构。

防饥会于1927年6月成立，由烟台红卍字会会员募集大洋5900余元作为基金。1929年，该基金发交裕昌永按年生息，至1934年底，共收利息洋3500余元。本息共计洋9400余元，以备急需。②

4. 育德学校

慈善学校是世界红卍字会所办慈善事业的重要组成部分。烟台卍字会慈善学校名为"育德学校"，正式成立于1928年，由澹台盛冲担任校长，宋允明为名誉校长，王盛开、褚文郁、张盛恬为校监。育德学校"共有东西两校，专收贫苦学生。有学生五百余名，不收学费，并由学校供给书籍文具"。③

1940年的《烟台大观》中，对育德学校有专门介绍：

该会为救济市内一般贫穷失学儿童起见，特在南沟街及西盛街设有育德小学两处，入校儿童，不收学费。一切制服，书籍笔墨杂费，概由校内供给，两校共有学生五六百人，数年来已毕业学生亦有数百人，市内各界皆有该校毕业学生供职，现任校长澹台盛冲，校监褚文郁，主任徐佩兰。④

育德学校经费由各董事承担，不足之数由烟台红卍字会补充。

5. 资遣难民

资遣难民是烟台红卍字会慈善事业中的重要一部分。对"有流落他乡，四顾无亲之难民，则给以免费车船票，并酌给路费，送至家乡为止"。⑤

1931年，"万宝山事件"发生后，旅韩侨胞纷纷归国。这些侨胞大多数经烟台返回原籍。烟台红卍字会承担资遣难民的责任。1931年8月13日的《华北日报》上报道："近据（卍字会）烟台分会函报，侨胞抵烟者，统计一万零一百余人。除有力者各自回籍外，其余计收容五千余人，亦渐次分别资遣输送。"⑥

1937年，有从海参崴被逐回国华侨十余人，到烟台红卍字会请求资助。"该会当予资助，并函托政记公司轮船，请为免费搭载该侨胞等赴龙口。被资助者有掖县人孟吉哲、孟刘氏、孟应仁、孟陈氏、昌邑人曹德明、黄县人王凤起、房安山、刘长义并有幼童三名。"⑦

6. 普济医院

世界红卍字会开办的慈善医疗主要是免费为贫病民众施诊、施药。

①③⑤　刘精一等：《烟台概览》，复兴印刷局1937年版，第81页。

②　烟台分主院：《烟台分主院暨烟台分主会十年道慈纪实》，1935年版，第15页。

④　池田薫、刘云楼：《烟台大观》，鲁东日报社1940年版。

⑥　《红卍字会最近工作》，《华北日报》，1931年8月13日。

⑦　《旅海参崴侨胞又一批被逐回国》，《时事新报》，1937年6月8日。

1930 年农历四月，烟台红卍字会正式开办普济医院，以救济患病贫民为宗旨。主要业务是施诊、施药。普济医院位于烟台红卍字会南楼下。杜德芬担任院长，王善化为管理员，季盛弥、王盛鉴、闫承岭、林承恕为纠察员，宁盛融为医务主任兼药品保管员。以上职员均为烟台红卍字会会员。此外，还有外聘医师 2 人，医助 4 人，司事 2 人。

普济医院作为一家慈善医院，专事救济患病贫民，施医施药。"十数年来共施诊十八万九千余人。"①

7. 平粜局

所谓平粜，是指"遇本地灾歉，民食不足则办购米粮"，② 平价卖米。烟台卍字会设有平粜局，是红卍字会设立的应急社会救济机构。

清末烟台，承担平粜任务的机构是广仁堂。如 1899 年的《申报》记载：

官宪因粮价过昂，劝谕商会由奉天省运米数百石，发交广仁堂平粜，每石收库平银七两二钱，照市间每斗可省大钱百余文。除芝罘奇山社殷户较多，自行办理外，其余各社由县发给凭条，持赴堂中粜取。③

民国建立后，广仁堂不再是官办慈善机构，且日益衰落，而有烟台商会支持的红卍字会开始承担平粜事务。1931 年农历八月初三，烟台红卍字会设立了平粜局。并订立了《平粜局章程》，其部分内容如下：

（1）各分局施卖粮粉均由本局发给其施卖数目，须每日填表报告本局查核。

（2）本局每月终须将收支施卖各情形造表报告董事会核查。

（3）本局及分局所有津贴薪金日用各费均由本局直接支给之。

（4）各分局每日收入之款，须当日送交本局，而本局每至五日须汇交卍会一次。

（5）本局及各分局以所在地之区域，分区调查贫户，按甲乙丙丁四等核定施卖等级，每人每日以半斤为限，但丁等者不在此例。

（甲）免费（乙）半价（丙）按成本收四分之三（丁）按市价折收一成或二成。

（6）前条所列甲乙丙丁四项，其赤贫或鳏寡孤独者为甲，次者为乙，再次为丙为丁，惟确定乙丙二项等级时，须由调查员商请各总副主任及分主任按其境况及年龄公平核定之，其丁项则为普通平粜，毋庸调查。

（7）本局施卖粮粉大人口每日　（斤）小口每日　（斤）。④

---

① 刘精一等：《烟台概览》，复兴印刷局 1937 年版，第 81 页。

② 《世界红卍字会慈业工作报告书》，上海档案馆馆藏档案，档号：Q120-4-2。

③ 《烟台杂志》，《申报》，1899 年 5 月 5 日。

④ 原文如此。

（8）本局对各领户每十日须复查一次，以定升降或免除。

（9）本局施卖粮粉每年分两期，第一期自十二月一日起至三月底止，第二期自四月一日起至十一月底止。①

烟台红卍字会设立的平粜局，在1932年《东海日报》上有过报道：

烟台红卍字会每年施放冬赈，已历年所，该会鉴于此项短期赈施，一经截止，贫苦者依然无以为继，乃于去岁筹组平粜局，以资补救。计设总局一处，分局五处，所拟简章，前已公布，惟关于内部仓库机厂，机械各项手续，极为繁重。自去岁即着手建筑，并布置一切，经数阅月，迄未完备。值此青黄不接，贫民生活亦形困难，该会拟将该局前存苞米，定于五月十六号起，先在总局始平粜，以利民生。余俟该局内部之电磨机械建设完备后再施卖苞米面，惟事系初创，亟盼各界予以指导，海内仁人一致协助云。②

8. 栖流所

20世纪30年代前后，胶东一带战乱频仍。每有战事，即有大批难民逃入烟台市区。为拯救这些难民，"庶病民灾黎之转徙者，得所栖止也"③。1930年农历六月初九（阳历7月4日），烟台红卍字会奉训设立栖流所。八月初一（阳历9月22日）栖流所正式开办。

烟台红卍字会栖流所制定有简章。简章对栖流所宗旨、收容手续、收容对象等都有明确的规定。简章规定栖流所"以暂容异乡转徙之病民灾黎为宗旨"④。在收容手续上，"凡来本所栖止者，无论出所入所须登册挂号以凭稽核"⑤。

栖流所收容对象。"凡来本所栖止者，以安分良民为限"。"凡异乡贫民之由家外出或由外回家，至本埠无力入栈，因故一时不能即行者，至本所栖止"。

栖流所简章也规定了有四种对象概不收容：

形迹可疑者。

无病壮年男子而无家属者。

身染恶疾与嗜好者。

不能即转徙者。⑥

栖流所对入住贫民救助，"以三日为限，但遇有特殊情形时得延长二日。有疾病时，其行止以医生诊断为准"⑦。入所贫民每人每天给予片片6枚以充饥。其通过海道回籍候船之贫民，准许暂住3天，并酌量给予路费。据不完全统计，自1930年开办至1934年，进入栖流所住宿、膳食之男女老幼，"总计千余人，

---

① 烟台分主院：《烟台分主院会十二年道慈纪实》，1940年版。
② 《红卍字会主办平粜局定期平粜》，《东海日报》，1932年5月13日。
③④⑤⑥⑦ 烟台分主院：《烟台分主院会十二年道慈纪实》，1940年版。

开支洋 700 余元"①。

9. 年赈

年赈，是指"于春节时最贫苦者之情形资助之"慈善活动。1931 年，烟台红卍字会首次举办年赈。同年，世界红卍字会指示胶东各院会："本年除已放冬赈者外；其各院会可筹集年赈，即传谕胶东各院会量力筹办。集有成数，可于春节前散放。"烟台红卍字会遵照上述指示办理。其赈济之法：先由烟台红卍字会派调查员外出调查情况，作为救恤的依据；孤苦贫寒不能度过年关之人，酌量给予赈济。

10. 惜字会

惜字，即敬惜字纸。惜字会是一种特殊的慈善组织。清末烟台广仁堂创办时就设有惜字会。1930 年 12 月，烟台红卍字会筹划成立惜字会。惜字会成立后，就派人购置纸笼，招募夫役，每天担笼沿街拾捡，污秽者，随时洗涤。此外，在烟台恤养院墙外左侧筑一座焚炉，随拾随焚，焚烧之后的灰烬投入大海。"至1934 年底，举办 4 年间共计花费 260 余银圆"②。

11. 义地

义地是供给贫民埋葬用的公共墓地，是一种传统慈善救济事业。清末烟台广仁堂即有义地。到 20 世纪 30 年代时，广仁堂"掩骼（骨）会还有义地七处，合计四百余亩。均位于距市内五里以外之山冈……数十年来，行将葬满。现只余空地十余亩矣"。③

烟台红卍字会成立后，即计划设立义地。1933 年 8 月，烟台红卍字会在烟台西郊通伸村西南购买近 17 亩山地，花费 1000 银圆。1934 年春，烟台红卍字会在购置地亩上建筑正房 3 间，西厢房 5 间，设看守 1 人，连同购买的有关器具和树苗等项，共花费 1400 余元。建成后的义地，房屋居中，房前左侧为男冢，右为女冢；屋后左侧为未成年男冢，右侧为未成年女冢。④

（二）临时慈善事业

所谓临时慈善事业是指"对于各地临时发生的灾患，红卍字会实地救济或赈救者，均归临时赈救类"⑤。每逢发生大规模战争或灾荒，烟台红卍字会就会组派救济队、赈济队前往灾区施救，同时还为灾区捐献款项和物资。

红卍字会救济队与赈济队任务不同。救济队的任务共有五项：救护伤亡军

① 烟台分主院：《烟台分主院暨烟台分主会十年道慈纪实》，1935 年版，第 22—23 页。
② 烟台分主院：《烟台分主院暨烟台分主会十年道慈纪实》，1935 年版，第 26—27 页。
③ 刘精一：《烟台概览》，复兴印刷书局 1937 年版，第 78 页。
④ 烟台分主院：《烟台分主院暨烟台分主会十年道慈纪实》，1935 年版，第 27 页。
⑤ 《道慈问答》，青岛市档案馆藏，档号：B63-1-247。

民，运送难民于安全地带，收容难民妇孺，治疗伤病军民，掩埋死亡军民。救济队的标识均用白底红卍字，有五种以上：旗帜、制服、臂章、识别章、任职证等。[①]　赈济队，负有调查灾情、施放赈品之专责。其他方面，如组织及标识，赈济队与救济队大同小异。救济队亦可兼代赈济队实施放赈。[②]

烟台红卍字会自创立后，就多次组织救济队前往灾区施救，并为灾区捐献款项和物资。烟台红卍字会组织的救济队、赈济队具体情况如表9-4所示：

表9-4　烟台红卍字会组织的救济队、赈济队

临时慈业	组成	成立时间（阴历）	成立时间（阳历）
台平救济队	烟牟两会合组	戊辰年六月	1928 年
烟台救济队		己巳年正月	1929 年
世界红卍字会第六救济队	烟牟栖蓬各会合组	庚午年五月	1930 年
胶东联合救济队	胶东各会联洽分组，救赈总办事处亦同时成立	壬申年八月	1932 年
赈济队（查放灾赈）		自戊辰年六月成立，嗣后遇有灾情发生则随时查放	1928 年
世界红卍字会第四联合救济队	胶东各会共组建救济队十五队		1937 年

资料来源：烟台分主院：《烟台分主院暨烟台分主会十年道慈纪实》，1935 年版，第 31-32 页。

1. 1928 年台平联队

1928 年，各路军阀在胶东混战不已，6 月 13 日，烟台北洋军阀统治被推翻，烟台改悬青天白日旗。7 月 22 日，"烟台降军钟震国勾结张宗昌、方永昌叛变，复悬五色旗"[③]，史称"烟台事变"。9 月 4 日，刘珍年以武力赶走钟震国，烟台复悬青天白日旗。在此期间，烟台一带多次发生战事。

1928 年 7 月 22 日（阴历六月六日），"烟台事变"发生当日，烟台红卍字会和牟平红卍字会联合组成台平联合救济队（简称台平联队），由聂承临、王盛国为正副队长，王澜大、常镜愿、王澜扬、孙盛庸、王承我、常逸尘、常道基、李厚仁、李澜宣、赵德臣等为队员。

同年 8 月，施钟战事突然爆发。台平联合救济队迅即出发，设立临时医院，收容伤病人员 54 名，治愈后资遣回原籍，掩埋阵亡士兵 13 人。

在此期间，胶东地区各种会匪趁机作乱，先后在莱阳、栖霞、昌邑、平度、牟平五县烧杀抢掠，惨无人道。地方军队出兵围剿。"师之所处，荆棘生焉"，

---

①②　《道慈问答》，青岛市档案馆藏，档号：B63-1-247。

③　郭廷以：《中华民国史事日志》，第 1612 页。

地方百姓备受荼毒。台平联合救济队分赴灾区调查灾况，实施救济。"统计被灾者 99 个村庄，难民 13100 余口，施放赈洋 37590 余元，发放赈衣 600 余套"。①赈济工作至 1928 年底结束。这是烟台红卍字会第一次组织救济队开展战地救济。

除台平联合救济队进行救济外，莱阳红卍字会也参与了战地救济，"施赈银二万余元"。②

2. 1929 年牟福救济

1929 年春，"张刘战起。牟平、福山两城被围"。原山东省督办张宗昌联合各路杂牌军攻打驻守于烟台的国民革命军二十一师刘珍年。刘珍年和张宗昌先后在牟平、福山交战。一位经历者记录下了当时烟台的状况："地方大遭蹂躏，离城五里外之村乡房屋，当付之一炬，可怜焦土一片，难民多逃避威海，其来烟者，亦颇不鲜。当地慈仁的红卍字会设有难民收容所，俾贫寒无归者，有所食宿。男的则另归道德会收管，女的幼的则归女道社收管。"③

为救助难民，烟台红卍字会组织了牟福救济。1929 年正月底，烟台红卍字会组织救济队。以聂承临、石承国二君为正副队长。杨盛意、燕盛松、王澜敏等为队员。分赴牟平、福山实施救济。设收容所 10 处，临时医院 3 处，先后治愈伤兵 790 余名，资遣送回原籍。掩埋阵亡士兵 290 余人，收容住所难民 2800 余人，输送难民 11000 余名。牟平、福山两县被灾者计 75 村，灾民 23441 口，施放赈粮 700 余石，赈洋 37490 余元；加上救济开支洋 18790 余元，共计支洋56280 余元。④

同时，牟平红卍字会还在当地设立收容所 11 处，临时医院 1 处，养病室 3处，收容难民并医治伤兵、民 4000 余人。⑤

3. 1930 年潍县救济

1930 年 5 月，在河南、山东、安徽等省爆发了一场军阀混战，史称"中原大战"。山东战区的战事主要集中于胶济铁路沿线。奉世界红卍字会中华总会指令，胶东组织第六救济队，出发胶济线。第六救济队由胶东三组救济队组成。第一组救济队由烟台红卍字会筹组，第二组救济队由牟平红卍字会组织，栖霞、蓬莱红卍字会合组第三组。总办事处设于烟台红卍字会。

救济队出发潍县，设收容所 7 处，施诊所 3 处，救济工作历时半年之久。总计收容住所难民 600 余人，资遣回原籍难民 130 余人，掩埋阵亡尸体 40 余具，

---

① 烟台分主院：《烟台分主院暨烟台分主会十年道慈纪实》，1935 年版，第 31-32 页。
② 《莱阳县志》卷二之一，第 43-44 页。
③ 《胶东空前之惨祸，妗姊的一封来信》，《民国日报》，1929 年 5 月 1 日。
④ 烟台分主院：《烟台分主院暨烟台分主会十年道慈纪实》，1935 年版，第 32 页。
⑤ 《牟平字会及附设恤养院成立经过及沿革简报》，1951 年 4 月 18 日，烟台市牟平区档案馆藏，档号：23-1-1。

诊治受伤兵民 10720 余人。此次救济工作共支洋 5580 余元。①

4. 徐州救济

1929 年 12 月发生南北军阀大战。烟台红卍字会奉世界红卍字会中华总会指令，组织救济队前往徐州开展救济工作。这支救济队由聂承临、王盛国分别担任正、副队长，杨盛品、王澜敏、陈承珂、张承宗、王盛彬、李槎同、刁承妙等为队员，张盛杞任医士。

救济队到达徐州后，在火车站附近设施诊所 2 处，诊病施药，共计治愈受伤士兵、民众 1900 余名，掩埋阵亡士兵 2 人。救济工作至 1930 年 3 月始告结束，共开支洋 3130 余元。②

5. 1932 年掖莱救济

1932 年 9 月，胶东地区再次爆发战争。山东省政府主席韩复榘与驻守烟台的刘珍年为争夺胶东控制权发生战争。战事迁延两月之久，战场主要在掖县和莱阳。

同年 9 月 21 日，烟台红卍字会通知胶东各地红卍字分会准备救济。胶东联合总办事处（胶联处）立即组织救济队，由烟台、牟平、蓬莱、栖霞红卍字会共组成四队八组救济队。另外，莱阳、海阳两县红卍字会组设两支特别救济队（见表 9-5）。

表 9-5　掖莱救济中胶东联合总办事处成立的救济队

救济队	组织方	正/副队长		组长
第一队	烟台红卍字会	王澜观、闫承岭	一组	刘培信
			二组	闫承岭兼代
第二队	牟平红卍字会	孙惠舟、王澜大	三组	张镜澈
			四组	燕镜一
第三队	烟台红卍字会、蓬莱红卍字会合组	刘化正、吴汉和	五组	孙趣初
			六组	李槎同
第四队	烟台红卍字会、栖霞红卍字会合组	燕盛松（兼代）、郝恩桂	七组	杨盛品
			八组	郝恩桂兼代
第一特别队	莱阳红卍字会	张海默、张英觉	一组	宋岳觉
			二组	张英觉
第二特别队	海阳红卍字会	高述道、薛灵澈	三组	徐趣玄
			四组	赵汇诚

资料来源：烟台分主院：《烟台分主院会十二年道慈纪实》，1940 年版。

此次救济活动是胶联会（胶东联合总办事处）首次组织联合救济活动。济

---

① 烟台分主院：《烟台分主院暨烟台分主会十年道慈纪实》，1935 年版，第 32-33 页。

② 烟台分主院：《烟台分主院暨烟台分主会十年道慈纪实》，1935 年版，第 32 页。

南、青岛、济宁等地红卍字会组织也参加了这次战地救济。

此次掖莱救济工作，胶东红卍字会发放赈粮、赈衣数目及赈款数额等情况大致如下：苞米 400 石，价值大洋 4500 余元；小米 500 包，价值大洋 2780 余元；棉衣裤 8779 件，价值大洋 7450 元，还有烟台红卍字会库存棉袄 370 件、棉裤 194 条，世界红卍字会中华总会捐赠棉衣裤 200 套，威海、福山红卍字会合助棉衣裤 100 套，均发放掖县、莱阳灾区。战区各救济队赈济共支出大洋 84138 元，内含 4800 袋面粉折价。救济队后方支出大洋 3000 余元。海阳县部分地区被兵焚烧、抢掠，救济队支放应急款大洋 1000 元。以上共支出大洋 102800 余元。①

6. 红卍字会捐赈各地灾患

烟台红卍字会除组织胶东各地卍字会参与战地救济外，还积极参加捐赈各地灾患。表 9-6 是 1928~1934 年烟台红卍字会参与各地灾患捐赈统计表。

表 9-6　1928~1934 年烟台红卍字会捐赈各地灾患统计

时间	赈救类别	捐款数额（银圆）	捐物数量
1928 年	莱阳匪灾	20464.4	
	牟平匪灾	6541	
	昌邑匪灾	5885.5	棉衣 300 套
	平度匪灾	4478	棉衣 300 套
	栖霞匪灾	222	
1929 年	栖霞匪灾	8493	粮 500 石
	黄县兵、匪灾	10986	
	招远匪灾	5936	粮 750 石
	蓬莱匪灾	2500	粮 400 石
	莱阳匪灾	1220.4	粮 450 石
	平度匪灾	649	粮 300 石
	昌邑匪灾	177	粮 350 石
	高密匪灾	177	
	文登水灾	1131	
	烟台商场火灾	88	
	西北灾区	9730	
	济南红卍字会冬春赈	4000	
	世界红卍字会中华总会冬赈	1374	

---

① 烟台分主院：《烟台分主院暨烟台分主会十年道慈纪实》，1935 年版，第 51 页。

续表

时间	赈救类别	捐款数额（银圆）	捐物数量
1930 年	栖霞火灾	156	
	世界红卍字会驻京办事处春赈	860	
	巢县灾赈	400	
	大兴灾赈	840	
	牟平、海阳灾赈	1754	
	东北水灾	2500	
	威海水灾	130	
	六省灾区	21000	
	苏皖鲁灾赈	5000	
	济南红卍字会冬赈	4000	
	世界红卍字会中华总会冬赈	7105	棉衣 500 套
1931 年	十六省水灾	35919.3	
	威海火灾	600	
	安徽急赈	2200	
	安庆赈灾	1520	
	滨江赈灾	995	
	世界红卍字会中华总会夏赈	2520	
	威海冬赈	500	
	世界红卍字会中华总会冬赈	11385	
	赈济湖北被灾渔户	13350	
1932 年	宁沪赈灾	79360.5	
	滨陕灾赈	20817	
	四平灾赈	670	
1933 年	1933 年扩大救济	86000	
	黄河水灾	35474	
	黄河灾区冬赈	27651	
1934 年	皖西灾赈	3000	
	四川水灾	3000	
	甲戌灾赈	16000	
	福州救济队	672	
	滑县水灾	2000	
	海阳火灾	173	
	江西灾区三次捐款	17500	

资料来源：烟台分主院：《烟台分主院暨烟台分主会十年道慈纪实》，1935 年版，第 36-39 页。转引自李光伟：《老安少怀：烟台恤养院研究》，人民出版社 2016 年版，第 57-59 页。

三、烟台恤养院

烟台恤养院是烟台红卍字会设立的一个永久性慈善机构，其设置之齐全、规模之庞大，远远超过一般的官办救济院。恤养院是民国时期全国民办慈善机构的典范。

1929年，烟台红卍字会成立孤儿院筹备处。后经总会训示，烟台红卍字会认为应扩大救济范围，如贫苦之孤儿、失养之婴儿、贞节无告之孀妇，均应在分别恤养之列。遂由孤儿院改为恤养院。1929年农历四月，烟台红卍字会成立恤养院董事会，澹台盛冲被选为董事长，王承宴为副董事长。1933年恤养院正式开幕。

（一）恤养院内部组织结构

恤养院为烟台红卍字会所办之永久慈善事业，在行政关系上隶属于烟台红卍字会。烟台恤养院组织系统如图9-3所示。

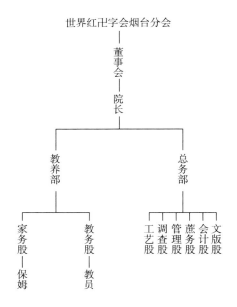

图9-3 烟台恤养院组织系统

资料来源：世界红卍字会烟台分会：《世界红卍字会烟台分会恤养院三周纪念册》，1936年版。

从烟台恤养院组织系统表可以看出：

第一，恤养院实行董事会领导下的院长负责制。董事会是恤养院的最高权力机构，代表烟台红卍字会决议一切重要院务，有任免院长的权力，恤养院各项财务收支的最终查核权也归董事会所有。董事会由烟台红卍字会 28 位主要成员组成。董事为义务职，任期二年并得连任。此外，如对恤养院发展有特别贡献者，由董事会征请为特别董事、名誉董事、责任董事、赞助董事及监察。凡向院方捐赠 500 元大洋者聘为名誉董事，捐 1000 元者为赞助董事，捐 2000 元者为特别董事。至 1936 年 6 月，各类男女董事共计 137 位。

第二，恤养院董事会下面是院长，实行院长负责制。恤养院设院长一人，副院长二人，管理院内一切事宜，由董事会聘任，均为义务职。院长、副院长直接对董事会负责并执行董事会的各项决议。院长职责重在对外，主要负责筹款及各种交际事务。副院长重在对内，负责院内用人行政诸事。院长、副院长对院务运营负有重大责任。

第三，恤养院内部分教养部和总务部两部。总务部又称总务科，其职责为"本院所恤孤儿、婴儿、嫠妇、产妇、残废、老赢衣食、现金出纳各事，凡文牍、会计、庶务、管理、工艺、调查各员均属之"。① 总务部设总务主任一人，由院长聘任，须经董事会认可。恤养院的衣食住行、现金出纳、对外联络，以及对教养对象的调查、发证、接收、登记、照相等都由其负责管理。

教养部又称教养科，按照规定："教养部职司孤儿教务、婴儿抚育及孤婴残赢衣食住之管理各事，凡教务、家务各员均属之。其家务股之保姆、乳妇、女佣等可直接属于家务长指挥。"② 教养部设教养主任一人，由院长聘任，须经董事会认可。教养部下设教务股和家务股，各股职员均听从教养主任行事。

（二）恤养院慈善救济对象

烟台红卍字会成立之初即开展收养孤儿，救恤残疾、老赢、嫠妇、产妇等弱势群体的慈善活动。恤养院创办后，这些救恤活动统一划归恤养院。恤养院慈善救济对象为孤儿、婴儿、产妇、嫠妇、残废和老赢六部分。在 1936 年 6 月出版的《世界红卍字会烟台分会恤养院三周纪念册》对恤养院的六部分救济对象有介绍。内容如下：

1. 孤儿部

烟台恤养院孤儿部分，初系收养十二岁以内家中贫苦无父或母之男孤，一经报告，即行调查，如合定章，随时收入，所有衣食住各项，悉由院中供给，并施

---

①② 世界红卍字会烟台分会：《世界红卍字会烟台分会恤养院三周纪念册》，"世界红卍字会烟台分会附设恤养院简章"，1936 年版，第 2 页。

以相当教育及工艺，俾其长大足以自立，年满十八岁以上，方准出院。廿二年春，因房舍稍事扩展，更加收女孤。

2. 婴儿部

恤养院婴儿部系收养被弃之婴，以维人道，而重生命。该院在门旁及市内各处，设有接儿屉若干处，凡代收婴儿一名，奖金五元。婴儿进院后，用乳妇哺育，逾三岁，即拨归孤儿部教养，现该院共有婴儿约百人。

3. 产妇部

恤养院产妇部系救济市内一般贫穷无力生产之妇女。在产期发给恤金，以十日为期，每期施洋五元，极贫者施二期，并施药品，在冬季兼施棉衣，现时该院救恤之产妇约有千余人。

4. 嫠妇部

恤养院嫠妇部系遇有年未四十即丧其所夫之节妇。如家中确极贫穷，衣食无给者，即由院方拨给一折，每月凭折至院内领款，额数按贫穷之情状，分二元、三元、四元三等，现在该院所恤妇百余人。

5. 残废部

恤养院残废部系收养或或抚恤贫穷男女残废，不住院内者，每月由院方给予恤金二三元不等，若系只身无依，无家可归者，则由院方收养，一切衣食完全院方供给，现该院住院之残废约有八十余人，领恤金者有百余人，

6. 老赢部

恤养院老赢部凡男女老赢，贫穷无法生活者，不住院内，由院方每月拨给恤金二三元不等，无家无靠者，由院方收养，衣食全由院内供给，现时该院由住院之老赢四十余人，领恤金百余人。[①]

（三）烟台恤养院的经费来源

烟台恤养院作为烟台红卍字会下设的一个民办慈善机构，设立慈善项目众多，"每月需开销万金"。因此，筹款问题是烟台恤养院面临的首要问题。其经费来源主要有四个方面：

第一，卍字会拨款。恤养院是烟台红卍字会下设永久性慈善机构，其经费来源首先是烟台红卍字会的拨款。20世纪30年代，烟台红卍字会成为世界红卍字会系统中的先进，与其背后烟台商会的巨大支持有密切关系。近代，烟台商会是一个准行政机构，既是一个行业管理机构，同时也有部分行政职能。且近代烟台商业发达，商会成员众多。因此，近代烟台商会的背后支持是烟台红卍字会、恤

---

① 世界红卍字会烟台分会：《世界红卍字会烟台分会恤养院三周纪念册》，1936年版。

养院发展的根基。

第二，募捐收入。募捐收入是恤养院运行经费的必要补充。烟台红卍字会创办者大部分是商人出身，近代胶东商人是山东商帮的代表，又称"胶东帮"，在商贸活动区域上，近代胶东商人主要在京师、东北奉天、吉林、黑龙江、江南苏广等地区进行商业经营。因此，烟台恤养院的募捐主要围绕"胶东帮"商人活动区域进行。如试办伊始，烟台恤养院院长王树慈协同董事王承宴、陈槎济、季盛研等奔走上海、滨江等地募集基金。1934 年，董事杜德芬因公事前往上海，同时为恤养院募集资金。1935 年，王承宴、褚文郁辗转大连、上海共募得"洋一万千余元"。

第三，董事捐助。董事捐助是恤养院运行经费的重要来源。烟台恤养院规定："凡输助本院基金，独捐二千元以上者，征为特别董事；千元以上者，征为名誉董事；五百元以下者，征为赞助董事。"[1] 烟台恤养院劝募了大批捐款董事。据不完全统计，至 1936 年 6 月，烟台恤养院有各类男女董事共计 137 位。由此可以推断，董事捐助成为恤养院运行经费的重要来源。

第四，实业自立。烟台恤养院之所以成为民国时期全国民办慈善机构的典范，就是通过创办实业，实现了自足自立。烟台恤养院在民国三十年（1941 年）前后一共建立了 14 个事业单位，3 个分销处。这 14 个生产单位是铁工厂、木工兼营造厂、服装厂（中服科和西服科）、鞋厂、印刷厂、纺织厂、机织厂、针织科、面粉厂、糕点科、励勤食堂、义通银号、福利栈大车店、农务科和果园。[2]

---

① 世界红卍字会烟台分会：《世界红卍字会烟台分会恤养院三周纪念册》，"历年事略"，1936 年版，第 2 页。

② 宋光宇：《宋光宇宗教文化论文集》，佛光人文社会学院 2002 年版，第 792 页。

第四编

抗日战争和解放战争
时期烟台慈善

第十章　日占时期的慈善救济

1937年"七七事变"后，日本发动全面侵华战争。1938年2月3日，日军侵占烟台。从此一直到1945年8月24日烟台第一次解放。烟台沦陷长达七年半的时间。在此期间，胶东地区同时存在日占区、共产党建立的胶东抗日根据地以及国统区，三类政权并存。因此，也就同时存在三种慈善救济事业。

一、日占期间烟台主要慈善机构

1938年2月3日，日军占领烟台后，暂在烟台组织胶东善后委员公署，改烟台特别区为烟台市，委任张化南为伪市长。1938年3月5日北京伪临时政府成立山东省公署，任命马良为省长，伪山东省政权成立。4月17日，将烟台市划属伪鲁东道（后改成登州道）管辖，又加委张化南为伪鲁东道尹兼伪烟台市市长。伪鲁东道管辖福山、莱阳、牟平、海阳、蓬莱、黄县、招远、栖霞、文登、荣成等10余个县及烟台市和威海、龙口两个特区。但日伪政权所能施政的范围多限于城镇和交通干线。

（一）慈善概况

日军入侵山东，给山东慈善救济事业的发展造成了巨大的破坏。"旧有省县市立救济事业，多因事变停顿"。为了维护统治，伪山东省公署成立后，不得不逐渐恢复慈善救济事业并整顿原有慈善组织。

1938年7月，伪山东省公署改组省赈务委员会，民政厅厅长晋延年、张星五先后兼任省赈务委员会委员长。1938~1939年，省赈委会共施放赈款2万余元，赈衣14200余件，设立粥厂两处，成立因利局无息贷款，开办中医院施诊施药，恢复救济院，收容老弱孤儿，成立贫民学校，救济失学儿童。①

1939 年 6 月，伪临时政府颁布了《监督慈善团体条例》和《监督慈善团体条例施行细则》。对慈善团体发起人及会员的资格限定更严格。伪临时政府颁布的《监督慈善团体条例》第五条规定有下列各款情事之一者不得为慈善团体发起人，并不得为慈善团体会员：第一，鼓吹共产邪说或有反政府之言论行动者；第二，曾因财产上之犯罪受刑之宣告者；第三，褫夺公权尚未复权者；第四，宣告禁治产尚未撤销者；第五，宣告破产尚未复权者；第六，亏欠公款未清偿者；第七，吸食鸦片或有其他不良嗜好者。②

与 1929 年 6 月南京国民政府颁布的《监督慈善团体法》及《施行规则》两相比较，伪临时政府颁布的《监督慈善团体条例》对慈善团体发起人及会员的资格限定更严格。

根据新颁布的《监督慈善团体条例》，1940 年，伪山东省公署除对已设的因利局、中医院、救济院进行整顿外，又通令各市县按照本地情形，筹设因利局、贫民工厂、贫民医院及救济院等，其旧有类似机关，酌量归并改组，已设立者进行整顿。1941 年 7 月，伪山东省公署又下令各模范县设立厚生所。

因此，在日伪统治期间，烟台慈善事业深受影响。根据 1939 年 8 月《山东省公报》，统计了烟台各县慈善团体。可参见表 10-1。

表 10-1　日占期间烟台各县慈善团体一览

慈善团体名称	会址	成立年月	建筑状况	组织	事业概况	管理者姓名及略历	执事人数	经费来源
世界红卍字会蓬莱分会	蓬莱县城内东南坊状元街	民国十一年（1922 年）成立		通掌下设院监、文牍、会计、同修	设立粥厂，救济贫苦	李书冀，年六十八岁，经商	六人	由慈善家捐助
世界红卍字会栖霞分会	栖霞县城南关	民国十八年（1929 年）三月成立		正副会长各一人，会员若干	设施诊所及学校各一处，办理恤婴及赈济	谢涤尘，年六十七岁，前清附生	五人	由会员捐助

---

① 《山东省公署二十九年工作报告·民政》，第 119 页。
② 山东省公署秘书处：《山东省公报》（第五期），1939 年版，第 1-2 页。

续表

慈善团体名称	会址	成立年月	建筑状况	组织	事业概况	管理者姓名及略历	执事人数	经费来源
世界红卍字会牟平分会	牟平县城内卍字街	民国十六年（1927年）六月成立	楼房二百四十八间，平房三十间	会长下设总务、防灾、救济、慈善、交际五股	办理慈善救济事业	曹承虞，年四十九岁，北京中华大学法科毕业	十二人	由会员捐助
世界红卍字会福山分会	福山县西门	民国十五年（1926年）由阁县绅董组织慈善团体，以救济困苦民众			每年冬季施放棉衣医药	萧龢悟年五十二岁，山东福山县人，省立烟台第八中学毕业	八人	每月经费四十元。由会员及各善士捐助之
世界红卍字会莱阳分会	莱阳县城内庆升平街	民国十四年（1925年）十月一日成立			施医施药，救济贫苦	张英觉，年六十一岁，莱阳县人		由会员捐助
广仁堂	烟台道恕街八号	清光绪十八年（1892年），经盛道会同地方绅商创设。民国三年（1914年）改称胶东第一广仁堂。二十七年奉烟台市公署更名为烟台市广仁堂			每年施舍医药，棺木及救济残厂	翟秋圃，年四十九岁，山东掖县人，奉天农林学校毕业		每月经费一千四百余元。每年收房租一万六千六百余元。房屋一千五百五十三间，在福山县出租土地三亩，义冢地四百六十五亩
世界红卍字会掖县分会	掖县城内大十字口东	民国十七年（1928年）创办，二十二年成立		会长下设有文牍、庶务、及医务	设有施诊所、因利局办理赈济事业	王毓辉	九人	由会员捐助
同善社	掖县城内青罗观	民国九年（1920年）成立			施诊舍药	孙德璋		善士捐助

续表

慈善团体名称	会址	成立年月	建筑状况	组织	事业概况	管理者姓名及略历	执事人数	经费来源
掖县救济院	掖县城内东道门首	雍正年间创设普济堂，民国二十年（1931 年）改称今名			收容老残孤苦	翟震起		善士捐助

资料来源：东亚宗教协会：《华北宗教年鉴》，新民印书馆 1941 年版，第 549~559 页。

（二）烟台慈善组织

日占期间，烟台慈善事业备受摧残。一是烟台慈善组织数量减少（见表 10-2），二是对慈善机构进行整顿改造。如广仁堂被奉命改为烟台市救济院。原贫民工厂由商会划归烟台市公署建设局管理等。

表 10-2　1938 年烟台市各慈善机构或团体概况调查

机关或团体名称	世界红卍字会烟台分会	世界白卍字会烟台总会	广仁堂	慈光社
性质	慈善团体	慈赈、施医、救济、信佛	慈善	周济贫民、施给药品、诵经念佛
主办人姓名	澹台玉田	崔葆生、王馨堂等	崔葆生	迟瑞五
成立年月	民国十五年（1926 年）三月	民国二十一年（1932 年）二月	光绪十八年（1892 年）七月	民国五年（1916 年）三月
地址	大马路十字街五十一号	烟台北大街中市	道恕街八号	永隆街三号
经办人姓名	澹台玉田、王承宴、杜德芬、王道揆、曹承虔、褚文郁	崔葆生、王馨堂等	盛宣怀及地方绅商	迟瑞五
组织情形	本会分设六股：（一）总务股（二）储计股（三）防灾股（四）救济股（五）慈善股（六）交际股。除首席会长一人，责任会长副会长，责任副会长会监副会监各若干人外，每股设主任、副主任各一人，干事若干人。并附设恤养院、平粜局、施诊所、育德学校及分校各一处	以会员代表大会票选董事数人，再由全体董事组设董事会	由董事十一人组织之，附广仁堂小学、庇寒所、残废院、养病所	周济贫民施药为宗旨

续表

机关或团体 名称	世界红卍字会 烟台分会	世界白卍字会 烟台总会	广仁堂	慈光社
职员人数	九人	五人	九人	四人
差役人数	四人	一人	十五人	
月需经费	八百五十元	一百五十元	二千二百八十元	一百元
年需经费	一万零二百三十元	一千八百元之谱	二万七千三百元	一千二百元
经费来源	由各会员随时捐助	以会员每人年缴常年会费两元	房租及董事捐募	社员捐助
基金	无	以董事会名义负担无定额	房产	无
基金来源	无	董事会	由盛宣怀及地方绅商捐助	无
备注		会务现已停顿		

资料来源：民国时期文献保护中心、中国社会科学院近代史研究所：《民国文献类编续编》政治卷155，国家图书馆 2018 年版，第 416–417 页。

1. 烟台红卍字会

20 世纪 30 年代后，烟台红卍字会已经取代广仁堂，一跃成为"烟市第一慈善机构"。在伪烟台市公署建设局 1938 年出版的《烟台工作合刊》中，将红卍字会列为烟台四大慈善机构之首。在日伪时期，烟台红卍字会仍然参与慈善活动。如 1939 年冬，《鲁东日报》社发起募集岁末贫民救恤金活动，捐款汇齐交由广仁堂和红卍字会负责调查、分发。①

1942 年的《鲁东日报》上有登载了烟台红卍字会购买赈粮，进行冬春赈救济贫民活动：

本市红卍字会澹台会长，因历年为救济灾患起见，于每年购置大宗苞米，施放春赈、冬赈，以及临时特赈，并设平粜总局，以下设分局五处，于市内专司查放各项赈济。以每年正月为春赈、冬腊两月为冬赈，其余九个月为长赈，每十日施放赈粮一次。冬春赈救济贫民计四千余户，八千六百余口，每月约需苞米十三万余斤。而长赈则专放鳏寡孤独，及老幼残废，每期约放四百余户，计八百余口，每月约需苞米一万二千余斤。领赈贫民，限在本市内者。而贫民购买少数苞米面，则按平粜原则照成本收购。

今以赈粮缺乏，来源困难，平粜局既无存粮，故对普通购买者，早于一月前，即行停卖。刻该局所有之苞米，只足长赈（九个月）一期之需，而市内贫

---

① 《本报募集岁末贫民救恤金》，《鲁东日报》，1939 年 2 月 2 日。

民日见增多，且秋令转瞬即过，严冬将至，嗷嗷哀鸿，待振孔殷，兹为救济灾黎，以恤贫民起见，特于昨日（1942年9月15日）具呈市公署，请求早为设法，俾苞米来源通畅，以宏救济，而助赈务云。[①]

可以看出，在日伪时期，烟台红卍字会仍然继续参与慈善救济活动，且是慈善救助的主体。但由于日伪的倒行逆施，烟市粮食缺乏，红卍字会颇有"巧妇难为无米之炊"之感。此外，《鲁东日报》对烟台各县红卍字会也有报道。如对世界红卍字会长山岛分会报道。

"1939年山东灾情严重，原由大连、安东、营口一带的食粮煤炭，概行禁止出口。长山岛上民食顿生问题，有供不给求之势。作为长山岛唯一慈善机构的世界红卍字会长山岛分会，由该院统掌杨惠田、院监于雨生及救济队盛子明等，以本岛受荒旱风雹之灾，灾黎生计堪虞为由，联合慈善家王桂山、盛子平二氏提倡，发起劝募救灾，奋袂挥臂，分向各方，奔走呼吁，劝募捐款，购办食粮，陆续运岛平粜施赈，第一批业已抵烟，该院院监于雨生，特乘轮去烟，商洽转运手续，不日即可运到，一般岛民，莫不额手称庆，雀跃三百，感戴各慈善家之德惠云"。[②]

2. 烟台救济院（广仁堂）

日伪统治烟台后，伪烟台市公署对烟台老牌的慈善机构广仁堂进行了整顿、改造。一是增聘董事。二是将广仁堂改为烟台市救济院。

（1）增聘董事。

日伪统治烟台后，由于经济遭到严重摧残，广仁堂募集经费越来越困难。但"对于收容之男女民众，极需广为救济，但以款项及食粮等问题，闻需相当援助。"[③] 为筹集经费，由董事长梁子薰提议，扩大董事会组织。一是聘用商会会长邹子敏为名誉董事长，并聘为责任董事。二是增加董事。除原有董事十三名，并增聘各界领袖十八人为董事。

增聘董事有：名誉董事长邹子敏，董事有赖宪章、叶悯生、王德臣、张海亭、萧兰亭、刘彦臣、欧东屏、李子让、张中元、傅维敬、曲树荣、于晋臣、杨泽夫、刘英堂、王仪三、刘鹏飞、刘宝亭。[④]

（2）广仁堂改为救济院。

1943年，伪山东省公署将山东省赈务委员会改为山东省立救济院。同年6月，伪烟台市署奉省令将广仁堂改为烟台市救济院。同年8月18日烟台市救济院正式成立。伪烟台市署将广仁堂改救济院的目的是"当此战时体制，诸般困难

① 《红卍字会为救济灾黎，积极设法购买赈粮》，《鲁东日报》，1942年9月16日。
② 《列岛民食解决，红卍字会办理平粜》，《鲁东日报》，1939年11月9日。
③④ 《广仁堂扩大救济，增聘董事十八人》，《鲁东日报》，1942年12月16日。

之环境，需要救济之对象，触目皆是，为发扬新政道义，为确保地方治安，均有赖于救济工作之彻底。希各董事紧密努力，务使救济院今后工作划期跃进，成为本市慈善事业之领导"。①

烟台救济院由伪市公署监督管理。救济院实行董事制，设有院长、副院长职务，分立文牍股、会计股、庶务股。下设有济良所、孤儿所、残老所、施医所和附属小学。王润生为救济院院长，1943 年 10 月初，汪钧甫被选为烟台商会理事长（原会长改为理事长），"前广仁堂董事及商会理监事全体与地方其他慈善机构多人，为救济院第一任董事"。②

烟台救济院成立后从事的慈善活动事业，可以从 1944 年救济院工作报告看出。报告如下：

（一）文牍股工作，发出文件计 366 件，收入文件共 209 件。

（二）会计股工作，本年度全年收计国币 283833.29 元，本年度全年支出经常费国币 57027.45 元。支出救济费国币 188144.06 元。

（三）庶务股工作，本年度共施出席绳 228 套，计掩埋在本院义地者 137 具，自备茔地掩埋者 91 具，自备棺木借用本院义地掩埋者 67 穴，本年度共恤院外婺妇 201 人、共恤院外孤贫 24 人。

（四）济良所工作。成立识字班，除每日上课二小时外，实习家庭工作。

（五）孤儿所工作。全体孤儿拨在本院附属小学，正式上课，利用暑假，就院内隙地实行物资增产。

（六）残老所工作。泥器、花盆、砚台及其他火盆、火炉等，正在研究之中。

（七）施医所工作。本年度共施诊男女病人 4365 人、共施出丸药、散药、药片、汤药合计 3044 付，药膏、药水、药棉花、胶布共计 705 份，并协助防疫委员会防疫种痘及预防注射共计 5560 名。

（八）附属小学。本院附小学校，原为院内一般孤儿及市内贫寒子弟免费求学，而设高初两级，共计男女学生二百余名，一律免收学费，除稍有力之家对于书籍笔墨纸张等费由其自备外，而贫苦无力者均由院方分别量予补助，以期免致废学。③

3. 中华洪道社烟台分社

在日占期间，伪政府也新设了几家社会机构，其中中华洪道社烟台分社是比较有影响的一个。

中华洪道社是一个受控于汪伪政府的社会机构。1940 年在上海成立。理事长为金鼎勋，常务理事长有叶佐仁、吴伯石、杜景芬、刘鸿义、项骥、康士锋

---

①②　《救济院董事会结成式》，《鲁东日报》，1943 年 1 月 14 日。
③　《烟台市救济院卅三年度工作概况及将来的希望》，《鲁东日报》，1945 年 3 月 3 日。

等。其所谓的宗旨为："本社以提倡道德，阐扬东方文化，改善人心，扶植社会，促进人类和平幸福为宗旨。"①

1940 年 5 月 20 日，中华洪道社在烟台成立洪道社分社。由北京洪道社派员来烟协助成立。社址设在烟台瓷场街三十五号，分社社长张伯衡，聘烟台市商会会长邹子敏为烟台洪道分社参议。

洪道分社在烟台的慈善活动主要有两项。一是设立了一处平民识字班，二是设立了一处施诊所。"施诊所计有医务主任，及助手等五名。主治小儿科、女科、内外科、皮肤科等，施诊时间，定于每日下午二时至四时云"②。

4. 救灾委员会烟台分会

在日伪统治时期，救灾委员会烟台分会是重要的慈善救济机构。

救灾委员会烟台分会源于华北救灾委员会。华北救灾委员会本为救济 1939 年华北水灾而设，但此后并未撤销，成为常设慈善机构。1939 年，伪山东省公署设立华北救灾委员会山东省分会后，以"本年水旱成灾，急待赈济，特训令各县市，迅速组织救灾公会"③。1939 年 10 月 2 日，山东省救灾委员会烟台分会成立，伪烟台市长"张化南任分会长，袁建侯任副会长。特务机关青木任顾问、市署刘秘书主任、邹子敏商会长、警财建教四局长为主任干事，情报宣传室吴主任、联坊办事处各主席，为副主任干事"④。

烟台分会下设总务组、文书组、赈务组、会计组、管理组和调查组六个组。其中调查组负责：①关于调查灾区被灾轻重及计划施赈事项；②关于宣传灾况及筹募赈款事项。管理组负责：①关于发放赈款赈粮赈衣赈品事项；②关于收容灾民及平粜工赈等事项。总务组主任干事刘绥忠，文书组主任干事孙寄云，赈务组主任干事邹子敏，会计组主任干事马镇藩，管理组主任干事张振颖，调查组主任干事耿酒熙。

二、日伪统治的慈善救济活动

日伪统治时期，由于迭遭兵燹天灾，民不聊生。华北救灾委员会山东省分会于 1939 年 12 月 13 日公布《山东省公署救灾方案》。以"急则治标，缓则治本"为施赈救荒宗旨。并提出临时性救济办法和恒久性救济办法。"临时性救济办法，

① 《新东方》，1940 年第 1 卷第 3 期，第 248-250 页。
② 《洪道社施诊所现况，添购药品扩充内部》，《新东方》，1941 年第 2 卷第 4 期，第 230-231 页。
③④ 《救灾会成立》，《鲁东日报》，1939 年 10 月 6 日。

· 212 ·

分别缓急先后必须施行。及恒久性救济办法，标本并治，统筹兼顾"。①

日伪统治期间，山东水旱灾害、战乱频仍，几乎无年不灾。就烟台地区而言，1939 年和 1943 年灾情最重。

1. 1939 年灾情

1939 年，胶东天灾人祸不断。先是人祸。同年 6 月，日本发动山东全省大"扫荡"。继而天灾。入夏，先是旱灾，继之风灾。

一是敌灾。"日军占领山东后，该年 6 月起，日军调集大量兵力，举行所谓山东全省大'扫荡'，鲁南区敌人有三个半师团，继续至三月之久，至九月初始行窜退。先之以轰炸，继之以焚杀，所过之处，村屋为墟。省府所在之东里店，于数分钟内，化为灰烬。灾害最甚者，有鲁南之沂水、蒙阴、费县、莒县、莱芜、新泰等县，鲁东之莱阳、平度、栖霞、文登、海阳等县，鲁北之利津、无棣、桓台、蒲台、惠民等县，鲁西之寿张、聊城、东阿、定陶、临清、博平、堂邑、菏泽、曹县，单县等县"。②

二是天灾。1939 年入夏以来，鲁东一带雨量稀少。"盖自春徂夏迄未降落透雨，春苗多数枯黄，晚禾未能播种，秋收无望，旱象已呈"。③ "据芝罘屯坊长孙世懋呈称，该屯共有耕地三百九十八亩余，共有居民一百三十八户，人口共六百零六名，其中有产阶级者三户，仅能自给者二十户，农民自食其力者八十户，贫穷不能自给者三十五户"。④

同年 9 月，胶东地区"飓风为灾，更值阴雨连绵之际，禾稼被风摧毁无余，而沿海各县潮水汹涌，上陆达数百里。利津、沾化、无棣、惠民、寿光、广饶、文登、福山、荣成、海阳、诸城、日照等县均被侵袭。飓风之后，天气骤寒，数千万难民无家可归，因之冻馁而死者不可胜计"。⑤

1939 年 8 月底，烟台发生风灾，损失惨重。"植物摧残，海水汹涌，通宵达旦，触目惊心。就本市言之，计沉毁汽船帆船舢板二百六十四只，海岸冲毁六百二十四公尺，房屋倒塌七十余间。人民死伤数十名口，损失共约三百万元左右。近雨旬来，阴雨连绵，积潦为患。威海及滨海各县亦复酿成巨灾"。⑥

2. 1943 年灾情

1943 年，山东省各地，迭遭水旱虫雹灾害。上年山东"灾区麦多未种，今

① 山东省公署秘书处：《山东省公报》，1939 年第 18 期，第 57-62 页。
②④⑤ 《山东灾情概况》，《重庆大公报》，1943 年 3 月 2 日。
③ 《烟台市公署建设局工作合刊》，烟台市公署建设局编，第 183 页。
⑥ 《烟台市风水灾募捐启》，华北救灾委员会山东公会，1939 年，天津市档案馆，档号：401206800-J0128-3-009802-001。

春食粮更感缺乏，致灾区扩大至六十余县区，灾黎将达一千数百万人，情形极为严重"。① 烟台地区受灾十分严重。其中"牟平地城偏僻，食粮尚感不足，去岁秋收不丰，今春人民饥馑，饿殍遍野，苦不堪言。栖霞县去秋大水，所有公路桥梁均被冲没，民房倒塌甚多……海阳西南乡一带，均被水冲，灾情惨重。福山连年荒旱，客岁又被雹灾，情形特重。招远一二两区均被雹灾"。② 烟台三月中旬还发生了饥民抢粮事件。"烟台市内，饥民遍地，不堪敌寇压榨与饥饿之苦，于三月中群起骚动，到处抢粮。邮局及当铺均被抢。市内混乱达七日之久。敌伪亦无法应付"。③

1943 年的严重灾情，引起全国关注。重庆《时事新报》还发表了一篇署名"雪南陈名豫④"的《鲁灾谣》，用打油诗形式记录了山东灾情状况。

　　鲁灾重，鲁灾重。闻之心痛泪泉涌。

　　居民十室惨九空，饥馑洊臻死相踵。

　　村落萧条绝人烟，蔓草茂密滋田垄。

　　省域沦陷寇贼手，水深火热六载久。

　　巨祸莫测时飞来，资产荡然无复有。

　　少壮率多遭杀戮，老弱幸获余虎口。

　　剧怜妇女悴胁迫，性命难保节难守。

　　粟米掠尽继柴薪，牛马屠罢续鸡狗。

　　暴寇势披猖，连年遘灾荒。

　　赤地成千里，触目生凄凉。哀鸿鸣何急，倾耳欲断肠。

　　逆徒恨多效邦昌，同类自残室引狼。丧心只图工献媚，坐视饿殍僵道旁。

　　窃后方，念梓桑，筹赈济，会讨商。拯溺救饥望禹稷，恺崇资富冀解囊。

　　由来重举赖群策，同舟相济呼将伯。时逢多难危一发，当人谁无兴亡责。

　　国亡要以民为本，足兵尤务先足食。莫谓一省仅一隅，保得一省捍一国。

　　大风浃浃雄表海，形势今更重逾昔。齐鲁健儿多英勇，勿使辗转沟壑，欲起杀敌肌无力。⑤

　　① 《山东省各地灾情报告》，《申报》（上海版），1943 年 7 月 25 日。
　　② 《山东省各地灾情报告（续）》，《申报》（上海版），1943 年 7 月 27 日。
　　③ 《烟台饥民抢粮》，《解放日报》，1943 年 4 月 21 日。
　　④ 陈名豫（1883～1966 年），字雪南，山东滕州人，时客居重庆。
　　⑤ 《鲁灾谣》，《时事新报》，1943 年 5 月 6 日。

三、日伪政府的救灾

对于山东灾情，伪山东省公署为了维护自己的统治，1939 年 12 月 13 日，华北救灾委员会山东省分会公布《山东省公署救灾方案》。方案中提出的救灾措施分临时性救济办法和恒久性救济办法。

（一）临时性救济办法

临时性救济办法包括维持现有收容所、设立粥厂、施棉衣、筹办平粜、冬赈、春赈等。"临时性救济办法，分别缓急先后必须施行"。①

1. 急赈

急赈，是一种紧急性救济。日占期间，烟台天灾人祸不断，急赈成为伪烟台市公署采用的一种临时性救济办法。1943 年 8 月 28 日，烟台发生大水灾。伪烟台市公署进行了急赈。据烟台市公署调查，水灾"死者十二名，倒屋八十余间，流离有灾民 539 人，总计损失约五十万元以上"。②

水灾发生后，烟台市公署一面成立急赈委员会，急赈委员会分总务组、募集组和救济组三组。一面呈请省署拨款救济。伪山东省政府"拨发赈款三千元"。③

此次水灾，急赈委员会负责查赈、放赈。"计此次被赈济者共五百余名，内死亡者十三名。前后统计第一次被灾者每名二十元，死亡者每名五十元。第二次被赈者每名七元，死亡者三十四元。第三次被灾者十四元，死亡者每名六十八元"。④

2. 春赈

春赈是一种临时性救济办法。每年春天，烟台市公署都要成立春赈委员会，调查贫民数目，印发捐启，筹集捐款，赈济贫民。

以 1943 年春赈为例。烟台市公署组织的春赈有以下几个过程。

一是制定春赈委员会简章。简章内容包括春赈委员会任务、领导机构、内部组织和经费来源等。

二是成立春赈委员会。该年 5 月，烟台市公署成立春赈委员会。委员会实行委员长制。由委员长、委员和各组组长及组员组成。委员长伪烟台市长董政华。

---

① 山东省公署秘书处：《山东省公报》，1939 年第 18 期（19391231），第 57—62 页。
②③ 《救济烟市水灾，省公署拨赈款三千元》，《鲁东日报》，1943 年 9 月 25 日。
④ 《本市水灾临时急赈委员会结束》，《鲁东日报》，1943 年 11 月 23 日。

春赈委员会下设总务组、赈济组、募集组和保管组。总务组组长韩溥，赈济组组长王道撰，募集组组长邹子敏，保管组组长王润九。

三是查赈。查赈范围是烟台五区。一般由春赈委员会组织各区调查该区贫民数目。有时烟台红卍字会和慈光社也参与调查。1943 年春赈调查，烟台五区贫民数目如表 10-3 所示：

表 10-3　1943 年烟台五区贫民数目

烟台五区	贫户户数	贫民口数
第一区	822 户	2871 口
第二区	1087 户	4405 口
第三区	1975 户	7768 口
第四区	10 户	33 口
第五区	450 户	1878 口
总计	4333 户	17955 口
红卍字会所查共计	3616 户	14218 口
慈光社	1904 户（常年所赈者）	7500 口

资料来源：《春赈委员会二次会议》，《鲁东日报》，1943 年 5 月 14 日。

四是印制捐启并发放。春赈委员会印制捐启若干份，向烟台社会各界慈善士绅发放募捐。

五是收集赈款。1943 年春赈从 5 月开始，到 11 月结束。该年共收赈款241304.51 元。并在《鲁东日报》将捐助者姓名款项登报，以征信实。

收各会捐款，十三万三千八百三十三元二角

收士绅及人名捐款六万〇二百六十元

收协昌等四家土店捐款二千元

收宫中信捐款二百元

收义务戏捐款二万一千六百四十七元八角五分

收赛球捐款二千〇三十二元

收日本居留民捐款三千五百一十元

收总务组经收捐款三千六百五十九元

收粮商罚款捐款，一千八百五十五元九角二分

收总务组由各区坐催募到捐款一千五百一十元

以上总计收二十四万一千三百〇四元五角一分。①

六是放赈。春赈委员会收到赈款后，就会分户按级放赈。春赈每年都要发放多次。1943 年 5 月 20 日进行第一次放赈。在放赈前，春赈委员会召集各区贫民假新民体育场，恭听春赈委员会委员长（董市长）训话。训话完毕，即饬各自治区于当日上午十时起在指定地点发放粮食。烟台放赈处有七处。

发放时，各自治区长、市公署、新民会市商会派人在场监督发放。警察所官警在场维持秩序，由红卍字会、各区坊保长协助发放。

当日，烟台每位贫民发给"高粱六斤半，共计贫民三千六百八十户，一万四千五百十七口。施放赈粮总数为九万四千二百八十六斤半"。②

七是春赈复查。放赈后，春赈委员会还要进行复查。第一次放赈后，"但市民仍有亲自到会及托友烦人请赈者。刻据赈济组报称，于三日内请赈之户已收到一千三百余户，统计五千余口，是否赤贫之户，无从证明。本会为慎重起见，爰照章则之规定，饬募集组、赈济组会同各机关代表详加复查，以明真相、而便统计"。③

复查时，春赈委员会"其复查要点其复查主旨以极贫为目标"。对于下列情况予以免赈或减赈。"如某户一家五口，有一人以上能生产者、或家有年轻力壮、勿论男女，不谋生产者、及有嗜好之赘者，素日行为不端，并游手好闲等一律免赈。遇有文贫及隐贫者，可酌其情况补救之。如有一家人口过多、按其贫况。也有一二人能生产，但平均每日不得一饱。可酌减人口赈济之"。④

另外，对于复查人员也有规定。"在逐户视察时，但对贫户暂不宣布系查其贫况，以免借辞及当面苦求等事发生，且多费时间"。⑤

八是第二次施赈。复查后，春赈委员会还会根据复查的贫民人数、贫困程度，进行第二次放赈。1943 年 6 月 15 日上午九时，春赈委员会开始发放。第二次放赈，"每人豆饼三斤，共计贫户 6163 户，23964 口，发放振粮 101372 斤"。⑥

3. 冬赈

冬赈是一种临时性救济办法。每值冬令，烟台市公署都要成立冬赈委员会，对市内一般贫苦民众设法救治。参与冬赈的机构有商会、卍字会、慈光社等。冬赈赈济程序与春赈类似，不赘述。特色之处是烟台冬赈委员会制定了《筹办冬赈纲要五条》，设立了贫民收容所。

一是制定了《筹办冬赈纲要五条》。

① 《春赈结束总结》，《鲁东日报》，1943 年 11 月 27 日。
② 《烟台春赈委会今日开始放粮》，《鲁东日报》，1943 年 5 月 20 日。
③④⑤ 《春赈复查》，《鲁东日报》，1943 年 5 月 26 日。
⑥ 《春赈委员会第二次施赈》，《鲁东日报》，1943 年 6 月 16 日。

1944年1月，登州道公署（登州道公署于1940年6月设立，烟台市降为登州道辖市）制定了《筹办冬赈纲要五条》，内容如下：

（一）为救济各市区县贫民，由各市区县政府督同警察所，各区区长，各慈善团体、商会、当地耆绅，组织冬赈委员会办理之。

（二）先就各该市区县境内，将所有贫困灾难待赈饥民人数调查详确，以定施赈标准。

（三）施赈期间。以1944年（三十三年）二月底春暖农忙为止，遇必要时得延长之。

（四）赈粮、凡各市区县积有食谷，本年春赈未经呈准贷放者，酌量情形，呈准开仓赈济，或筹款购粮，按照待赈人数灾情，分别施济。

（五）赈款

凡前领赈款尚未查收，或分配赈款尚未具领者，均应克日领讫。除专案指定用途外，悉数充作冬赈。

各市区县，可就已征救灾准备金内，呈准划拨一部分，充作赈款，但至多不得超过二分之一。

以上所筹之赈款赈粮，如尚不敷用，应照待赈人数实需数额，召集当地绅商慈善团体等商讨办法，就乐输范围，劝募捐款。①

二是设立贫民收容所。

为救济一般无家可归之贫民，烟台冬赈委员会设立贫民收容所。1944年初，贫民收容所设在救济院（原广仁堂）庇寒所，由救济院院长王润生担任所长。收容所"计共收容贫民三百余人、每日二餐，每人发给片片一斤半"。②

（二）恒久性救济办法

在日占期间，烟台市公署实施的恒久性救济办法有设小本营业借贷所（因利局）、改造原有的贫民工厂。

1. 小本营业借贷所

1939年2月，烟台市公署成立了小本营业借贷所，即因利局。成立小本营业借贷所的原因是"本市地濒东海，轮帆辐辏，商旅云集，正宜于小本行贩。惟限于个人经济力量之薄弱，每欲营业而无资，为繁荣市面计，自非设置借贷所不足以资救济"。③

同时，烟台市公署还发布了《烟台市小本营业借贷所暂行办法》，其内容

---

① 《筹办冬赈纲要》，《鲁东日报》，1944年1月7日。
② 《贫民收容所》，《鲁东日报》，1944年2月1日。
③ 烟台市公署建设局：《烟台市公署建设局工作合刊》，第137-138页。

如下：

凡于本市小本行贩经济薄弱欲营业而财力不足者，得依本办法先呈经警务局或地方自治区负责审定后，向本所申请借款。

凡居住本市之肩挑负贩小本营业者，欲向本所借款时，须预先请领申请书，按照项目逐一填写清楚，如住某区某街某胡同及门牌号数借贷数目并人保或铺保。

担保项内人保以该坊坊间长为限，铺保以本市内商号为限。

申请借款人如有名章，应盖名章。如无名章，应捺右手中指指印，其手指印纹须盖清楚。

借贷无息。惟借款数目每人至多不得超过三十元。

偿还限期。自借款之日起按三个月分期付清，每月终为期，第一二期各十分之三，第三期付十分之四。

借贷至期，须于三日内将应付之款送缴本所，掣给收据为凭，如至期不能缴付者，保人须负垫付责任。

申请借款人前者贷未曾付清不得重行申请。

借款人或保人住址如有迁移，应先期通知本所。

烟台市公署1939年初成立小本营业借贷所后，同年底华北救灾委员会山东省分会发布《山东省公署救灾方案》，又"拟令烟台市增设一处因利局，拟拨发基金五千元。其他如福山、招远两县各增设一处因利局，每处拨发基金一千元"。①

2. 贫民工厂

筹设贫民工厂是恒久性救济措施中的一种。在《山东省公署救灾方案》中，提出"济南烟台两市各设一处（贫民工厂），每处拨发基金一万六千元"。因烟台原有贫民工厂，伪烟台市公署遂对贫民工厂进行整顿、改造。

贫民工厂是烟台商会于民国八年（1919年）所办慈善组织。日占后，伪烟台市公署认为"贫民工厂虽系善团，但既名工厂，究未越手营业范围，故整顿伊始，一面既须撙节开支，以塞漏厄。一面尤须设法开源，以图久远"。②伪烟台市公署将贫民工厂改为"山东省烟台市贫民教养工厂"，并划归烟台市公署建设局管理。并制定了《山东省烟台市整理贫民教养工厂办法草案》。草案内容如下：

第一条　本厂定名为山东省烟台市贫民教养工厂。

第二条　本厂以收容市内贫民施以相当教育，授以应用技能，化莠为良，教

① 山东省公署秘书处：《山东省公报》，第十八期（19391231），第57-62页。
② 民国时期文献保护中心、中国社会科学院近代史研究所：《民国文献类编续编》政治卷155，国家图书馆出版社2018年版，1938年9月至1939年12月。

养兼施为宗旨。

第三条　本厂直属于烟台市公署建设局。

第四条　本厂设厂长一人，由市公署委任掌理全厂一切事宜，并设总务、工艺、营业三股，分掌各该股一切事宜。

第五条　本厂职员及任务如左（下）。

（一）厂长一人承建设局之命管理全厂事务。

（二）总务股长一人秉承厂长办理文书、会计、庶务、卫生、教育等事项。

（三）营业股长一人秉承厂长经理厂内出品、推销、兜售等事项。

（四）各股视事务之繁简，得酌设助理员一人至三人，承厂长之命并受各股股长指挥分担各股事项。

（五）各项工艺各设工头一人，秉承厂长及股长指挥，分担各种工作事项。

（六）医务员一人承厂长之命负全厂职工医药卫生事项。

（七）书记二人缮写文件事项。

第六条　贫民合左（下）列各情事之一者，由本厂呈奉建设局核准后方能入厂收养。

（一）鳏寡孤独无依，年在十六岁以上，五十岁以下者。

（二）家境清贫，志愿习艺自助者。

（三）身受拐骗无亲族承领者。

（四）家庭贫苦由亲属送请收容者。

第七条　贫民有左（下）列情事之一者，拒绝其入厂。

（一）患神经病者。

（二）患恶疾及有传染病者。

（三）吸食鸦片或烈性毒品及一切不良嗜好者。

（四）犯罪不易感化者。

第八条　贫民一经收容入厂，于工作技能成熟后，有愿出外自谋生计者须在厂尽义务一年后，方可准离厂。

第九条　本厂贫民遇有疾病，除轻微者随时由医务员诊治外，其重者得送由市立医院免费诊治之。

第十条　贫民死亡无论有无家属，须由厂报建设局转请地方法院检察处查验后方可殓埋。

第十一条　死亡贫民由厂通知其家属备棺承领，其无家属者由厂棺殓之。

第十二条　本厂贫民出入死亡人数应按旬呈报建设局备查。

第十三条　本厂经费以量入出为原则，其营业收入以及其他出入款项，得按呈准办法，每半年一小结，年终一大结，造具计算书，呈由建设局审查存转。

第十四条 本厂所用各种原料，得由营业资本项下自行购买，随同总结，呈局转报备案。

第十五条 本厂所出成品，得设售品处或托代销处，以广销路，其规则另定之。

第十六条 本厂职员暂时既属半尽义务，将来于营业盈利项下，酌提较优之奖金，以资鼓励。提奖规则另定之。

第十七条 本办法如有未尽事宜，得随时呈请修正之。

第十八条 本办法自呈奉批准之日施行。①

由这份贫民教养工厂办法草案，可以看出：

第一，贫民工厂由民办变为官办。在日占前，贫民工厂由商会进行管理，历年拨银两千两补助。但日占后，贫民工厂收归伪市公署，由建设局负责管理。办法草案中第四条明确规定，"本厂设厂长一人，由市公署委任掌理全厂一切事宜"。

第二，由董事制改为厂长负责制。原贫民工厂组织管理机构为董事制。1923年出版的《烟台要览》中，贫民工厂"计董事长一人，董事八人，均义务职。另设厂长一人，办事员及工役十余名"。而新设贫民教养工厂由"厂长一人承建设局之命管理全厂事务"。伪市公署直接控制管理贫民工厂。

第三，对贫民工厂入厂收养资格限定更严格。办法草案中第七条规定有下列情事之一者，拒绝其入厂。（一）患神经病者，（二）患恶疾及有传染病者，（三）吸食鸦片或烈性毒品及一切不良嗜好者，（四）犯罪不易感化者。其中"犯罪不易感化者"规定模糊，可操作性太强。办法草案对贫民工厂入厂收养资格限定更严格。

第四，教养兼施成为空话。办法草案第二条提出"本厂以收容市内贫民施以相当教育，授以应用技能，化莠为良，教养兼施为宗旨"。但草案中并没有具体切实措施达到"教养兼施"的目的。而1923年出版的《烟台要览》中，就提到贫民工厂有"每日习工以外，复轮流上班练习汉文"的具体规定。因此，办法草案中"教养兼施"之目的只是一句空话。

日伪统治烟台期间，伪政府实施了一些慈善救济措施，但改变不了其侵略性质，而且从其实施效果看也没有起到多大作用。1943年3月中旬烟台市里就发生了饥民抢粮事件。另外，为了维护自己的反动统治，日军在烟台广泛组织了宪兵队、特务机关、武田部队、特别队、思想股、剿共班、特务科等残杀人民的罪恶特务组织。八年来在其残暴的搜刮掠夺下，繁荣的烟台市，已被摧残得工商业凋

---

① 民国时期文献保护中心、中国社会科学院近代史研究所：《民国文献类编续编》政治卷155，国家图书馆出版社2018年版，1938年9月至1939年12月。

敝、经济破产、民不聊生、奄奄一息之凄凉景象。①

在抗日战争期间，胶东半岛陷于敌、我、顽三方激烈争夺之中，各种力量犬牙交错，抗战形势错综复杂。中共胶东党组织遵照党中央和山东省委的指示精神，逐步创建了胶东抗日根据地，成为山东第一块抗日根据地，也是全国最早的抗日根据地之一。面对天灾人祸，胶东抗日根据地承担起了救助根据地民众的任务。

四、胶东根据地及其灾情

（一）胶东根据地

胶东根据地是全国最早的抗日根据地之一，其发展过程有三个阶段。

第一阶段为创建蓬黄掖根据地阶段。

时间为 1937 年 12 月至 1938 年 12 月。抗日战争爆发后，中共胶东党组织遵照党中央和山东省委的指示精神，在全区各地广泛建立抗日民族统一战线，普遍发动抗日武装起义，建立抗日武装。"1938 年 8 月，为统一领导蓬、黄、掖三县的抗日民主政府，北海行政督察专员公署在黄县成立，曹漫之任专员。北海专署的成立，标志着山东第一个抗日根据地——蓬黄掖根据地的基本形成"。②

第二阶段为胶东抗日根据地逐步形成阶段。

时间为 1939~1941 年。在这一阶段，中共逐步创建了以大泽山、昆嵛山、牙山等山区为中心的胶东抗日民主根据地。1941 年 2 月，在栖霞县成立了统领胶东各地抗日民主政权的机构——胶东行政联合办事处。胶东行政联合办事处的建立，标志着胶东抗日民主根据地的基本形成。1941 年胶东抗日根据地的范围：

在辽东的渤海之滨，胶东像孤岛似的屹立于敌人后方。这是一个三面环海，一面被胶济铁路所切断，受着敌人严密的包围封锁的地区。它包括胶济铁路以东，文登、荣成、牟平、黄县、蓬莱、掖县、莱阳等十八个县份以及烟台、龙口、威海三个较大的港口，另外还有栾家口、虎头崖、石灰嘴等小口岸，人口约八百余万。③

---

① 《本市救济委员会发表烟台人民八年损失》，《烟台日报》，1946 年 2 月 20 日。

② 中共山东省组织史资料编辑领导小组：《中国共产党山东省组织史资料 1921-1987 送审稿》，第 187 页。

③ 《胶东抗日根据地》，《解放日报》，1941 年 10 月 19 日第 3 版。

第三阶段是胶东根据地大发展时期。

时间为 1941~1945 年。在这一阶段，胶东八路军部队采取机动灵活的战略战术，粉碎了日伪军对胶东抗日民主根据地实行残酷的"扫荡""蚕食"和封锁，发展和扩大了胶东抗日民主根据地。到 1945 年 8 月日本投降时，胶东抗日根据地辖有：

荣成、文登、昆嵛、乳山、牙前、海阳、牟平、福山、蓬莱、栖霞、栖东、招北、招远、黄县、五龙、即东、莱西南、平南、平东、即墨、掖县、掖南、平西、平度、昌邑、潍南、昌南、潍县、莱阳、莱东、胶高、高密、胶县、诸城、莒北、藏马等三十六县，与龙口、长山岛、石岛三特区，烟台、威海、青岛市。①

1945 年 10 月，胶东行政公署曹漫之在报告提到，胶东抗日根据地（抗战后改称解放区）"共有十五万平方里土地，掌握一万五千三十九个村庄，人口达七百三十七万余人。在行政公署领导下，共建立专署四，县政府三十，市政府二、特区政府三，办事处一"。②

（二）胶东灾情

自日军入侵山东，兼之连年荒旱，山东人民生计濒临绝境，陷入水深火热之中。在胶东，胶东抗日根据地是山东第一块抗日根据地，因此也是日本扫荡的重点地区。日军先后于 1939 年和 1942 年对胶东根据地进行大扫荡。其中，1942 年日军大扫荡对胶东带来的破坏最大。

1942 年自春至夏，日军对全省进行扫荡。"鲁东文登、牟平、荣成、福山、海阳、栖霞、招远、黄县、潍县、即墨、莱阳、平度、掖县、昌邑等县，自春至夏，敌伪相继骚扰、焚杀抢夺、灾情尤重、兽迹所至、村落为墟，故一般民众服毒自尽者有之，食草根树皮中毒而死者有之，流离失所者、难以数计"③。

十月间，"胶县、莱阳、掖县、海阳、牟平、栖霞、招远、文登……陵县、乐陵等县，敌伪复大肆窜扰，经我军奋勇截击，奸计虽未得逞，而所到之处，焚掠一空，被焚村庄每县多至三四百、少者百数十不等。所遗民众，既无衣食，又无住所，啼饥号寒，目不忍睹"④。

由于日伪的倒行逆施，1943 年，大批难民逃亡胶东抗日根据地。"敌占区难民继续大批逃入我根据地内，每日三五成群，络绎于途，一般难民均骨瘦如柴，

①　《山东解放区介绍》，《胶东大众》1947 年第 61 期。
②　《胶东行署主任向参议会报告一年来政府工作》，《江潮日报》，1945 年 10 月 27 日。
③④　《鲁灾情惨重》，《中央日报》，1942 年 3 月 23 日。

面容憔悴，其状至惨。各地政府正赶办急赈，安置宿食"。①

由于长期残酷的战争破坏加上频繁发生的自然灾害，胶东根据地的工农业生产遭到了极大的破坏，田地荒芜、瘟疫横行、饥民嗷嗷待哺，成千上万的难民居无定所，四处流浪。如何救民于水火之中，成为胶东根据地中国共产党及其民主政府的一项重要任务。

五、胶东根据地的救灾机构

（一）救灾政策和方针

1. 救济方针、政策

抗日战争开始后不久，中国共产党在《抗日救国十大纲领》中指出，为改善人民的生活，要"救济失业，调节粮食赈济灾荒"。② 1940 年 8 月，山东省战时工作推行委员会颁布《山东省战时施政纲领》，也明确提出要"减轻人民负担，敬养耆老，优待抗属，安置抗战伤残人员，救济灾民难民及失业人员，以杜绝壮丁外流"。③ 中共中央和山东省战时工作推行委员会的政策为山东抗日根据地救灾的施行提供了坚强有力的政策指导。

抗战期间，面对严重的天灾人祸，中国共产党山东抗日根据地确立了防灾、救济与发展生产相结合的救济方针。④ 从难民救济、群众互助、组织生产、发展副业等方面克服灾害带来的困难。

2. 救灾步骤

针对灾荒的发生，山东根据地制定了救灾步骤。救灾步骤包括思想动员、查明灾情和实施救助等。

第一，遇到灾荒时，稳定民心与鼓舞士气。

第二，查明灾情，包括灾害所造成的财产损失与人员伤亡，及灾民的具体数目和受灾程度。

第三，筹措赈灾物资。包括政府调拨粮款和社会募捐、调剂有无等。

第四，最核心的环节就是实施救济，包括给灾民发放粮款、救济性粮款借

① 《胶东敌占区难胞逃赴根据地求生》，《新华日报》（重庆），1943 年 6 月 7 日。
② 中央档案馆：《中共中央文件选集》（第 10 册），中共中央党校出版社 1991 年版，第 318 页。
③ 苑书耸：《华北抗日根据地的灾荒与救济研究》山东师范大学硕士学位论文，2006 年，第 44 页。
④ 王智东：《中共抗日根据地救灾研究——以山东分区为例》，《福建党史月刊》2009 年第 2 期。

贷，进行物资调剂等贫富互助①。

上述是直接救灾的大体步骤。在生产救灾中，在满足灾民迫在眉睫的需求之后，是尽快组织他们投身生产，从根本上解决他们的困难，增强灾民战胜灾荒的能力。

（二）救济机构的设置

抗战时期，随着各根据地民主政权的建立，陆续设置了社会救助的机构。这一时期，胶东根据地的慈善救济机构主要是民政部门，此外还设立了优抗救济委员会、救济灾贫委员会等社会救济组织。

1. 民政部门

在抗战期间，山东根据地设立了从省到乡各级民政部门，是根据地负责救灾工作的常设机构。

1940 年 11 月 7 日，山东省临时参议会通过的《山东省战时县区乡政府组织条例》，县政府设立民政科，负责赈灾、抚恤、保育及其他社会救济事项，区公所、乡公所可以临时设立优待救济委员会。村政委员会把讨论处理难民救济事宜作为政务内容之一。②

1940 年 8 月，山东省战时工作推行委员会（以下简称山东省战工会）成立，其职权包括领导与推动全省各级抗日民主政权之行政工作，指导与推动全省各级抗日政府之一切财政、经济、建设等工作，内设战时政治组、武装动员组、财政经济建设组、国民教育组、民众动员组等。1941 年 3 月，山东省战工会政治组改为民政处，成为山东民主政权中最早的民政机构，负责领导根据地救济工作。

1943 年 8 月，山东省临时参议会又通过了《山东省战时行政委员会组织条例》《山东省行政公署组织条例》《山东省行政督察专员公署组织条例》《修正山东省县政府组织条例》《修正山东省区公所组织条例》等文件，对救荒机构做了变更，规定山东省战时行政委员会下设民政处，其工作任务就是赈灾、抚恤、优抗、保育及其他社会救济事项；行政公署、行政督察专员公署、县政府相应设立民政处（科）；区公所作为最基层的行政单位，不设民政机构，只由县政府委任民政助理员一名，办理民政事宜。③

山东抗日根据地设立了一套自上而下的救济行政体系。各级民政部门作为救灾工作的常设机构，在所属政府和上级民政部门的领导下，无论平时还是在救济

---

①　苑书凿：《华北抗日根据地的灾荒与救济研究》，山东师范大学硕士学位论文，2006 年，第 44 页。

②　《山东革命历史档案资料选编》（第 6 辑），山东人民出版社 1982 年版，第 251 页。

③　《山东革命历史档案资料选编》（第 11 辑），山东人民出版社 1982 年版，第 20–35 页。

饥荒时，都对组织救灾发挥了重要作用。救灾工作的管理体制是山东省政府统一领导，上下分级管理，部门分工负责。重大的救灾工作都由山东省战时工作推进委员会统一部署。

这一时期，胶东根据地负责救灾工作的常设领导机构是民政部门。

1938 年 7 月上旬，以蓬、黄、掖三县抗日民主政权为基础，成立胶东北海行政督察专员公署，曹漫之任专员，本署设立民政科，王纬仲任科长，后由何冰浩接任。1941 年 2 月，胶东行政联合办事处成立，设置民政科，办事处秘书长王甫兼民政科科长。1942 年 7 月 7 日胶东联合办事处改为胶东区行政主任公署，设置民政处，林一山任处长。1943 年秋，田祥亭任代理处长。这一时期，民政处主要承办人事任免、选举、土地、户籍、优抚救济、宗教社团登记及战时一切行政事宜。

2. 其他救灾组织

为了应付严重灾荒，山东根据地还组织了救济灾贫委员会和优抗救济委员会，作为政府救济灾荒的咨询和协助机构。

抗战期间，为了加强对救济工作的领导，中共山东抗日根据地党委和民主政府很早就意识到建立救济机构的重要性。1940 年 7 月，陈明在《山东抗日民主政权工作与当前任务》的报告中提出，"今后应有各村政委会组织优待救济委员会，动员全体人民参加优待抗属与救济灾民难民工作，务使每一村中无饥寒之抗属，无饿饭之灾民难民"①。

1941 年 9 月 19 日，山东省战工会颁布了《关于保管优救粮食及优救会工作的决定》，提出了各级政府尚未成立优抗委员会及救济灾贫委员会，着即由第一科负责限期成立。各级优抗委员会及救济灾贫委员会者，接受保管优救公粮，并指导优救会进行优救工作。

各级救济委员会是上下级的领导关系，并接受相应的各级政府的领导。在组织上，救济灾贫委员会以当地同级抗属救国会、各救会代表、政府代表及聘请热心抗战之士绅等人组织，村 3 人至 5 人，区 5 人至 7 人，县 7 人至 11 人，专员区以上 11 人至 21 人。县以上救济灾贫委员会成立 3 人之常务会，并有 1 人脱离生产专管此事。在领导上，救济灾贫委员会应建立上下级之直接领导关系，同时应受同级政府之领导及政府第一科之指导。

1941 年 9 月，胶东行政联合办事处成立"灾难救济委员会"（即救济灾贫委员会），颁布了《灾难救济暂行条例》。黄县根据这一条例，于 9 月成立了"灾难救济委员会"，"募款 7 万元，粮食 20 余万斤，全部救济了贫苦抗日军人家属

① 山东省档案馆、山东社会科学院历史研究所：《山东革命历史档案资料选编》（第四辑），山东人民出版社 1982 年版，第 376 页。

和被日寇残害的灾属"。① 蓬莱县还颁布了《贫富互济暂行办法》和《屯粮暂行办法》。

《蓬莱县贫富互济暂行办法》内容如下：

第一条：略。

第二条：以村为单位，以村救委会为中心，进行贫富互济。

第三条：衣食无着应行救济之住户维持最低生活需要，救济粮款数。

第四条：由村救委会向村富有者动员说服借出粮款，由总务委员会保管，使村中贫民以有信用之保证或不动产之契约作抵押品，向救委会借出粮款，利息不得超过月息8厘，粮可按借出时市价计息。

第五条：村中鳏寡孤独、老弱病残、虽有田地而无计生产且无其他收入者，由村救委会向村中富农动员说服，代为耕耘收获之。

第六条：村中如有婚娶嫁丧等事，富者应助贫者以财力，贫者应助富者以人力。

第七条：贫瘠地区实行本办法第三条规定如有困难时，村中贫苦者可由村救委会动员说服村中较富者自动捐输粮款救济之。

《蓬莱县屯粮暂行办法》内容如下：

第一条：本办法为了预防来年春荒调剂粮食而拟定之。

第二条：屯粮时以村为单位。

第三条：每住户按其所有亩数人口之比例，确定应屯之粮数。

第四条：每户每人平均能摊田二亩者必须屯粮一升。

第五条：每户除按第四条之规定屯粮外，所余之亩数，五亩至十亩者，每亩屯粮一升，十至二十亩者，每亩屯粮一升半，二十亩以上者每亩屯粮二升。

第六条：收集与保存，由村政委员会负责。

第七条：为避免敌伪抢掠，应严密设法疏散，其办法由各村根据实际环境自酌规定之。

第八条：各村屯粮数目，逐级报告县政府。

第九条：各村倘若动用屯粮时，须先呈请政府批准。

蓬莱县颁布《贫富互济暂行办法》和《屯粮暂行办法》后，1942年1月，蓬莱全县5个区统计，存有义仓粮3万~5万斤，大都未动，以备灾荒救济②。

除以上救济机构，在山东抗日根据地还存在民间的救济组织，如义仓、难民救济所等组织，也经常对难民实施救济。此外，民间的地主、绅商等在灾荒发生时也经常组织临时救济组织，对当地的灾民、难民实施救济。

---

① ②　烟台市民政志编纂办公室：《烟台民政志》，1987年版，第495页。

六、胶东根据地的慈善救灾

胶东抗日根据地慈善救灾主要有难民救济、群众互助、组织生产和发展副业四个方面：

（一）难民救济

抗日期间，由于敌伪的多次大扫荡，加上水旱等自然灾害的影响，胶东根据地很多群众成为难民。抗战时期，胶东根据地组织的大规模难民救济主要有1943年和1944年难民救济。

1. 1943年难民救济

1942年山东灾情惨重，次年春间春荒严重，大量难民流入根据地。1943年4月，中共山东分局、八路军山东军区、山东省临参会及省战工会发出关于迅速救济敌占区难胞的紧急号召。并提出四项紧急赈灾办法：

（一）家家户户帮助难民，决不使一个难民空手过门。

（二）政府先自公粮中拨出一部分，作为急赈。

（三）党政军民脱离生产人员，自上到下，每人每日至少节粮一两至二两，节省办公费百分之十至廿，救济难胞，提倡"白天多办一小时公，晚间节省一小时的灯油"的精神。

（四）号召根据地人民，高度发扬民族友爱，要求每一村养活一户至三户难胞，保证不饿敌占区三万难胞，在我根据地不饿死一人。①

除上述消极性救助外，同时又提出生产救助灾民的积极性措施：

（一）开辟场院种白菜，每亩可产菜数百斤。

（二）组织难民妇女纺线，每天可得半斤食粮。

（三）提倡"打变工"②，组织难民劳动力。③

1943年春间，大量难民从敌占区逃入胶东根据地。为救助这些难民，胶东专署并由公粮中拨出一部分，作为临时赈济。"海阳县参议员刘先生，辛勤奔波

---

①③ 《山东党政军民急救敌占区逃来难胞，节食赈济助其谋生》，《解放日报》，1943年4月18日。

② 变工组是我国农村旧有的一种劳动互助组织。一般是由若干户农民组织起来，以互换人工或畜力的方式，集体地轮流为各家耕种。生产季节结束和年终时，按等价互利的原则进行结算，一工抵一工、一力抵一力，少出工、少出力的向多出工、多出力的补付一定的实物或货币（《合作经济理论与实践》，严芬芬主编，第182页）。

募集捐款六万余元，分发马石山被难同胞。某县某某等十余村，十天中即或捐粮食二千七百斤。某城孙先生，自动捐出花生六百斤，附近各村受此影响，迅速捐募二万元，均已分别发放"。①

2. 1945 年难民救济

抗战中，每遇春荒，大量难民由敌占区流入根据地。1944 年山东省行政委员会发布开展预防春荒工作，发动群众互助救济外来难胞的指示。

对于根据地内贫苦难民之救济。"各地政府应立即有组织的进行调查登记，按照其贫困的程度，给以适当的救济，除鳏寡孤独无资产、无劳动力生活确实困难者，给予必要的粮款救济外，一般要解决其资本、工具、土地等困难，帮助其参加生产。如组织运输，组织开荒，组织垦种场内及其他副业生产等……组织难民运输队，运输贩卖食盐，借以解决其春荒的问题"。②

对于外来难民之救济。一是"各地应于适当地点及早筹设招待所（或登记处），派遣得力干部，办理入境难民之登记安插事宜。按照难民的多寡适当分配地区，不应任其自行流入"。③　二是"应分出缓急，除初期入境之难民，必须按其人口之多寡大小，发给一定限度之救济粮，其余要一律以不同方式，组织到生产战线上去。从发展根据地生产中，借以解决其生活问题"。④

救济难民粮款的来源。由各地政府"除救济粮款外，应由春耕贷款提拨一部。此外要动员群众大大发扬友爱精神，进行募捐发放鼓动。并号召群众保存地瓜及积存秋禾树叶等，做必要之救济"。⑤

山东省行政委员会提出的救济难民的办法，成为山东各根据地救济难民的依据。1944 年秋，黄县、福山沿海和烟青路沿线旱蝗为灾，秋粮歉收，致使 1945 年春荒严重。蓬莱刘家旺、栾家口，福山八角、山后，黄县诸由观一带，已出现吃树叶，缺粮自杀情况。胶东临时参议会、行政公署发出救灾号召，规定：

区以上均皆成立救济春荒委员会，分配一定委员，分组分地区深入到村，推动开展救灾运动。

在救济前后，进行详细调查，统计春荒户数、人口。

动员社会绅商富户，本着同舟共济，患难相扶，邻里相助的精神，救济难胞。

除政府拨款救济外，并由北海专署统一调剂食粮，组织运输，平抑物价。另由各县募借群众剩余的瓜干、瓜叶，号召多种早熟粮提倡节约备荒。⑥

---

① 《胶东专署拨公粮一部急赈敌占区难胞》，《解放日报》，1943 年 5 月 20 日。
②③④⑤ 《山东政委会指示所属开展预防春荒工作发动群众互助救济外来难胞》，《解放日报》，1944 年 3 月 8 日。
⑥ 烟台市民政志编纂办公室：《烟台民政志》，1987 年版，第 497-498 页。

（二）群众互助

抗日战争期间，为组织生产抗灾，胶东根据地发起了群众互助运动。

1943年，为了贯彻党中央开展生产运动的指示，中共山东分局、山东省战时行政委员会决定开展以组织劳动力为中心的生产运动。1943年10月，中共山东分局、山东省战时行政委员会要求各地在完全自愿结合的方针下，广泛组织搭犋队、联犋队、机工队、包工队、运输队、合作社，为组织全农村人口的10%～15%的劳动力参加互助组织而斗争。并且指出：在互助运动中，应依照当地群众旧有习惯，等价交换，互助变工（换工），根据各地具体情况、农业季节等，创造多种牛力换人力、人力换人力的办法；党员干部发挥模范作用，克服应付、强制、怠工等偏向，改造游民分子（懒汉、流氓、街滑子），开展劳动互助组织间的竞赛，达到提高劳动生产率、改变生活面貌的目的。

胶东根据地农业互助生产成绩显著。截至1944年底，胶东根据地"不少村庄已做到没有闲人，没有荒地。如海阳二区邵家，全行政村一百五十五户，共组织了三十一个互助组，由一百七十七个劳动力中，剩余了六十四个劳动力，投入其他运输，贩卖等副业生产，全年生产二万多元。今年比去年计划增产四万多元，并添购毛驴二头，猪五十八头，羊三十四只，胶皮小车四十八辆"①。

1945年抗日战争胜利时，"胶东的变工组已有十八万六千四百五十四组，合作社连副业在内有二千二百十六处。据东海区的报告，已组织起来的农民占总户数的百分之六十五以上，由于组织起来，农民生产力大增。某县的一个互助组，全组六户，五个全劳动力，三个半劳动力，共有五十五亩六分地，起初全组有一头驴，现在已增加一头骡子和一头牛，增加了粮食一千七百七十一斤，平均每人增加三十二斤"②。

除成立农业互助生产组织外，胶东根据地还成立了消费社、生产社、信用社、运输社、兼营（兼营各种业务）社等各种互助组织。截至1944年底，胶东根据地"共组织了群众性的合作社计一千七百六十五处，男女社员四十六万人，股金三千六百五十万元"。③

胶东抗日根据地的合作互助，不但促进了农村生产力的发展，而且还极大地便利了人民群众的生活。

（三）组织生产

为应对灾荒，山东根据地组织生产救灾，提出了开荒、大兴水利、生产贷款

---

① ③ 《胶东解放区经济繁荣，合作事业蓬勃发展》，《重庆新华日报》，1945年2月12日。
② 《在二届参议会第一次大会上胶东行署报告工作》，《解放日报》，1945年10月25日第1版。

等积极救济措施。

1. 开荒

为了加强农业生产，山东各根据地从 1942 年起从县区到村都成立了春耕委员会，对于促进春耕生产发挥了积极作用。为了增加耕地，1943 年 6 月，胶东区颁布了《开垦荒地暂行办法》，规定"开垦公荒，承垦人即取得所有权，三年不设定负担；开垦私荒，承垦人即取得永佃权，三年不纳租"。① "1942 年和 1943 年，胶东区垦荒共计 49631 亩"②。

1944 年，胶东根据地 "东海区开荒 303874 亩，北海区开荒 71565 亩，西海区南招开荒 160 亩（机关部队不在内），加上南海区全胶东共计开荒 375619 亩"。③ 耕地面积的扩大，为根据地农业发展奠定了坚实的基础。

2. 大兴水利

水利建设是进行农业生产救灾的基础。1942 年，山东省战工会发布《关于救济旱灾预防粮荒的指示》，提出："为了灌溉田地，抢救灾荒，农救会要组织集体互助灌溉。我们的口号是'做一分是一分，浇一亩是一亩'。"④

此后，胶东根据地掀起了水利建设高潮。到 1943 年底，胶东区整修河堤 20 万丈，打井超过 57000 眼。⑤

1944 年，胶东根据地水利建设成绩如下：

（1）打井：北海区打井 3315 眼（浇地亩数材料不全）。东海区打井 5667 眼，浇地 607623 亩。西海区南招打井 2304 眼。

（2）引河水灌溉：东海引河水灌田 30987 亩。在改良土质上，荣成改良了碱地与硝地，压沙共 840 亩。

（3）筑堤：114 里又 640 丈，疏河 5975 里又 1196 丈，北海区共计疏河 89 里，筑堤 8229 丈，全胶东区计疏河 6064 里又 1196 丈，筑堤 114 里又 8896 丈。⑥

3. 生产贷款

为了加强生产救灾，胶东根据地还组织发放救济性贷款。贷款分农业贷款、副业贷款和渔盐贷款等几种。根据胶东行政公署主任曹漫之在第二届参议会上胶

①　山东省财政科学研究所、山东省档案馆：《山东革命根据地财政史料选编》（第四辑），山东省财科所发行 1985 年版，第 92 页。

②　山东省财政科学研究所、山东省档案馆：《山东革命根据地财政史料选编》（第四辑），山东省财科所发行 1985 年版，第 92、357 页。

③　《胶东农业生产发展》，《解放日报》，1945 年 2 月 18 日第 1 版。

④　山东社会科学院、历史研究所：《山东革命历史档案资料选编》（第九辑），山东人民出版社 1982 年版，第 432 页。

⑤　山东省财政科学研究所、山东省档案馆：《山东革命根据地财政史料选编》（第一辑），山东省财科所发行 1985 年版，第 357 页。

⑥　《胶东农业生产发展》，《解放日报》，1945 年 2 月 18 日第 1 版。

东行署工作报告，抗战期间，胶东根据地发放的贷款有："农业放款从一九四一年至一九四五年为七千二百廿八万元，副业放款自一九四二年至一九四五年为四千五百六十万元，渔盐放款自一九四二年到一九四五年为二千六百万元。新解放区的救济款为六千万元，总计各项贷款及救济自一九四一年至一九四五年，共达二万万零三百八十八万元"。①

（四）发展副业

1942 年，山东省战工会要求各地全力发展手工业，特别是组织妇女开展纺织业，以改善群众生活和救助灾民。胶东根据地采用合作互助的形式，发展了纺织业、渔盐业和木工业等副业。1945 年重庆《新华日报》发表了《胶东解放区经济繁荣，合作事业蓬勃发展》的文章，就详细介绍了胶东根据地纺织业、渔盐业和木工业等副业的发展情况。内容如下：

纺织业。

胶东过去的布匹全部依赖输入，自从敌寇对我根据地实行封锁政策后，纺织合作社和纺织小组便普遍的组织起来，到三十二年，基本上已做到自给自足。在生产工具方面，也有了不少的改进，由土腰机进步到拉梭机，以至铁机，生产效率提高到三倍至四倍。在纺线的长度来说，过去每斤纺两万七八千尺，现在一般纺到三万五六千尺。最好的纺到四万五千尺。去年堵塞了入口洋纱约六千万元。

渔盐业。

胶东的渔盐民，过去受着渔盐行残酷的剥削，积债累累，捞的鱼卖不出去，以致无钱买网修船。再加敌伪的破坏，鱼盐出产一落千丈。在民主政府领导和帮助下，根据地的八千渔民，二千五百艘渔船，都经过合作社，在经济上组织起来了，解脱了渔盐行的剥削。合作社帮助供给渔盐民的生活用品，高价推销渔产。在四百多万元的贷款下，渔盐民添置了工具，产量增加，生活得到了改善，过去失业的四千渔民，都恢复了生产。挂网由三千九百口，增到四千三百多口。结网从十一万五千一百八十四托（每托五尺）增到十一万五千八百八十托。其他渔具也都有增加。荣成瓦石村的五十个渔民，过去负债十多万元，现在不但还清负债，还买了挂网四十口，渔船二支，地十几亩，生活很好。盐田增加了二百多副篓，失业的盐民有了职业。去年一百四十多万石，盐价收入五百一十多万元。经盐社帮助，盐价每石由五角提高到三元，盐民生活随之改善。

---

① 《在二届参议会第一次大会上胶东行署报告工作》，《解放日报》，1945 年 10 月 25 日第 1 版。

木工业。

木工们为了提高工作效率，组织了木工合作社，并逐渐改良旧式的纺织工具，如土腰机进步为拉梭机、铁机，使纺织业更加迅速开展。其他如纺车、新犁等木制农具，出品极多。①

抗日战争期间，胶东抗日根据地的救灾运动成效显著。一方面，挽救了无数灾民和难民的生命；另一方面，通过生产救灾，也提高了人民的生活水平。

七、国民政府救济机构

抗战时期，国民政府进行社会救济的机构主要有社会部和行政院赈济委员会。

一是社会部。抗战时期，国民政府设置了全国最高社会行政机构——社会部，主管非常时期的社会事业。社会部经历了中央社会部和行政院社会部两个时期。1938 年 3 月 31 日召开的国民党临时全国代表大会上决定设立中央社会部，隶属于国民党中央执行委员会。1940 年 10 月 11 日，国民政府公布《社会部组织法》，11 月 16 日社会部正式改隶行政院，成为全国最高社会行政机关。改隶后，接管中央社会部的部分职能并增设新职能，主管人民组训、社会运动、社会福利、社会救济、合作事业、人力动员等事业。

二是国民政府行政院赈济委员会。1938 年 2 月 16 日，国防最高会议决议设立赈济委员会，隶属于国民政府行政院，原赈务委员会主管之事项、内政部之赈灾救贫和慈善事务、行政院难民救济总会，均并入赈济委员会。《赈济委员会组织法》规定：赈济委员会掌理全国赈济行政事宜，直隶于行政院。

同年 4 月 27 日，赈务委员会、非常时期难民救济委员会合并改组，成立国民政府赈济委员会，行政院院长孔祥熙兼任委员长，由许世英代理委员长，省、县设立赈济分会，负责难民救济事务。1945 年 11 月，赈济委员会裁撤，其掌理业务全部并入行政院善后救济总署。

---

① 《胶东解放区经济繁荣，合作事业蓬勃发展》，《重庆新华日报》，1945 年 2 月 12 日。

<h1 style="text-align:center">八、国统区赈灾</h1>

抗战爆发后，国民党山东省政府初期偏安鲁西南、鲁北，1943 年 8 月又迁往安徽。虽然能力有限，但国民政府并没有彻底放弃对山东沦陷区进行赈济。在 1943 年《重庆大公报》一篇文章中就对此有所点明："山东自沦陷以来，交通路线，省会及县城随被敌人占据，但仅为点及线，其不被敌控制之地域及民众，仍占山东全省之大多数，此皆为整个中华民国之地域及民众，不能弃而不顾，任其资敌投匪。况山东地势绾毂南北，为将来反攻之重要地带，人民丧失，田亩荒芜，人力物力取用无自。山东游击队尚有十余万，如因无食而涣散，于抗战前途亦有莫大影响"。①

当然，国民政府对山东灾区赈济只能说是聊胜于无。1938~1942 年，国民政府先后"拨振款四百余万元，曾发放者约有七十五县。收效甚。无如灾害积年，区域广泛，杯水车薪，终难普遍"。②

抗战期间，国民政府对胶东灾区主要有 1939 年、1942 年和 1943 年赈济。

（一）1939 年赈灾

1939 年，胶东发生灾荒。"蓬莱、黄县旱涝相继，风暴危害，更加日寇骚扰，民不聊生。蓬莱赈灾筹委会发表快邮代电：'为 30 万灾民请命'，向山东省政府、各县政府、各军事长官、各慈善机构、各法团、各地同乡会、各报馆、各慈善士绅呼吁赈济"。③

1939 年，国民政府为山东"全省受灾地区四五十县，灾民达 200 余万人，实支 116783 元。"④ 整个山东救灾款项才区区 11 万元，分摊到胶东灾民的救济款可谓微乎其微。

国民政府救灾乏力，促使民间发起救灾活动。同年，上海山东会馆发起了劝赈胶东灾荒。在《申报》上发布了劝捐启。内容如下：

胶东十余县，居民数百万，大部多以耕种为业，不幸今夏雨水失调、竟成严重荒灾，所有禾苗俱均枯萎。八月间霪雨暴风、相继为虐，不但收获无望，庐舍扫荡殆尽。又闻蓬莱县属，复罹雹灾，受害较其他各处尤重。值兹战事期间，省

---

① ②　《山东灾情概况》，《重庆大公报》，1943 年 3 月 2 日。
③　烟台市民政志编纂办公室：《烟台民政志》，1987 年版，第 495 页。
④　山东省地方史志编纂委员会：《山东省志·财政志》，山东人民出版社 2007 年版，第 448-449 页。

外食粮输入困难，乡僻之处，草根树皮亦将搜食殆尽，隆冬迫届，行将冻馁之灾黎，大堪令人注意。兹闻本埠旅沪山东会馆，已发起募款赈济，刻下正在着手进行中。并盼本市各公团及各界慈善人士，踊跃援助①。

（二）1942 年慈善救济

1942 年胶东灾情惨重。重庆《中央日报》对山东灾情进行了报道：

鲁省自日寇入侵，蹂躏遍及全省，兼之连年荒旱，人民生计已赈濒绝境。去春复数月不雨，二麦歉收，秋收最佳区域不过五成，余二三成、一二成不等，尚有颗粒无收者，此为全省普遍现象。至于鲁南峄县等二十四县，鲁东文登等十五县，自春至夏，敌伪相继骚扰，焚杀抢夺，灾情尤重，兽迹所至，村落为墟，致一般民众服毒自尽者有之，食草根树皮中毒而死者有之，流离失所者有之。鲁西、鲁北各县情形亦复相等，而更为雹灾海潮所袭，灾情极为严重。②

对于山东灾情，山东省临时参议会议长孔繁霨，山东省政府主席牟中珩，"以该省荒旱连年，敌伪肆虐，灾情惨重，民不聊生，特电请中央，拨款一千万元以资救济"。③

最终，国民政府行政院"决定拨款三百万元交赈济委员会办理"。④ 并着重积极性之救济，如农贷、工贷、小本贷款等事宜。对山东灾荒只拨区区三百万元进行赈济，只能说是象征性的了。

（三）1943 年慈善救济

1943 年山东发生特大灾荒。重庆《大公报》对山东灾情进行了报道：

山东灾情严重。本年被灾区域共六十余县，占全省之过半。鲁省府据报先旱后涝者，计有莱阳、昌邑、平度、文登、蒙阴、沂水、诸城、日照、莒县、临沂、临朐、安邱、昌乐、益都等四十二县。旱灾惨重者，计有寿光、临淄、广饶、邹县、费县等五县。雹蝗灾者，计有无棣、恩县、堂邑、郓城等十余县，现有灾民二百三十九万名，荒地七十六万九千余顷。即有收成被好者亦不过三成。在此广大灾区之中，十室九空，情景之惨，非笔墨所可形容。现值麦收无望，春荒严重，且物价高涨，情势危迫。⑤

灾情发生后，国民党山东省政府主席牟中珩，省党部主任委员范予遂，省

---

① 《山东会馆筹赈胶东灾荒》，《申报》，1939 年 10 月 20 日第 9 版。
②③ 《救济鲁省灾情》，《重庆中央日报》，1942 年 3 月 24 日。
④ 《振济鲁灾》，《重庆中央日报》，1942 年 4 月 24 日。
⑤ 《鲁灾严重》，《重庆大公报》，1943 年 2 月 26 日第 3 版。

参议会议长孔繁霨及省府全体委员，向中央请求迅拨赈款 2000 万元，并平粜基金 1 亿元，以便在收成较好区，或邻省收购食粮，迅办急赈①。同时，山东省政府、参议会还呼吁惟望国内贤达，乡里硕望，共起呼吁，同谋救济，使 3800 万人民早一日出水火而登衽席。匪持山东一省之幸，实整个国家所不容忽视者也②。

对于这场灾荒，根据《山东省志·财政志》记载，1943 年 1~6 月，山东赈灾救济费支出 469204 元。③

国民政府赈灾无力，社会捐款发挥了作用。为救济山东灾荒，陪都重庆成立了鲁振会，并在报纸上登载劝赈启。从 1943 年 3 月 6 日至 1943 年 8 月 24 日，鲁振会共收捐款 282.7 万元。如表 10-4 所示：

表 10-4　1943 年重庆鲁灾筹振会接受捐款

时间	报纸	捐款数额
1943 年 3 月 6 日	重庆大公报	代收鲁灾捐款连日代收 14000 余元
1943 年 3 月 17 日	重庆大公报	代收鲁灾捐款前昨续收 23000 余元
1943 年 3 月 28 日	桂林大公报	代收鲁灾捐款共收 3 万余元
1943 年 6 月 18 日	重庆大公报	代收鲁灾捐款共收 49 万余元
1943 年 7 月 4 日	重庆大公报	代收鲁灾捐款先后共收 67 万余元
1943 年 7 月 22 日	重庆大公报	代收鲁灾捐共收 73 万余元
1943 年 8 月 24 日	重庆大公报	代收鲁灾捐数共收 87 万余元
共计		282.7 万元

资料来源：《重庆大公报》，1943 年 3 月 6 日至 8 月 24 日。

日本侵华期间，胶东地区同时存在日占区、共产党建立的胶东抗日根据地以及国统区。这也是胶东最混乱的时期。在这一时期，日伪为了维护自己的反动统治，对自己统治的区域实施了社会救济。国民政府为了自己象征性的存在，同样进行了救济，但救济力度、救济效果无从谈起。而在共产党建立的胶东抗日根据地，为了救济灾民、难民，实施了救济。救济项目多、救济力度大、救济范围广、救济效果好。

①② 　《山东灾情概况》，《重庆大公报》，1943 年 3 月 2 日。
③ 　山东省地方史志编纂委员会：《山东省志·财政志》，2007 年版，第 449 页。

第十一章　抗战后胶东解放区的善后救济

中国抗战即将胜利之际，联合国善后救济总署与中国国民政府合作，成立行政院善后救济总署，对中国战区进行救济。抗战胜利后，行政院善后救济总署鲁青分署负责对山东国统区和中共控制区进行善后救济。对烟台的善后救济分为鲁青分署救济时期和总署办理（烟台办事处）两个时期。

一、善后救济缘起

第二次世界大战为人类空前浩劫。当"二战"还在进行之时，英美国家就开始考虑战后的重建问题。1943 年 11 月 9 日，44 个国家代表在华盛顿签订《联合国善后救济总署协定》，决定成立联合国善后救济总署（United Nations Relief and Rehabilitation Administration，UNRRA，简称"联总"），负责处理第二次世界大战中受害国的善后救济工作。

作为重要的反法西斯联盟成员国，中国是善后救济工作的主要参与者与受益者。1943 年 11 月，蒋廷黻代表中国政府签署了《联合国善后救济总署协定》，参加了联合国第一次善后救济大会，并向大会提出了中国善后救济计划。

（一）行总

1945 年 1 月 1 日，行政院善后救济总署（China National Relief and Rehabilitation Administration，CNRRA，简称"行总"）成立，直属行政院。行总负责办理战后收复区善后救济事宜，凡属战灾救济性质的，由该署直接办理；凡属善后建设性质的，大部分由该署会同有关部会合作办理。行政院善后救济总署内设储运、分配、财务及赈恤四厅为办理业务的单位；调查、编译、总务、会计 4 处为办理一般事务的行政单位。

行总的总部初在重庆，后迁南京。行总在受战争损害较重地区设置善后救济分署，办理一省市或一省市以上地区的善后救济事宜。行总在苏、皖、赣、湘、鄂、豫、鲁、冀、热、晋、察、绥、浙、粤、桂、台湾各省、京、沪、平、津、青岛五市及东北九省，分设十五个分署及滇西与福建两直辖办事处。负责对山东全省及青岛市救济的是鲁青分署。鲁青分署是全国十五个分署之一。

（二）解放区救济会

根据 1943 年联总大会决议，凡联总所属的资源，无论在任何地方，都将根据该地"人民的相对需要公平地分配或分发，不得因种族、宗教或政治信仰不同而有所歧视"①。因此，中国共产党控制的解放区有公平分享联总救济物资的权利。中共要求联总和行总按决议规定，公平合理地分配救济金和物资。此后，中国解放区自上而下成立了中国解放区各级救济委员会。

1. 解放区救济总会

抗日战争即将胜利的前夕，为适应新形势，加强对救济工作的统一领导，并配合联合国救济总署的工作，1945 年 7 月，在延安召开的中国解放区人民代表会议筹备会上通过决议，成立了以周恩来、董必武为首的中国解放区临时救济委员会（简称"解救"，1946 年改称中国解放区救济总会简称"解总"），并制定了《解放区临时救济委员会组织和工作条例》。

解放区救济总会的主要任务是：调查指导解放区被敌寇烧杀、抢劫、轰炸破坏以及水旱、虫、荒所造成的一切人民损失，和对医药卫生、儿童保育、难民救济等需求的各种情形；并搜集一切敌寇罪行，向国内外控诉，协助解放区政府及人民团体等筹划并进行战时及战后一切救济、抚恤、赔偿、建设等善后事宜，并指导各解放区救济分会的工作。②

解放区救济总会成立后，各解放区相继成立解放区救济分会。1945 年 8 月 24 日，山东解放区救济委员会成立。救济委员会由 15 人组成，山东省主席黎玉兼任主任，马保三、刘民生任副主任委员。内设秘书处、赈务组、保管组运输组、调查组、报道组、联络组、医药组等，另外，单设庶务股，于日照县石臼所镇设办事处。

2. 胶东区救济委员会

1945 年 11 月 2 日，胶东区救济委员会成立。胶东行署聘请曹漫之、孙子明、

---

① 陈之迈：《蒋廷黻的志事与生平》，台湾《传记文学》（第 8 卷第 4 期），1967 年版，第 20 页。
② 《解放区人民代表会议筹委会通过成立中国解放区临时救济委员会》，《解放日报》，1945 年 7 月 28 日第 1 版。

王一亭、田祥亭、张一民、孙揆一、张修己、黄景新、辛冠五、王人三、李继成11人为胶东区救济委员会委员，并推选曹漫之为主任委员，王一亭、孙子明为副主任委员，田祥亭为秘书长。下设调查、救济、医药3科①。

1945年11月16日，烟台市救济委员会成立。烟台市救济委员会聘请绅商张世绵、安惠民、于秀男、李勤慈、隋宗林及各机关代表于谷莺、祝林、仲曦东、林一夫、田光、王专等共11人为救委会委员。并推选于谷莺为主任委员，隋宗林为副主任委员，王专为秘书长。烟台市救济委员会下设调查、救济二科。区村均设救济委员会，受同级政府指导，亦受市救济委员会指导。

1946年，当联合国救济物资来到烟台时，为加强领导，市救委会"新增补了4名不同阶层的委员：王慎—店员，王培义—工人，褚文郁—恤养院院长，梁济民—公济医院医生"。②

胶东区、烟台市救济委员会成立后，其主要工作是调查抗战以来，敌伪给予人民造成的各种损失。1946年2月，联合国善后救济总署（简称"联总"），开始对解放区发放救济物资，于是救济工作的重点转入接收和发放联合国救济物资。

（三）行总对共区救济

解放区救济委员会成立后，国共两党就战后善后救济事宜进行过多次磋商。1945年底，行政院善后救济总署署长蒋廷黻与中共代表周恩来在重庆进行谈判，达成了一项关于对解放区进行救济的协定，即《行总与中共关于共区救济协定》。救济协定确定如下原则：

一、救济以确受战事损失之地方与人民为对象。

二、救济不以种族宗教及政治信仰之不同而有歧视。

三、救济物资之发放不经军政机关，而由人民团体协助办理。

四、如行总人员及运载物资车船于进入共区被扣留时，则行总人员即自该区撤退。

五、行总人员不得过问共区地方行政。

六、中共可派代表在共区协助行总人员办理救济工作。③

此后，行总根据救济协定办理解放区的善后救济。由于国内时局和两党控制区域的此消彼长，行总对胶东解放区的善后救济，从1946年2月开始至1947年10月结束。大致可分为两个阶段：第一阶段为鲁青分署阶段，第二阶段为行总烟台办事处阶段。

①②　烟台市民政志编纂办公室：《烟台民政志》，1987年版，第499-500页。
③　《行政院善后救济总署业务总报告》，行政院善后救济总署1948年版，第286页。

第一阶段为鲁青分署阶段（1946 年 2~6 月）。

1945 年 12 月 1 日，国民政府行政院善后救济总署鲁青分署（以下简称"鲁青分署"）在青岛成立。1946 年 1 月以前鲁青分署"所办振恤业务仅为急赈，且亦只在青岛市及其附近一带。同年 2~4 月其业务范围才延及鲁东烟台、鲁南临沂等解放区"。① 这一阶段，鲁青分署运往烟台物资共计 399.28 吨，运往临沂物资约 141 吨。

第二阶段为行总烟台办事处阶段（1946 年 7 月至 1947 年 10 月）。

1946 年 6 月底，由于国民党向中原解放区发动进攻，国共关系日益恶化。这直接影响了联总救济物资在解放区的分发。1946 年 7 月起，行总在解放区设立烟台、菏泽和淮阴三个办事处，由总署直接指挥。烟台办事处成立于 1946 年 7 月 1 日，办理山东全省及河北八县解放区救济。根据 9 月 12 日与中共代表的协定，烟台办事处运输路线划分为烟台区、石臼区和渤海区。

在这一阶段，1947 年 3 月起，国共和谈破裂，中共代表从国统区撤走，行总运往解放区的物资无法如期到达，解放区救济工作陷入停顿。1947 年 5 月，山东战争形势日趋紧张，7 月下旬联总人员撤退，8 月间全部善后物资即按中共华东局指示方针处理完毕。随后，联总宣布停止北纬 34 度以北地区的救济，善后救济工作到此结束。②

二、鲁青分署救济烟台区时期

鲁青分署成立后，对山东"所办振恤业务仅为急赈，且亦只在青岛市及其附近一带"。1946 年 2~4 月其业务范围才延及鲁东烟台、鲁南临沂等解放区。1946 年 2~7 月，是鲁青分署对山东解放区进行善后救济时期，也是鲁青分署救济烟台区时期。

（一）鲁青分署

1945 年 12 月 1 日，鲁青分署在青岛成立，1948 年 4 月全部工作结束。在两年多的时间里，鲁青分署对山东国统区和中共控制区进行大规模的救济，成为 20 世纪 40 年代末山东慈善救济事业的主体。

---

① 延国符：《行政院善后救济总署鲁青分署业务总报告》，1947 年版，第 1 页。
② 《山东省地方政权沿革丛书》编纂委员会：《山东省历届政府施政 1840-1985》，1993 年版，第 198 页。

鲁青分署对山东解放区救济以烟台和临沂为中心。成立之初，鲁青分署"即本着《基本协定》及不分种族党派普施救济之旨，对鲁青全区善救工作积极规划，共区救济亦在计划之内"。[①]

　　鲁青分署在青岛成立开始办公后，一面以各种不同的方式，由各方面协助，发放急赈，急救难民；同时为了实地普遍救济山东全省的难民，计划划分区域，分设十七个工作队。但因限于困难，仅成立了五支工作队。这五支工作队如表 11-1 所示。

表 11-1　鲁青分署设置工作队

救济区域	工作队	队长	负责地区	其他机构
青岛区	第一工作队	吴松乔	青岛市、即墨、胶县、高密	驻有第一卫生工作队、临时救护队，遣送站及营养站 3 处，鲁青分署自办的难民收容所 4 处
烟台区	第二工作队	李遇之	烟台、威海、荣成、文登、掖县、牟平、福山、海阳、莱阳、平度、蓬莱、黄县、栖霞、招远	驻有第四卫生工作队。1946 年 10 月后并入第二卫生工作队，负责徐州、利国驿、临沂一带的医防工作
临沂区	第三工作队	朱子赤	临沂、诸城、莒县、日照、沂水、郯城、蒙阴、费县、峄县、新泰、滕县	驻有第二卫生工作队
济南区	第四工作队	刘法贤	济南市、历城、长清、肥城、平阴、东阿	济南办事处、第八卫生工作队及营养站 3 处，难民收容所 2 处
潍县区	第五工作队	于治堂	潍县、昌乐、昌邑、益都、临朐、安邱、临淄、广饶、寿光	驻有第五卫生工作队及难民收容所 1 处和营养站 1 处

　　资料来源：行政院善后救济总署鲁青分署秘书室编印：《鲁青善救旬刊》，1946 年版。

　　五支工作队中，其中第二工作队负责烟台区，烟台区覆盖范围为烟台、威海、荣成、文登、掖县、牟平、福山、海阳、莱阳、平度、蓬莱、黄县、栖霞、招远。第二工作队队长李遇之。

（二）善后救济物资分配原则

　　对解放区进行善后救济，首先需要确定救济物资分配原则。国民党山东省府"以中共控制者为乡村，并不缺粮，坚持应按实际需要情形，平均分配。中共则以鲁省共有 108 县 4 市，在中共手者 98 县 2 市，即要求应按人口多少及地区大

　　① 《行政院后救经总署鲁青分署业务总报告》，1947 年版，第 77 页。

小，比例分配"。① 双方互不相让。

1. 山东救委会分配原则

1946 年 2 月，联总首批 1000 吨救济物资将要运往山东，对于运输和分配原则急需做出决策。1946 年 2 月 2 日，联总代表郑恩慈抵达山东解放区政府所在地临沂，与山东解放区政府商谈这批救济物资的运输和分配事宜。中国解放区救济委员会山东分会于 1946 年 2 月 3 日下午六时举行第七次会议，经长时间商讨，决定如下分配原则：

（一）力求公正合理，因物资甚少，采用重点分配办法。首先救济受灾最重的地方和迫切需要救济的人民；

（二）救济对象不分阶层，不分党派、宗教信仰；

（三）首先救济退伍的残废和贫病无法生活的抗属和最贫困者；

（四）医药分给医院、卫生机关，免费医治人民和伤病。

并提出具体办法：

（一）因路程遥远交通阻隔救济物资难以运送，可在山东救济分会决定救济数量后，先从当地政府拨粮以应急需；

（二）根据各地被灾人民生活情况，山东救济分会负责调查所缺物资，合理分配。无衣者多分衣服布匹，无粮者多分粮食，医药根据病的情况统一分配②。

此后，山东救济分会对物资分配及运输等问题又进行补充，并做出如下规定：

第一，根据各区人口多少，地区大小如受灾轻重等具体情况，作如下之分配：胶东为百分之二十五，渤海为百分之二十二点五，鲁中为百分之二十，鲁南为百分之十七点五，滨海为百分之十五。

第二，运输问题，尽量以汽车运送，不能通汽车者，即动员人力和车辆运输。

第三，各级救委会之费用，由民主政府负责，不准由救济物资中开支③。

2. 胶东区救委会确定原则

1946 年 2 月 6 日，鲁青分署第二工作队队长李遇之率队，会同联总代表哈尔威士，押运第一批 300 吨救济物资前往烟台。救济物资运抵烟台后，胶东区救济委员会于 12 日对救济物资提出分配办法。办法如下：

（一）尽先救济遭受战灾严重地区，除以百分之卅救济城市外，其余百分之七十分配于下列地区：牙山区百分之十，莒山区百分之廿四，大泽山区百分之廿四，海阳山区百分之十二，高平山区百分之八，马石山区百分之七，荣成严山区

① 《行政院善后救济总署业务总报告》，行政院善后救济总署 1948 年版，第 118 页。
② 《救济山东物资不够分配》，《新华日报》（华中版），1946 年 2 月 9 日。
③ 《按人口、地区、受灾轻重等情形山东妥善分配救济物资》，《新华日报》，1946 年 3 月 2 日。

百分之六，西海胶济路侧百分之五，南海胶济路侧百分之四。

（二）保证全部发给人民，军政机关一律不准留用。

（三）救济物资以村为单位，召开村民大会，由群众民主讨论分配予各户。

（四）严格收发手续，账单收支务须清楚。

（五）物资分发至各区后，应于十天内保证发于群众。①

1946年3月初，胶东区救济委员会又对运抵烟台救济物资中的"百分之卅救济城市"条款做了进一步规定。其中"烟台百分之四十五，威海卫百分之廿，龙口百分之十五，石岛百分之十，平度城百分之十。药品发给廿三个地方医院。胶东军区亦派汽车五辆至烟台专供运输救济物资之用"。②

救济物资分配比较如表11-2所示。

表11-2 救济物资分配比较 单位：个

项目 数字 地区	损失 严重村	损失 较重村	一般 损失村	合计	分配 比较 （%）	备注
牙山区	14	12		26	10	栖东、牙前
艾固山区	30	50		80	24	黄县、栖东、栖霞、蓬莱
大泽山区	32	31		63	24	平北、掖南
海阳盆子山区	7	16	14	37	12	东西野口、北索格庄、孙家夼等
高平路	7	8		15	8	大赵家、塔书泊、高格庄等
马石山区	8	19		27	7	牙前、海阳、乳山
荣成崂山区	25	14		39	6	神道、烟墩沟等十三村
西海胶济路侧	27			21	5	送昌邑城
南海胶济路侧	20			20	4	送高村或古现
共计	170	150	14	328	100	

资料来源：烟台市民政志编纂办公室：《烟台民政志》。

（三）烟台市善后救济物资发放

在鲁青分署救济烟台区时期，先后有两批救济物资运抵烟台。第一次是1946年2月，烟台救济委员会与联总、行总第二工作队组织了第一次救灾物资分发（见表11-3（a）和表11-3（b））。

1. 救济物资管理及发放办法

运往烟台的第一批救济物资。1946年2月6日上午，联合国善后救济物资由

---

① 《胶东救济物资尽先分配灾重地区》，《解放日报》，1946年2月23日。

② 《胶东救济物资十分之三分配新解放城市》，《解放日报》，1946年3月4日。

青岛港口以登陆艇两艘，载运善后救济物资赴烟台，2月8日10时半安然上陆。

善后救济物资运到烟台后，鲁青分署第二工作队借用浪霸码船仓库与东大街当地救济委员会旧址为本队仓库及临时队址。第二工作队内部分为振务股、卫生股、供应股和总务股。"振务股由张子美暂代，卫生股由栾森暂代，供应股由陆吉乔暂代，总务股刘效德暂代"。①

对于具体发放办法，烟台救济委员会主持人赵野民、陈文其及联总赖恒立、哈尔维斯、第二工作队队长李遇之等举行临时会议，确定了第一批救济物资管理及发放办法：

（1）物资之管理及运输暂由行总工作队及解放区胶东救济委员会共同执行，仓库钥匙由行总手执（余一份由市府保管）。

（2）物资之分配由解放区救济委员会提出意见，由联总及行总执行调查与采纳。

（3）具体发放由各区村解放区救济分会执行，可由联总、行总及当地救委会三方会同派员视察及监视。②

表 11-3（a）　　鲁青分署第一次运往烟台救济物资种类数量

物资名称	约合吨数	附注
旧衣	21.41	
白喉预防针		六箱
斑疹伤寒预防针		由 393 艇装载共二箱
牛乳	41.50	
面粉	65.00	
吉普车	3.00	
道奇货车	24.00	由 484 艇装载
汽油	8.00	
面粉	70.00	
牛奶	55.50	
滑械油	0.18	
共计	288.59	白喉伤寒等预防针及滑机油未计在内

注：①表 11-3（a）之物资总量约三百吨；第（二）仅指面粉及旧衣而言，至表 11-3（a）所列之（一）车辆、油料，均由烟台"解总"留用，指定为运送救济物资之工具，由鲁青分署第二工作队与中共会同管理。（二）牛奶及奶粉之分配，则 30%配发各地方医院。50%配发贫苦婴儿，20%留作临时发放之用。（三）药品全数发给胶东区 23 个地方医院。

资料来源：《行政院善后救济总署业务总报告》，行政院善后救济总署 1948 年版，第 104 页。

---

①②　行政院善后救济总署鲁青分署秘书室编印：《第二工作队（驻烟台）第一二周工作报告》，《鲁青善救旬刊》，1946 年第 2 期。

表 11-3（b）　　鲁青分署第二工作队第一次在烟台发放救济物资区域比率

地区	分配比率（占配得物资总数百分比,%）
城市	
烟台	45
威海卫	20
龙口	15
石皇	10
平度	10
乡村	
艾山区	24
大泽山区	24
小纪区	12
牙山区	10
高平区	8
马石山区	7
荣成崂山区	6
胶济路侧	9

2. 具体发放工作

烟台善后救济物资的具体发放工作包括提货、发放和监督、抽查等。

（1）提货。

1946 年 2 月 18 日上午十时，由烟台市救济委员会代表赵野民、王专等来队申请具领该市厅配给之物资，队长按照配给之百分数核准后。即亲自率领供应股陆吉乔，振务股张子美，及总务股刘效德等三人会同该代表等赴浪霸码头仓库照单提货。计面粉 810 袋，衣服 68 包，奶粉及牛奶共 422 箱，大木桶奶粉 22 桶，以上数目为分配医院、孤儿院及难民等共计之数目，于提货时并摄影存查，至下午二点时始完竣归队。[①]

（2）发放。

烟台救委会收到联合国救济物资后，1946 年 2 月 19 日即开始发放。根据《烟台日报》报道，烟台市救委会发放情况如下：

计贫民工厂面粉廿袋，旧衣服十一件。恤养院面粉四十袋，奶粉五十箱，旧

---

① 行政院善后救济总署鲁青分署秘书室编印：《第二工作队（驻烟台）第一二周工作报告》，《鲁青善救旬刊》，1946 年第 2 期。

衣服一捆。孤儿院面粉十一袋，牛奶八箱，旧衣一捆。崆峒岛贫民面粉十四袋，牛奶五箱，旧衣一捆。工人医院面粉十一袋，牛奶十箱。市公立医院奶粉二十二大桶。并分给盟国贫苦侨民面粉八袋，牛奶四箱。①

烟台市救委会自 1946 年 2 月 19 日开始发放救济物资，于 23 日各区发放完毕。

（3）监督、复查。

在烟台救委会发放救济物资期间及之后，第二工作队还进行了监督、普查和抽查。

第一，发放期间监督。

在物资发放期间，第二工作队队长李遇之率本队人员往各区乡村监督发放情况。

第二，普查分配物资情形。

1946 年 2 月 20 日，第二工作队队长李遇之率领刘效德、陆吉乔及张子美等赴各区视察分配物资情形。（各区领到救济物资后，必经由村民大会讨论决定应救济人数与应分配之数量）"为确实明了被救济难民人数，派刘效德赴烟台市东山区、建昌区、通伸区、毓璜顶区、朝阳区、芝水区六区及芝罘镇。调查结果：被救济之乡村一百十一个，（各区以下分村）凡三千四百十一户，一万一千三百十二口，外加各单独单位之八百八十七口，共计一万二千一百九十九口"。② 经逐一视察完毕后，第二工作队又派刘效德负责将各区绘图统计呈报。

第三，抽查难民家庭状况。

第二工作队队长李遇之率领陆吉乔、张子美抽查应救济者之家庭状况。"于二十四日、二十六日、二十八日派张子美、刘效德抽查所东村、锦华村、南道大村、顺河村、市府村、毓岚村、所西村、建南村、西门外南街村、集祜西街村及通惠村等二十八村之难户。并查得难户分为三等：一等每户一人至二人，每人得面粉十斤至十五斤，牛奶、衣服，按其需要情形分发。但牛奶则发给贫苦婴儿与残疾老弱者。二等每户三人至五人，每人得面粉四至八斤，牛奶、衣服同前。三等每户三人至七人，每人得面粉三斤，其他同前"。（见表 11-4）③

此外，第二工作队还到恤养院，调查院内设备、对孤儿的养育管理、孤儿营养等④。

---

① 《烟台分发救济物资》，《解放日报》，1946 年 2 月 27 日第 2 版。

②③ 行政院善后救济总署鲁青分署秘书室编印：《第二工作队（驻烟台）第三周第四周工作报告择要》，《鲁青善救旬刊》，1946 年第 3-4 期。

④ 行政院善后救济总署鲁青分署秘书室编印：《第二工作队（驻烟台）第一二周工作报告》，《鲁青善救旬刊》，1946 年第 2 期。

表 11-4　鲁青分署第二次运往烟台物资分类数量

名称	约合吨数
面粉	4.95
衣服	95.00
牛奶	6.00
奶粉	3.00
皮鞋	1.74
共计	110.69

注：表中所列物资，经双方协议，全数配往渤海区，平均分发于寿光、广饶、博兴、惠民等四县。

资料来源：《行政院善后救济总署业务总报告》，行政院善后救济总署 1948 年 4 月 3 日，第 105 页。

（四）　解总与行总对分配公平的争议

在鲁青分署救济共区阶段，国共双方存在很多争议。比如分配原则、交通问题和分配物资去向问题等。归根结底就是分配公平问题。

胶东解放区善后救济委员会委员曹漫之就提到烟台区接收的救济物资。"从去年赖恒立先生来到现在，八个月的时间，运到山东解放区的物资实际上仅有1500 吨（运送黄河筑堤部分不在内）。根据省救委会发表的公报，按照山东解放区需要救济的人计算，平均每人只得到二两物品。又据中国解放区救委会公报，'联总'拨来中国之救济物资六十六万吨，我解放区仅得 3300 吨，仅占全部物资数的 0.5%；以山东来讲，可能比其他解放区多些，每人也只有二两"。①

而对国民党政府来说，"大批救济物资却以汽车运往国民党及伪军统治地区，结果使不满二百万人口之山东国民党及伪军统治区反较二千九百万人口的解放区所得物资超过数倍"。②

对于这一分配结果，山东解放区救委会认为"行总分配救济物资是何等不公平！"

为此，山东救委会提出应根据山东解放区人口、面积、被灾情况，同时兼顾国民党统治区人口、面积、被灾情况来确定比数的原则进行救济物资分配。并提出了具体原则：

（一）应按人口、面积、被灾轻重来确定比数，但受灾轻重及需要救济为最基本的；

（二）解放区与国民党地区受灾人民应同样看待；

①②　《山东解放区救委会代表曹漫之氏说明三方委员会协议经过》，《解放日报》，1946 年 8 月 10 日。

（三）不以县城为标准，也就是说不以县城代替全县救济。①

山东救委会提出按照这一原则，"解放区应在山东所得的救济物资中占其百分之九十"。

同时，山东救委会提出改造中国行总机构。1946 年 7 月 31 日，山东解放区省参议会、省政府及中国解放区救济委员会山东分会等，代表该解放区二千九百万人民致函联总中国分署，并转联总称："我们认为必须彻底改组中国行总机构，应有解放区人民代表及各方民主人士参加，以求得物资的公平分配与有效的救济灾民"。②

三、总署办理时期——烟台办事处

国共双方的巨大分歧，也迫使国民党政府方面做出让步。1946 年 6 月，行总决定在共区成立特别办事处数处，即烟台办事处、菏泽办事处、淮阴办事处三处。烟台办事处指定办理山东全省及河北八县之共区救济。

（一）行总烟台办事处

1946 年 7 月 1 日，行总烟台办事处成立。行总烟台办事处主任王师良，副主任张沈川。下设储运部，负责人张扬。中共对口设立"解总烟台办事处"。主任曹漫之，副主任王云九。联总代表魏德勒（Waidner）。行总烟台办事处由王师亮、魏德勒、曹漫之三人组成三人委员会。王师亮代表行总，魏德勒代表联总，曹漫之代表山东救委会。

1. 行总烟台办事处救济工作报告

行总烟台办事处成立后，1946 年 7 月 11 日，行总运载物资约 3000 吨，前往烟台，办事处主任王师良也随同前往。王师良根据办理救济情形，提出了《行总烟台办事处救济工作报告》，报告内容如下：

一、中共控制区有独立之货币，法币不能应用。山东中共控制区通用"北海票"，当地实力人物规定每元"北海票"折合法币二十元，总署拨发本处之经费自然是法币，在一对二十之比率下，本处之经费被贬低至可怜之程度，而当地物价又极为贵昂，在烟台由码头搬运一吨物资至仓库，不出十码之距离，需付苦力工资三百五十元"北海票"，合法币七千元，员工生活之苦，真一言难尽。

---

① ② 《山东省参会省府救委会致函联总中国分署称：必须彻底改组行总》，《新华日报》（华中版），1946 年 8 月 2 日。

二、通讯之困难，本人离沪以前，周恩来先生曾自南京拍电致烟台当地人士嘱予关照，而本人抵烟后五日，烟台方接获周先生之电报。一电计行十七日，较海船尤慢。烟台办事处成立后，无法与总署通讯，联络阻断，声气隔绝。本处虽备有无线电收发器，因未获中共之同意，尚未能使用。

三、交通不便，山东胶济路之点与线，均在政府治下，中共所控制者为面，无交通线可资利用，此次登陆艇，由烟台运物资至蒲台之种种经过，已向各位报告，困难情形，可以想见。

四、军事冲突，为善救工作之最大阻碍。山东全境各地，随时有战斗冲突，大部地域被划为军事行动区，救济工作人员不能进入。①

2. 关于烟台共区救济协定

为解决善救工作中的上述困难，1946 年 9 月 20 日，行总烟台办事处与中共签订了《行总烟台办事处与中共关于烟台共区救济协定》，协定如下：

（子）此次登陆艇"万恒"号运送救济物资。先到烟台，回航至石臼所与当地中共当局洽妥。以后下次物资即由沪迳运石臼所卸下再转他处。沪方中共即将"万恒"号运送救济物资往烟台事，电告烟台。中共烟方复将"万恒"号回航至石臼所，接洽情事电告临沂，得复后即可驶往石臼所。

（丑）烟台办事处此次先携带二十五瓦特无线电台一部，由该处管理报务员由中共派用以后，再备五十瓦特一部携往烟台，然后将此二十五瓦特者移置临沂或石臼所应用。

（寅）由烟台卸运物资至中共区域内之运费。据周恩来氏报告本署蒋前署长已函告中共，承担该项运费三分之二之数额，中共承认考虑负担三分之一，但此船到后所需卸运之物资，全部费用由周恩来氏致函当地中共负责人先行借用，俟行总与中共双方商妥具体办法后由办事处再行结算清偿。

（卯）法币与北海票比值。烟台中共当局虽已允定为十五比一（十一月一日起定为八比一）但希望以后常依当地市场比值涨落情形，以最优惠办法改定最低比值，优待本署烟台办事处全体员工。

（辰）烟台办事处所需房屋家具及伙食全由中共供给，办公文具则由办事处自备。

（已）烟台地方虽稍安静，倘一旦进入战事状态，办事处员工之安全全由中共方面负责。

（午）烟台办事处工作人员为运送物资至解放区各地及明了屡次分配及散发救济物资情形起见，除胶东、渤海、鲁南各地区外，尽可能到蓬莱、龙口、威海

---

① 陈维：《行总烟台办事处救济工作报告》，《锡报》，1946 年 8 月 30 日第 1 版。

卫、莱阳等地，以利工作。①

烟台共区救济协定签订后，烟台办事处即按此协定执行善后救济。

（二）烟台办事处发放物资情况

国共双方达成关于烟台共区救济协定后，自 1946 年 10 月 18 日开始陆续载运善后救济物资来解放区。"截至 1947 年 5 月 16 日，共运来物资 5741180 吨（内有冀鲁豫、华东解放区 1581693 吨），其中属于山东的 4159487 吨，大部分被用于支前或军工建设，为夺取解放战争的胜利，发挥了相当大的作用"。②

烟台办事处时期，运输善后救济物资具体如表 11-5、表 11-6 所示：

表 11-5　截至民国三十六年（1947 年）八月烟台办事处接收物资种类数量

类别 物资名称	接收		分发		库存	
	数量	重量（吨）	数量	重量（吨）	数量	重量（吨）
食品	284356（包）	7089697	67079.15（包）	2101.896	217276.85（包）	4987.801
衣服	95354（包）	4154.980	6949（包）	362.813	88405（包）	3792.167
药品	22719（箱）	951979	1510（箱）	54.693	21209（箱）	897.186
工业器材	5462（箱）	622.839	10（箱）	4487	5452（箱）	618.352
交通器材	2385（箱）	2068613	87（箱）	49689	2298（箱）	2018.924
其他器材	78（箱）	20082			78（箱）	20.082
农业器材	58138（箱）	300.563	1824（箱）	154.030	56314（箱）	146.533
其他成品	24337（箱）	1028.098	5095.5（箱）	22.338	19241.5（箱）	1005.760
油料	3615（桶）	433167	13285（箱）	167.943	2286.5（箱）	265.224
原料	110718（件）	4488921	10（件）	1.281	110708（件）	4487.340
合计	600162	21158639	83893.15	2919.270	523268.85	18239.369

资料来源：《行政院善后救济总署业务总报告》，行政院善后救济总署 1948 年版，第 111 页。

表 11-6　烟台办事处分配物资分类数量及地区

品名 地区	面粉 （包）	布匹 （包）	棉衣 （包）	旧衣旧鞋 （包）	领巾 （包）	毛头巾 （包）	纽扣 （箱）	罐头奶粉 （箱）	奶粉 （吨）
西海区	15500	155		950	90	65	1		

---

① 《行政院善后救济总署业务总报告》，行政院善后救济总署 1948 年版，第 287 页。

② 《山东省地方政权沿革丛书》编纂委员会：《山东省历届政府施政 1840-1985》，1993 年版，第 198 页。

续表

地区\品名	面粉（包）	布匹（包）	棉衣（包）	旧衣旧鞋（包）	领巾（包）	毛头巾（包）	纽扣（箱）	罐头奶粉（箱）	奶粉（吨）
南海区	15000	145		781	90	65	1		
海阳区	2500			100	20	13			
莱阳区	6500		28	300	50	20	1		
烟台区	70270			5718	27	20		2899	59
羊平区	1000			50		10		100	
福山区	1000			50				89	
东楼区	1000			50				100	
临区	4075			670					9
诸城区	1050			100					
石所	10000			1073					
鲁北区	225			1058					2
总计	128120	300	28	10900	277	193	3	3188	70
重量总计									4400 吨

资料来源：《行政院善后救济总署业务总报告》，行政院善后救济总署 1948 年版，第 112 页。

（三）烟台办事处善后救济内容

烟台办事处时期，善后救济除了运输、分配救济物资以外，也进行了一些善后救济工作。如办技能训练班、成立黑热病诊疗所和举行卫生讲座等。

1. 办技能训练班

解总烟台办事处办驾驶拖拉机训练班。为了培养使用拖拉机人才，解总山东分会烟台办事处特开办训练班。请"联总"拜陆、骆卜立克二位先生任教师，在开课日联总农业专家汤孚德先生亲往参加，并致词："此是联总拖拉机首批来解放区，大家要很好学习技术，使拖拉机在解放区更有力地发挥其耕种效能，除学习技术外，要彼此学习言语，以更加强友邦之团结会后学员皆表示有信心在两周内，学会驾驶与修理拖拉机，以备开展农业生产，为人民服务。"[1]

此外，烟台办事处还设站缝补分发旧衣旧鞋，并由灾民组织缝纫合作社，在民间缝制衣服，协助生产，以符善后救济工作之原义。

---

[1] 《解总山东烟台办事处办驾驶拖拉机训练班》，《烟台日报》，1947 年 5 月 17 日。

2. 成立黑热病诊疗所

解总山东分会烟台办事处与联总、行总共同组织痞积（黑热病）治疗所。由于当时山东省黑热病流行甚广。中国解放区善后救济委员会山东分会烟台办事处与联总、行总共同决定，在烟台公立医院组织痞积（黑热病）治疗所，在公立医院专设诊疗室及病床数上涨，由联行总张大夫主持，为患痞积者免费治疗。

病人待遇

1. 医药费：全部免收。

2. 伙食费：经医生检查确有住院必要者，根据家庭经济情形分为三等：一等全部自给；二等部分免费；三等全部免费。以上须经区公所以上行政机关之证明。

病人必须持有区公所以上行政机关之介绍信方准治疗。

该处先后指导各县医院成立黑热病诊疗所。由该处派医师每日前往主治，所用特效药尼俄斯坦（Neostam），以后将由该处尽量配发。①

另外，解总山东分会烟台办事处还组织卫生讲座。于 1946 年 11 月举行卫生宣传演讲二次，由该处特派医师主讲。"第一次十一月十四日举行，讲题为黑热病之病原及发展，第二次于同月廿日举行，讲题为黑热病之治疗及预防。收效甚佳。"②

1947 年 5 月，山东战争形势日趋紧张，7 月下旬联总人员撤退，8 月间全部善后物资即按中共华东局指示方针处理完毕。随后，联总宣布停止北纬 34 度以北地区的救济，由此善后救济工作到此结束。

---

① 《中国解放区善后救济委员会山东分会烟台办事处启事公告》，《烟台日报》，1946 年 11 月 10 日。

② 《烟台办事处物资配发胶东区》，《行总周报》（第 41 期），1947 年版，第 13–14 页。

第十二章　解放战争时期的慈善救济

1945年8月抗战胜利后，烟台是国共双方争夺的重点城市之一。1945年8月24日八路军收复沦陷近八年的烟台。1947年10月1日，国民党占领烟台，但仅统治了一年。1948年10月15日，烟台获得第二次解放。在解放战争期间，烟台民主政府和国民党政府都进行了慈善救济。

一、解放战争时期的烟台慈善机构

（一）烟台市的两次解放

抗战胜利前夕，1945年8月12日，山东省行政委员会更名为省政府，选举黎玉同志为主席。山东省府在行政领导上，划分了胶东、渤海、鲁中、鲁南四个行政公署，一个直属滨海专署。同时，山东军区、山东省行政委员会公布《军事时期城市管理纲要》。管理纲要规定：

一、凡前之敌占城市，于我方接管后，设警备司令部，暂行军事管理，镇压各种破坏活动，限期收缴私存枪支，武装工人，建立革命秩序，尽速成立民主政权。

二、保障人民生命财产及合法权利，盟国宗教准许合法存在，救济难民、灾民，迅速恢复生产，解放一切抗日被捕被俘人员及盟国被俘人员。

三、对已解除武装之日军俘虏与日本侨民，按无条件投降之规定处置。凡日本之军产官产一律没收，任何人不准隐匿自肥。其非军事性质之私人财产，查封保管，听候处理。

四、凡附敌之朝鲜人民及其财产，依前条之规定处置之。但未附敌者，应向警备司令部请求登记，查明后予以优待保证。

五、解散一切敌伪组织及附敌团体。凡未反正之伪军警伪组织人员及附敌团体人员，仍准共向警备司令部请求自首，本宽大政策处理之；如有隐匿不出者，人民均有检举之权，经检举查实后从严处置。

六、组织军事法庭，审判战争罪犯。没收大汉奸之财产及囤积居奇之物资粮食，分给贫苦市民。

七、凡公营企业、银行财产、公共机关、铁路、交通、水利、电气、矿山、公营船只等建筑设备资产，应一律进行登记，予以接管，或查封保管，听候处理，任何人不得破坏，违者以汉奸论罪。

八、凡私人之工商事业，应在一定期间内进行登记，予以保护。取缔烟毒、赌局。

九、学校"图书馆"博物馆、公团及旧社会救济机关，一律登记，暂行保管，听候处理，并积极予以整理改造，服务社会。

十、宣布北海银行之货币为唯一合法之货币。法币、伪币，分别予以适当处理。①

1945年8月15日，日本宣布投降。8月24日八路军解放烟台，成为当时八路军解放得最早、最大的沿海港口城市。并成立了烟台市政府，隶属胶东区行政公署。烟台市政府成立后即对难民、灾民进行救济，废除敌伪旧有统治和一切苛捐杂税，实行自由贸易。胶东解放区也获得迅速发展，1945年10月，胶东行政公署主任曹漫之向二届一次参议会报告政府一年来的工作，称："自一九四四年秋季战役攻势及大反攻到现在，我新老解放区共有十五万平方里土地，掌握一万五千零三十九个村庄，人口达七百三十七万余人。在行政公署领导下，共建立专署四，县政府三十，市政府二、特区政府三，办事处一。关于扶助群众民主运动与执行土地政策方面，收获巨大，已有6149个村减租，4576个村查租，从斗争中组织起150余万群众，因此奠定了民主团结得雄厚群众基础。"②

1946年6月26日，蒋介石悍然撕毁停战协定，向各解放区发动了全面进攻。内战全面爆发后，山东又成为国民党军队全面进攻和重点进攻的主要战场。1947年3月起，国军对山东解放区发动重点进攻。1947年10月1日，国民党占领烟台。在国民党侵占的一年多时间中，"许多工厂主被迫逃亡或致死，生产大部陷于停顿"。③

1948年10月15日烟台获得第二次解放。根据胶东区党委指示，胶东军区成

① 中共山东省党史资料征集研究委员会：《山东抗日根据地》，中共党史资料出版社1989年版，第194-195页。

② 《胶东行署主任向参议会报告一年来政府工作》，《江潮日报》，1945年10月27日。

③ 《辽宁日报》，1948年11月15日。

立烟台市军事管制委员会，统一全市的军事、行政管理事宜。并颁布我军《入城守则》和《保护全市各阶层人民生命财产、民主自由》等布告。军管会由邓龙翔任主任、徐中夫任副主任。中共烟台市委、烟台市政府、烟台警备司令部还联合发出《告烟台市同胞书》，号召全市人民为建设新的烟台而努力奋斗。

烟台第二次解放后，即恢复了市委、市人民政府。邓龙翔兼市委书记，徐中夫任市委副书记兼市长，方章任副市长。同时，还成立了烟台市军事管制委员会，统一管理全市的军事、行政事宜，以保障全市人民生命财产的安全，建立良好的社会秩序。

（二）成立各级救济委员会

1945年8月，日本投降。为实行紧急救济，1945年8月17日，山东省政府公布《中国解放区临时救济委员会山东分会组织及工作条例》和做出《关于成立救济机关的指示》。

救济委员会山东分会的工作任务是：

（一）调查报道目前及八年来山东解放区被敌伪烧杀、抢劫、轰炸、破坏以及水旱虫荒所造成之一切人民损失，和对医药卫生、儿童保育、难民救济等项的各种情形，搜集一切敌伪罪行向国内外控诉，并报告总会，向日本要求赔偿。

（二）协助政府及人民团体筹划并进行战时及战后救济、抚恤、赔偿、建设等事宜。

（三）联系国际国内各种善后机关、盟国各种援华团体以及中外一切同情人士，以便取得援助和交换救济工作经验。

（四）募集、接受、保管、调剂、分配、运送、审核各种救济款项物品，并接待分配各种救济工作的技术人员。

（五）指导各行政区市救济机关工作之进行。①

另外，《关于成立救济机关的指示》要求各行政区以至县、村，亦均有救济委员会，形成一套垂直的行政系统。内战全面爆发后，这套救济机构又全面负责解放区的救济工作，并为新中国救济机构的建立奠定了基础。

1. 胶东、烟台市救济委员会

救济委员会山东分会成立后，胶东区和烟台市救济委员会也相继成立。

在首次会议上，烟台市救济委员会确定了今后的工作任务：

一是有计划有重点调查敌人罪行及给予人民的损失。二是进行冬赈的捐募工

---

① 《中国解放区临时救济委员会山东省公会组织及工作条例》，载山东省档案馆、山东社会科学院历史研究所：《山东革命历史档案资料选编》（第十五辑），山东人民出版社1984年版，第249－250页。

作。决定募棉衣二千五百套（破旧单衣、夹衣、棉衣、旧棉花等均要）募粮四十万斤，折价八十万元。三是决定组织贫民工厂，增加生产，补助救济。①

2. 调查八年战争损失

烟台市救济委员会成立后，确定了今后的第一项工作任务就是有计划有重点调查敌人罪行及给予人民的损失。1945 年 11 月 25 日，烟台市救济委员会在《烟台日报》上发表了号召全市各界统计调查敌伪罪行救济难民的呼吁信：

全市各界同胞们！留烟盟邦友人们！

自日寇侵陷烟台以来，我全市及盟邦友人，受尽灾难痛苦，虽然，烟市为我解放军八路军所解放之后，市政府曾巨力筹办救济，但由于日寇长期统治，贻害深重，而我烟市不少市民与盟邦友人，仍苦寒冬，急待赈济，兹为彻底清查敌伪罪行，提出控诉要求赔偿，及统筹救济，特遵胶东行政公署指示，成立烟台市救济委员会，专门负责进行工作，惟因任务艰巨，时间迫急，本会特作下列号召，尚望我烟市各界共襄此举：

一、各界同胞，各盟邦友人，应自行将所遭受敌伪之烧杀、轰炸、抢劫、破坏、敲诈、掠夺及因敌伪暴行而造成之一切损失，需于最短期内（本月底以最好）以书面或口头详细统计报告村、区、市各级政府或各级救委会，如能将受难情形详经过，写成通讯或文章，更为欢迎！以便对日寇提出控诉，要求赔偿与施行救济。

二、各界人士应发扬民族友爱与国际友爱精神，慨解义囊，捐助衣服（棉衣、单衣、新旧均可）款项，交各级救委会，由市救委会统一计划分发救济。②

1946 年 2 月 20 日，烟台市救济委员会发布了抗战八年来烟台市人民所受的灾难损失。内容如下：

（一）被屠杀的人民：

死亡（敌人屠杀、暗杀、刑死、敌狼狗咬死等）987 人。

捉去东北做苦工及运往日本的青年儿童 1345 人。

残废 13 人。

出卖（大部系"扫荡"捉来的妇女）300 人。

强奸妇女 383 人。

（二）损失轮船 6 只，风船 42 只，渔船 89 只，舢板 14 只，木筏子 150 只。

（三）损失衣服 102915 件，××124 件，被褥 1253 件，布 241685 匹，毯子 1396 床，鞋 114634 双，袜子 15969 双，帽子 2972 顶，棉花 15576 斤，洋线 2064 捆，共值法币 93393424560 元。

---

① 《烟台救济委员会成立》，《烟台日报》，1945 年 11 月 21 日第 1 版。
② 《烟台日报》，1945 年 11 月 25 日第 3 版。

（四）损失金子 12000 两，银子 19500 两，共值 1533500000 元。银子首饰共值法币 2182880 元。

（五）步枪 50 支，子弹 300 发，土枪 284 支，匣枪 4 支，共值法币 11924000 元。

（六）损失铁 3500000 斤，铜 1150000 斤，锡 2800 斤，铅 1200 斤，钟 353 架，×119 块，锯 123 把及其他铁器共值法币 69248600 元。

（七）强占房屋 7827 间，平房 5025 间，共值法币 16828350 元。

（八）强占土地 2764 亩，共值法币 57560000 元。

（九）损失汽车 75 辆，汽车带 302 条，脚踏车 1234 辆，车带 1497 条，大车 14 辆，共值法币 244612450 元。

（十）敲诈勒索 47800239500 元。

（十一）各种油类、纸张、药品、食物、家具、盐货等共值法币 24202081277670 元，以上共计法币 24345210798010 元。①

（三）整顿和改造旧慈善机构

第一次解放后，烟台慈善机构尚有红卐字会、恤养院、广仁堂、贫民工厂、公济医院（即法国医院）的孤儿院、残废院、瞽目学道院、慈光社等慈善机构，如何团结与改造这些旧的慈善机构，以便统一扩大救济工作，成为民主政府的重要工作。1946 年 1 月底，胶东区救济委员会和烟台市救委会召开了烟台各地卐字会代表会议。这次会议，一是要求各地卐字会"今后改正服务于社会"。② 二是要求"各地卐字会在各地救委会指导下，克服困难进行救济工作来办理慈善事业"③。此后，民主政府陆续对烟台的旧慈善机构进行了整顿和改造。如恤养院、广仁堂和贫民工厂等。

1. 烟台恤养院的改造

烟台恤养院是烟台红卐字会开办时间最长、规模最大、影响最深远的一个慈善机构。抗战后期，恤养院艰难生存。烟台恤养院人数已达 780 余人，市内南山路恤养院房舍不敷使用。1945 年秋，烟台恤养院在宫家岛村成立烟台恤养院福山分院。

烟台第一次解放后，救济委员会即对恤养院进行救济。1946 年 2 月，联合国救济物资抵达烟台后，烟台市政府救委会拨给"恤养院面粉四十袋，奶粉五十箱，旧衣服一捆……恤养院于收到物资后，亦立即分给残废老人九十二人。该院

---

① 中央党史研究室：《抗日战争时期中国解放区人口伤亡和财产损失档案选编 3》，中共党史出版社 2015 年版，第 1060-1063 页。

②③ 《胶东救委会为改造旧慈善机构》，《烟台日报》，1946 年 2 月 1 日第 1 版。

教务系主任张允中先生对市救委会分配救济物资之合理与迅速甚为感佩"①。

1946 年 8 月，中共华东中央局"八一"发出"为彻底粉碎国民党反动派的进攻，争取二次自卫战争胜利告同胞书"的号召，烟台全市掀起了献铁运动。恤养院献铁两千斤，宫家岛分院献铁一千斤。并写信表示支持献铁运动。

1947 年，国民党进攻胶东。烟台恤养院福山分院正式撤销。同年，国军占领烟台后，除依靠人民政府备战下乡时留下的救济物资和国际救济总署分配点东西外，院长诸文郁在上海借得原董事长张宽五的黄金 200 两，勉强支撑了一年。

1948 年烟台二次解放，人民政府拨粮拨款，调入干部，建立党团组织，加强恤养院的工作。并对恤养院进行整顿、改造。1951 年底前后，恤养院遵照市政府指示，接收创办于 1891 年的烟台广仁堂。原广仁堂负责人孙侯甫调入恤养院任副院长。1952 年，政府又将全市解放前的所有旧慈善团体，全部并入该院，计有法国人创办附设在公济医院内（即法国医院）的孤儿院、残废院共 70 余人，瞽目学道院 6 人，红卍字会 2 人，慈光社等。全市取缔妓女审查处理后，尚有 52 名，送交该院，边治病、边教育，最终择配就业，均做到妥善安置。② 1954 年 7 月始，将恤养院所属铁工厂、印刷厂、营造厂、制粉厂、农场、福利工厂（贫民工厂）等 10 个厂析出，按行业分类归口。留下鞋厂、服装厂作为毕业生就业基地。

1954 年 10 月 1 日，恤养院更名为烟台市生产教养院，专做社会福利工作。机构缩小，院长以下设教保、生产、会计三股，学生儿童尚有 143 人，残老 100 人。院长曲仲乐，副院长诸文郁、张楚同、孙侯甫。恤养院至此宣告结束。③

2. 广仁堂的改造

民主政府还对烟台历史最悠久的慈善机构广仁堂进行了改造。

1945 年 8 月烟台第一次解放，"广仁堂的董事，有的是汉奸被镇压，如邹子敏、汪钧甫；有的去往外地，董事会自行解散，此时广仁堂尚有七八十人。经烟台市人民政府决定庇寒所老弱残疾者 73 人，转于烟台恤养院收养，其余能自食其力者，或资助遣散或适当安置工作，广仁堂至此遂告结束"④。

1947 年 10 月国民党占领烟台，又责令原广仁堂董事孙侯甫重新组织广仁堂。孙侯甫将广仁堂改为"广仁会"，孙任理事长。此时，广仁会有广惠施医院一处，残老所一处，另经管义地负责掩埋尸体，依靠收取房租维持经费开支。⑤

1948 年烟台第二次解放后，人民政府接管广仁会。1951 年，有老弱病残者 70 人，职工和医务人员 15 名，1952 年合并于烟台恤养院。孙侯甫安排为副

① 《烟台分发救济物资》，《解放日报》，1946 年 2 月 27 日第 2 版。
②③⑤ 烟台市民政志编纂办公室：《烟台民政志》，1987 年版，第 567 页。
④ 烟台市民政志编纂办公室：《烟台民政志》，1987 年版，第 564 页。

院长。

3. 贫民工厂的改造

日占期间，伪烟台市公署将贫民工厂改名为山东省烟台市贫民教养工厂，并划归烟台市公署建设局管理。1945 年 8 月烟台第一次解放时，贫民工厂已是苟延残喘。"原来三百多工人，到去年解放的时候，跑得只剩了孱弱的小工人十二名了！"①

为帮助贫民渡过严冬，烟台市人民政府对贫民工厂进行了整顿和改造。

一是改造组织管理结构，设立贫民工厂管理委员会。1945 年 12 月 4 日，人民政府重新成立了以商会会长隋宗林为首的贫民工厂管理委员会，委员中有政府秘书长李慕，工商局局长张震华，胶东参议会参议张子武、厂长林文等。

二是内部改组。贫民工厂内部设立救济部、营业部、总务部、生产教育部。1946 年 10 月，又将"救济部与营业部合并，全厂共为三大分部，即营业部、总务部、生产教育部。每部设有主任委员一人，并生产教育部另设副主任两人"。②

三是扩大股东，容纳更多贫民入厂做工。组织热心公益慈善专业人士，或各委员通过私人关系，动员投资。③ 同时，对街头无主男女孤儿进行收容，进入贫民工厂做工。

四是增加分红比例，提高职工生产积极性。确定贫民工厂为不定资本的性质。分红比例为公积金 15%，公益金 20%，职工奖金 15%，资金 30%。④

经过一番改造，大大提高了贫民工厂个人的积极性，1946 年 10 月《烟台日报》的一篇报道：

贫民工厂自去年十二月开工以来，由于工人积极生产，至今年七月底，共获利一百三十万零六千余元。该厂为鼓励工人工作情绪，根据该厂管理委员会所规定的章则，抽出百分之十五作为工人职员的分红金，计抽红利十九万五千九百余元，由全体选出评判委员七人，将分红办法确定三等九级，再根据工人工作日期早晚，产量好坏多少，原料的节约与浪费，责任心的强弱，学习与团结等方面，作为评定等级的标准。他们最多的能分得一万二千余元，最少的也分得二千余元。⑤

1947 年 10 月国民党占领烟台，贫民工厂停办，干部备战下乡。1948 年 10 月烟台第二次解放，原厂址另作他用，贫民工厂又迁至北大街东头路北，生产服

① 《贫民工厂工人向吸血蝎子李广照讲理》，《烟台日报》，1946 年 4 月 4 日第 1 版。
②③ 《贫民工厂改组内部》，《烟台日报》，1946 年 10 月 9 日第 2 版。
④ 《烟台贫民工厂筹备事竣，日内即可开工》，《新华日报》（华中版），1945 年 12 月 22 日第 2 版。
⑤ 《贫民工厂八个月获利百卅余万》，《烟台日报》，1946 年 10 月 2 日第 2 版。

装、鞋、肥皂等产品。直至 1954 年 4 月，合并于烟台恤养院。①

二、烟台民主政府的慈善救济

在烟台二次解放后，民主政府的慈善救济主要是实施急赈、冬赈、春荒救济以及工商贷款、生产救灾等。

（一）急赈

1945 年 8 月 24 日烟台第一次解放后。八路军和民主政府先后进行了三次急赈。

八路军进城后就马上进行了急赈工作。"八路军进街的第二天，抢救贫民的工作成了人民军队的第一任务。他们打开了一、二、三、四号仓库，一批一批的难民都来领粮，三天的时间，发放了食粮三百万斤，食盐六十一万斤，棉花二万斤。这便是烟市第一批有力的抢救工作。它初步稳定了社会秩序"。②

军事管制阶段过去后，救济工作便归烟台市政府负责。同时，更艰苦的救济工作也开始了。当时正是美国无理要求登陆烟台，国民党张立业部占领崆峒岛随时要进攻烟台，虽在这严重的军事情况下，救济工作仍没间断地进行着。当时一个月的工夫，又发放粮食 315 万斤，煤 15000 斤"③。经过这两次救济后，贫困市民不仅可以暂时维持生活，而且打下了生产的基础。

此后，烟台市政府又第三次救济贫苦市民，又拨发救济粮 40 万斤。总计先后共发放粮食 300 余万斤。目前市区农民普遍参加农会，迫切要求减租减息。④

民主政府在所有新收复之地区中，均先后进行了急赈。据不完整统计，烟台、威海卫、石岛、龙口、黄县、莱阳、蓬莱、福山等城，共发出救济粮 250 余万斤，救济款 27 万余元，煤 20 万斤，低利和无利贷款 2700 余万元，并通过救济和贷款来组织群众。烟台在救济中组织小车工人、大粪工人、洋车工人、海坝工人共 238 小组，人数为 7720 人，福山城为 1300 余人。⑤

另外，烟台市政府还对遭到战争蹂躏的崆峒岛居民进行了急赈。

八路军首次解放烟台时，伪军头目张立业部纠集残部占据崆峒岛。该岛一百

---

①　烟台市民政志编纂办公室：《烟台民政志》，1987 年版，第 565 页。

②③　《救济工作在烟台》，《烟台日报》，1946 年 7 月 5 日第 1 版。

④　《烟台市政府先后发赈粮三百万斤》，《解放日报》，1945 年 10 月 24 日。

⑤　《胶东新解放区发放大批救济粮款》，《解放日报》，1945 年 10 月 7 日。

廿余户居民被国军糟蹋抢劫，情形极为惨重。"仅于盘踞数日中，百廿户人家即被抢去粮食地瓜一万七百余斤，木柴九千余斤，水桶四十担，篓筐四十个，棉被三床，锅七口，锅灶七个。"①

1945 年 10 月 29 日，八路军将伪匪一个营全部歼灭，解放了崆峒岛，30 日，烟台市政府派员协同七区各救会同志前往该岛慰问被难群众，并调查伪匪罪行及群众损失情形，准备予以抚恤救济。11 月 2 日，七区公所带粮食三千斤，前赴该岛，实行紧急救济。②

1945 年 11 月 11 日，烟台市政府紧急号召各界人士，踊跃捐助粮款衣物，继续救济崆峒岛劫后灾民。

查该岛百廿户人家，约有半数其生活可以支持到年底，有廿户现已断炊，嗷嗷待哺，刻不容缓。严冬将至，棉衣顿成急需。因此本府特同烟市机关部队绅商学各界人士及各慈善机关，各团体做如下紧急号召：

一、商绅各界、各慈善机构，务请一本仁慈，发扬互助互济之精神，少吃一把粮，少穿一件衣，少花一文钱，慨解义囊，以救啼饥号寒奄奄待毙之难胞。

二、党政军民各机关团体的同志们，我们素以解救人民是为人民服务为天职，现在面对着啼饥号寒的难胞，更应省吃俭用，踊跃纾难，以兹楷模。

如蒙各界人士慨然乐捐，所捐助之物品，钞票请交给市政府民政科转发。③

1948 年 10 月 15 日烟台第二次解放，胶东行署立即拨粮 3 万斤，连同没收委员会没收敌人的粮食共计 46318 斤，交烟台市救济灾民。④

（二）救济贫民、难民

烟台第一次解放后，民主政府还进行了救济贫民、难民的工作。

1. 贫民贷款

解放烟台后，烟市北海银行为救助小贩及改善贫苦市民生活，设立贷款小组，到市区及各村进行低利贷款。仅一个月的时间贷出北币 595500 元，有 916 个小贩及贫苦市民借了款，恢复了各种生产。现贷款小组仍在大量出贷中。⑤

此外，烟台市救委会为了让贫民自力更生，解决生活问题，免得束手待救，单纯依靠吃救济粮；并可调和市面上粮食的价钱。准备为有生产力而无资本之贫苦市民设立生产基金。⑥

①③　《烟台市政府号召各界救济崆峒岛劫后灾民》，《烟台日报》，1945 年 11 月 11 日。
②　《民主政府携粮三千斤救济崆峒岛劫后灾民》，《烟台日报》，1945 年 11 月 5 日。
④　烟台市民政志编纂办公室：《烟台民政志》，1987 年版，第 501 页。
⑤　《烟市商号激增，北海银行贷款助小贩及贫民》，《解放日报》，1945 年 12 月 4 日。
⑥　《烟台市救济委员会春赈义务戏启事公告》，《烟台日报》，1947 年 2 月 18 日。

2. 建立合作社

为救助烟台市工人及贫苦群众，民主政府组织工人成立合作社。1946 年 5 月，烟台市已建立了渔业、纺织、运销、制肥、砖瓦等合作社。各处社员共 76530 人，股金 1289000 元，政府并贷款 633800 元。这些合作社实行了劳资分红，营业发达，运销合作社所经营之客栈，价格较市面低廉 1/3，六个月中得红利 35900 元，纺织业仅合作社在一个月内，即得利 3 万余元，该社半年以来资本发展到 30 余万元，社员增至 2500 人，现烟市各区均设立了中心社一处，推动全社合作事业。①

3. 遣送难民

抗战结束后，山东解放区急待救济的群众达 2535257 人（其中负伤者、残废者、遗孤、寡妇约 904083 人）。另一批急待救济者是返乡的难民。过去被敌寇捕去东北充当壮丁，现在在返乡途中的受难者在 200 万人以上，他们迫切需要旅途住宿、交通工具和衣食的救济。②

1947 年 1~4 月，烟台市救委会转送还乡之难民达 1538 人。计发给路粮 3348 斤，路费 138270 元（包括招待难民所用之木柴、菜金在内），招待难民用粮 3091 斤。③

（三）春、冬赈

烟台第一次解放后，马上就面临严冬来临，烟台贫苦工人、抗属、市民等棉衣无着，急待救济的问题。烟台市政府为了帮助人民解决困难，1945 年 9 月 20 日将没收敌伪汉奸之棉花 2 万斤分发给贫苦的工人、抗属及市民，以解决其棉衣问题。同时发放食盐 62 万斤。据不完全统计，得到救济的工人及其家属有 35000 余人。④

1. 冬赈运动

有了解放后三个月救济工作的经验，1945 年 12 月烟市救济委员会发起了一场长达三个月的冬赈运动。救委会决定募棉衣 2500 套，募粮 40 万斤（折价 60 万元）救济贫民。⑤

1946 年 3 月冬赈工作结束时，烟台市已经有 2300 余户赤贫得到四次救济粮；4890 名群众穿上棉衣。总计发放棉衣 5400 件，布 4870 尺，棉花 1113 斤，棉被

① 《烟市工人贫苦群众组织渔业等合作社》，《解放日报》，1946 年 5 月 27 日。
② 《千万人民急待救济，解放区急待救济人数的初步统计》，《解放日报》，1946 年 1 月 14 日。
③ 《救委会四个月遣送难民》，《烟台日报》，1947 年 5 月 4 日。
④ 《烟市政府进行冬赈》，《解放日报》，1945 年 10 月 11 日。
⑤ 《烟台筹划冬赈 募衣募粮救济贫民》，《新华日报》（华中版），1945 年 12 月 13 日。

21 床，食粮 72556 斤。许多贫苦的市民，穿上领来的棉衣过新年，感动地流了泪，并且使他们脑子里深深地印着"共产党、八路军、民主政府来了都有饭吃"的印象"。①

在这一次群众性的冬赈运动中，烟台市救委会全体干部，深入到区、村，利用会议进行宣传，还协助募捐。商会全体委员，也不顾风狂雪飞，每晨都出发到朝市募捐。同时，更多的生动故事，在各村中涌现出来。思永里洋车夫与其女人做了一天的买卖，赚了 150 元钱，慨然地捐上 100 元。西马路村副村长，把自己卖了 3 天破烂的 40 元钱，一起捐上了。艺救会与光陆分会及票友界，亦组织义务戏，募捐达 48467.5 元。在这巨大的运动中，甚至妇女儿童也都无例外地参加了，创造了烟市冬赈运动的范例。②

经过民主政府一年来的救济与贷款扶助，烟台全市贫民由 15000 名减到 5000 名。③

2. 义务戏筹款

为了筹集春、冬赈善款，烟台救委会组织冬赈义务戏筹备委员会。

1946 年冬季，要使烟台贫苦市民能渡过今冬明春，须食粮 10 万斤，棉衣 500 套，共值本币 400 万元。为此，本市救委会除在本市个别进行劝募并着关系到海外筹募外，特发起筹演冬赈义务戏，商会俱乐部票友、文协、民教馆、艺救会也配合进行，共同组成冬赈义务戏筹备委员会（委员 38 人）。④

冬赈义务戏筹委会下设剧务、总务两股。商会票友、文协、民教馆全部尽义务。剧场租用金刚、光陆两戏院（租期半月），每天发给租费及生活费等共七万五千元，演员及出演节目由剧务股统一支配、调动与指定，所得经费全部用于市内贫民今冬明春的救济工作。如有充裕，必要时，抽一部分作为一旦战事发生时临时救济费，市郊区因正在进行土地改革，故不再从此经费中进行救济，但各区可自行单独发动互济。该义务戏定今日正式出演，每日早晚两场。⑤

1947 年春，烟台市救济委员会组织了春赈筹款活动。并组织义务戏筹集善款。救济委员会首先在报纸上发表广告进行宣传。内容如下：

本会为了打下今春之救济基础，并适当照顾市民之负担减轻，特聘请蓬莱解放剧团暨本市商会俱乐部同仁合组春赈义务戏。举办以来，深承各界人士之赞许，无任感荷，惟原定演剧一月之期限，行将届满，现在各界纷纷函口，特烦郭盛亭先生拿手杰作，如《锁麟囊》等精彩剧目之演出，一饱眼耳之福，经本会主席议决，更以春节将过，百业复工等关系，只有在不影响各界生产时间之原则下，予以时间之改定，将早场并为晚场，照原来时间提前增长一小时，票价改收

①② 白丁：《救济工作在烟台》，《烟台日报》，1946 年 7 月 5 日。
③④⑤ 《本市筹演冬赈义务戏》，《烟台日报》，1946 年 10 月 26 日。

一百元。恐未周知，用特报闻，各界爱剧人士其鉴谅之！①

通过组织春赈义务戏义演、劝捐，烟台市救济委员会筹集了大量善款。其中，春赈义务戏款1046227元，及光陆戏院代募款537130元，金刚剧院代募款351250元，共为1934607元。②

（四）发放各类贷款

为救济贫民，扶助发展生产。民主政府通过北海银行有计划地发放各类贷款。这类贷款主要有：工商业贷款、农贷、摊贩贷款、合作社贷款和渔业贷款等。

1. 工商业贷款

烟台解放后，北海银行即以低利款扶助全市工商业之发展。三个月内，共发出14439052元。此外亦发出农贷343110元，摊贩贷款874550元，合作社贷款396900元，渔业贷款64510元。③

在北海银行的贷款帮助下，烟台市群众生活已得到改善，市面日趋繁荣。"烟台解放前市场物价一天之中即暴涨四五次，而解放后遂即日趋下降稳定。如9月6日，小麦每斤13元，苞米每斤11元，细布每匹3260元，而11月1日则降为小麦每斤6元，苞米2.3元，细布每匹1950元，平均物价下跌50%，与解放前的细布每匹13万元，小麦每斤400元作比较，即物价平均下跌60倍以上。

2. 农业贷款

在新解放区，为了促进农民的大生产积极性，胶东行政公署大量对农民贷款。

1945年，胶东行政公署决定由北海银行于1946年举行农业贷款1.5亿元。贷款重点着重于新解放区，大体分配为：东海（威海在内）3000万元；北海（烟台在内）3000万元；西海4000万元；南海4000万元；青岛外围（行政区内）、莱阳特区1000万元，银行放款对象着重是真正组织起来的互助组，或农业合作社（新解放区不限于此），贫苦的抗、工、烈属，劳动英雄，贫苦农民等。④

1947年2月，胶东解放区行政公署发放农业贷款，北币1亿元，豆子300万斤，帮助胶东各地农民，解决肥料、农具、畜力、种子等困难。⑤ 1947年8月，胶东北海银行决定继续对农民贷款。下半年农业贷款增加18亿元，主要解决土

---

① 《烟台市救济委员会春赈义务戏启事公告》，《烟台日报》，1947年2月18日第1版。
② 《解决贫民生产困难救委会分发各区贫民生产基金》，《烟台日报》，1947年3月16日。
③ 《北海银行低利贷款扶助烟市工商业》，《解放日报》，1946年2月7日。
④ 《扶助明年大生产胶东行署发放农贷一亿五千万》，《解放日报》，1945年12月30日。
⑤ 《解决农民春耕困难山东各地发放春贷》，《解放日报》，1947年2月15日。

改中新得地的贫雇农缺乏肥料、种子、牲畜困难。贷款的方式：先经贫雇农小组讨论出贷款对象，农会张榜，再由贫苦群众审查，提出意见，谁该贷谁不该贷，正式确定对象，再由贷款员办理手续发款，或托付农会代发。①

在贷款的扶植下，促进了农民的大生产积极性，也巩固了解放战争的革命成果。

3. 渔业贷款

烟台是华北商埠之一，又为我国著名的渔港，产鱼种类繁多，除有黄花鱼、雪鱼、比目鱼等数十种外，芝罘岛的海参，龙须岛的大虾米，修岛的乾贝，钦岛的鲍鱼产量也极丰富。往年运销各地的鲜乾鱼极多，占烟台市渔产总数的 80%，远销上海、中国香港、汕头、广州、天津等地。②

烟台解放后，民主政府为解除渤海渔民之痛苦与剥削，帮助渔民改善生活，发展水产事业，取消了芝罘水产组合，组织公私经营之烟台水产公司，资金共北币（山东北海银行纸币）2856000 余元，于 1945 年 12 月 1 日开始营业。在自由贸易原则下，取消了敌伪的强买制度，渔民可委托水产公司卖鱼，卖鱼人仅须向公司交 2% 的手续费。③

民主政府为扶助渔民生产，解除渔民痛苦，由北海银行与水产公司大量发放低息贷款。至 1945 年 12 月中旬，渔民已贷款的有 76 户及渔轮 4 艘，为数共达 415100 元。④

（五）生产救灾

在解放战争期间，烟台市救委会为贫苦市民设立生产基金。为救助 1947 年冬春灾荒，胶东解放区发起了生产救灾运动。同时对一些自然灾害造成的农业、渔业损失进行了救济。

1. 建立贫民生产基金

烟台市救委会为有生产力而无资本之贫苦市民设立生产基金。"使他们自力更生，解决生活问题，免得束手待救，单纯依靠吃救济粮；并可调和市面上粮食的价钱"⑤。

烟台市救委会为了救济贫苦市民，决定"将春赈义务戏款 1046227 元，及光陆戏院代募款 537130 元，金刚剧院代募款 351250 元，共为 1934607 元。除以 382500 元的价格，买苞米 8500 斤，拨放给各区外，余下 1552107 元。救委会添上 47893 元，凑足 160 万元，分发给各区：建昌、海防营区各 40 万元，毓璜顶

---

①　《政府决定下半年农贷十八万万元》，《群力报》，1947 年 8 月 25 日。

②③④　《三千渔船等待春汛，烟台渔业恢复扩大中》，《新华日报》，1946 年 1 月 25 日。

⑤　《解决贫民生产困难救委会分发各区贫民生产基金》，《烟台日报》，1947 年 3 月 16 日。

区、奇山区各30万元，东山区20万元"。①

2. 生产救灾运动

1947年国民党军队对胶东的攻势造成严重灾荒。胶东解放区受灾县份达37个，占全区总面积的88%；加以水灾、虫灾、雹灾、海啸灾、病疫等接踵而至，春夏两季断炊绝粮的灾胞达200万人，占全区人口的1/5"。②

民主政府发起了生产救灾运动。1948年3月8日，中共华东中央局发布了《关于春耕生产和救灾工作的指示》，提出了"不饿死一个人，不荒掉一亩地"的口号，对救灾工作提出了具体的指示和要求。山东省政府在1947年底和1948年初先后颁布了《关于为减轻人民负担节约备荒的八项禁令》和《关于生产节约度春荒的十项要求》。提出生产节约、渡过灾荒，节衣缩食、减轻人民负担的要求，并在全省开展生产救灾运动。

胶东解放区响应中共华东局"不饿死一个人，不荒掉一亩地"的号召，展开了生产救灾运动。胶东行署首先发放农业生产贷款北海币47298万元，粮食1948万斤。另救济粮、以工代赈及夏征减免粮共4570万斤，并开展社会互助互济，各地卫生部门又先后治愈病人共156000人，大部投入生产③。

在生产救灾运动中，胶东根据地各级党委又组织了生产救灾委员会及各种工作队分赴灾情严重地区工作。夏收前，并适时提出反对麻痹自满，强调生产救灾的长期性与长年性。各机关学校亦降低生活标准，并帮助群众生产，使生产救灾逐步成为广大群众运动④。

在党和政府的领导下，胶东解放区军民经过艰苦奋斗，终于战胜了1947年冬至1948年春的大灾荒，使农业生产得到了恢复和发展。1948年胶东区一般地区约收七八成。其中胶（县）高（密）一县比去年增产粮食1.2亿斤，收成为十年来所未有。⑤

3. 风灾救济

1946年4月17~20日，胶东沿岸飓风成灾，给人民群众生命财产带来极大损失。其中受损失的地方有：据已知材料，昌邑北海岸南北35里，东西60余里麦地，全被水淹，地质变卤，盐滩共43付，掩没37付。平（度）西县西北被淹11村，平地水深3尺。牟平孙家滩一带，距海五六里处均被淹没。威海淹没麦田千余亩，盐滩损失亦重，渔民损失计长山岛渔船200余只被卷入海中，仅找到破碎不堪船20余只，余皆失踪，渔民死亡已知者达116人。候鸡岛失踪渔民125人，小船206艘，完整的只剩121只。房屋已倒毁甚多，仅牟平卢山区东家庄全

---

① 《解决贫民生产困难救委会分发各区贫民生产基金》，《烟台日报》，1947年3月16日。

②③④ 《胶东今秋丰收，这是全力进行生产救灾的结果》，《新华日报》（华中版），1948年10月6日。

⑤ 《山东战胜春荒夏灾》，《新华日报》（华中版），1948年10月31日。

村 18 户房顶全被飑去"。①

风灾发生后，胶东行署立即进行急赈。"胶东行署已先拨 100 万元急赈，并发放 2000 万元无息贷款，帮助渔民盐民迅速恢复生产"。②

这次风灾，长岛全特区损失严重。胶东行署立即拨款 35 万元，粮食 1 万余斤，银行无息贷款 50 万元。工委领导群众抢险救灾，安置被难家属，并由胶东参议会副议长带领慰问团赴长岛逐户慰问灾民。③

1949 年 7 月 29 日，烟台沿海各县市又遭受风灾。第二天烟台市政府立即采取紧急措施，抽调各科局干部组织风灾善后委员会，下设五个组，有调查组、治安组、保管处理组、纠纷调解组、救济组，负责处理风灾善后一切问题，并抢救被难者及掩埋尸首，动员互助互济，号召机关、部队、学校、公营企业等捐助粮款，政府并立即拨粮 118000 斤、款 773500 元，并对 2376 户、7819 人进行了救济。④

（六）医疗救助

烟台民主政府的医疗救助主要包括设立工人医院、组织抢救队救治病人等。

1. 成立工人医院

烟台民主政府为一般贫苦工人创办工人医院。民国时期，治病费用相当高昂。据当时的《烟台日报》报道：

一般的一个中医看病，药费例外，即须挂号费五元，诊断费四十元（出诊车马费例外），一服中药起码也在四五十元，贵者竟至七八十元。工人一旦患病无钱医治而只有呻吟病床，听天由命。⑤

为确实保障工人身体的健康，在烟台市职工总会的领导下，码头工会及一区工会特联合发起组织烟台市工人医院。1946 年 1 月 8 日，烟台市工人医院成立。唐德修为正院长、医师徐祥璋为副院长。这是一个简单的小型的治病所，主要为工人服务。

在组织管理上。因医院是"工人大众所创办的，所以要工人自己来管理，选举了一区洋车工人唐德修到医院来充当院长，同时又选举了检查委员会（五人）负责监督医院整个工作之进行"。医院内部设有中、西医两部，中医主要的是治疗内科，西医主要的是治疗外科。⑥

---

① 《胶东沿岸飓风成灾民主政府放款救济》，《解放日报》，1946 年 5 月 29 日。
② 《胶东飓风成灾行署拨款救济》，《解放日报》，1946 年 5 月 22 日。
③④　烟台市民政志编纂办公室：《烟台民政志》，1987 年版，第 501、502 页。
⑤　刘伯英：《工人医院介绍》，《烟台日报》，1946 年 2 月 7 日。
⑥　刘伯英：《工人医院介绍》，《烟台日报》，1946 年 2 月 7 日。

工人医院诊断时间为每日上午 9~12 时、下午 1~4 时。治疗对象是工人和贫苦市民。工人医院规定：凡系工会会员、贫苦市民诊治，一律不收挂号费及诊断费。药费亦比市价便宜 1/3。并为优待公务人员，有机关介绍信者：亦可享受与工人同等的待遇。①

2. 扑灭疫情

1948 年胶东病灾的严重，超过以往的任何一年。在春荒时期全区病人达 30 万之众。病灾的蔓延，系由于 1947 年蒋匪军进攻所造成、蒋匪魔爪所及，无人性的抢奸烧杀，造成严重的灾荒，使广大群众陷于饥饿冻馁，各种病疫接踵而来②。如遭国民党军队劫掠惨重的昌南，1948 年春回归热，痢疾蔓延，全县有 40 多个村庄，200 余户上千群众卧床不起，仅青龙小区百户人家的古仙村，染病竟有 25 户 80 多人。如蒋匪盘距莱西南时期，2200 余群众惨遭屠杀，血迹未干，病疫袭来，仅套河区张官寒村 308 户，患回归热者即有 160 户。③

在严重的病灾面前，胶东区党政军民紧急抢救，组织抢救队奔赴各地。胶东行署卫生局连次远征昌南病灾严重区，协助地方抢救。自 1948 年 3 月起西海专署开始以地方医院组织两个轮回抢救队，前后赴昌潍抢救 16 次。各县卫生科及医院、区联社，全面行动起来，组织了抢救队。如昌南县，以卫生推进社为主，团结全区热心为群众服务的医生，成立机动抢救组，并分期训练了 36 名医生，投入卫生运动。莱东全县共成立了 16 个区联社，以西医为主组织抢救队。又以联防设抢救组，分别掌握一村，发现病苗立即抢救，病疫严重则联合扑灭。④

据西海分区经过治疗的病种，包括回归热 13140 人，流行性感冒 8700 人，伤寒麻疹、天花、百日咳、痢疾、脑膜炎、症疾等病共 6979 人。另外尚有吃野菜中毒及其杂病不下 20 种。⑤

据不完整统计，全胶东 1948 年治愈病人 20 万之众。在"群众自救，政府抢救"与抢救与预防并重的方针下，仅据上半年各地抢救免费药品价值北币 34631199 元。防疫打针 343000 余人。⑥

三、国军占领时期的救济

1947 年，国民党军队重点进攻山东。同年 10 月，国民党军队占领烟台及其附近地区。国民党占领烟台达一年之久，直到 1948 年 10 月 15 日烟台获得第二

---

① 《烟台工人医院成立》，《大众日报》，1946 年 1 月 19 日第 1 版。

②③④⑤⑥ 《胶东 1948 年战胜严重病灾救治病人二十万人》，《大众日报》，1949 年 1 月 4 日第 4 版。

次解放。在国军占领烟台的一年期间，为维护自己的统治，南京国民政府也进行了一些慈善救济活动。

（一）救济环境

国军占领烟台后，首先面临的工作是全面复员工作。"复员最困难者，为金融、教育及难民救济问题"。①

1. 难民急待救济

烟台被国军占领后，国民党政府首先面对的严峻问题就是难民救济。

1947年至1948年初，"胶东各县有难民85万人"② 其中，鲁东三个国军新近占领的城市，烟台、威海、龙口，最感严重的问题是难民救济。烟台被国军占领以后，"临近福山、牟平各县难民，逃去四万多人……，除附近各县难民外，从前逃亡大连的也陆续来归，一个近20万人的都市，仅靠着一点余粮和从地下挖掘出来的粮食维持，因此苞米粉也卖到7000多元一斤"。③

"龙口自招远、黄县、黄山馆等地逃去的难民，最近有20000多人"。④ "那里交通不便，遭受日伪几年蹂躏，十室九空，物资缺乏。威海卫的难民，集中在刘公岛的有4000多人，靠着40亩地瓜为生，每天每人分2斤地瓜干"。⑤

到1948年2月，龙口难民增加到7万余人。《申报》登载了龙口难民情况：

鏖集胶东龙口市之难民，据调查共达七万余人。目下最严重而迫切之问题，厥为粮荒及燃料恐慌。龙市参议会议长魏懋傑，全家八口，亦一度因断粮乞讨五日，急盼各界作有效救济。⑥

大量难民密集烟台、威海、龙口，严冬马上来临，这些难民急待救济。1947年11月18日，国民党中央社从烟台发出通电：

烟台市已进入严冬，连日朔风怒号，气温骤降，连朝冷雨，昨晨雪花飞舞，室外温度降至零下3摄氏度，迄午积雪盈寸，市上燃料奇缺，木柴涨至每斤3000元，木炭每斤1.2万元，煤炭绝迹，各机关均无煤生炉，市民亦均室守冷屋，各县流亡烟市难民两万余，犹多着单衣，情殊可悯，当局正设法救济。⑦

除大量难民急待救济外，烟台市民还面临着更严峻的问题。食粮、燃料两者奇缺，这是最大问题。其次是除中央银行外，其余银行均未恢复，致全融冻结，商号周转乏术。⑧ 市民急待救济。1947年12月的上海《大公报》记录了当时烟

---

① 《请发急赈》，《南京中央日报》，1947年10月20日。

② 山东省政府社会处：《山东社政一年》，1948年4月，第36页。

③④⑤ 《鲁东流民图》，《南京中央日报》，1947年12月10日。

⑥ 《龙口难民达七万，议长家断粮求乞》，《申报》（上海版），1948年2月25日。

⑦ 《烟台苦寒朔风怒号积雪盈寸，难民两万犹着单衣》，《西方日报》，1947年11月19日。

⑧ 《烟台安谧如恒》，《东南日报》，1948年4月7日。

台的缺粮情况：

本报烟台通信：冰天雪地中，风涛阻航船。吃烧之物来源断绝，饥馑临头，政府棘手无策。虽向囤积者开刀，然所得无几。面百万元一袋，尚买不着。熟米每斤两万，普通人家劈门窗取暖，喝稀粥，贫民则遍街鬻子，瑟缩颤抖，叫苦连天。虽有省视察团来放十六亿赈款，僧多粥少，难民所得换不到一天温饱。又：国军拨一团兵力，镇压市区抢劫案，日有破获，孤岛民心忧悒。①

2. 求赈

国军占领烟台后，烟台临时参议会、商会对外致电，请求救济难民、灾民。烟台临时参议会以各地流烟难民众多，生活无着，特分电政院、鲁省府及行总鲁青分署请发急赈。

1947 年 12 月，烟台市长丁治磐与青岛市长李先良及世界红卐字会青岛分会联合发布了《鲁东各县市急赈捐册》，请求赈济。

种德收福，先贤垂有名言。恤患救灾，吾人应尽天职。比来鲁东各县市虽次第收复，而葚莩遍地，满目疮痍。各处灾情之重，堪成振古未有，人民死亡之惨，更属骇人听闻。壮年男女经炮火，咸成劫灰，老幼妇孺被压榨，尽为饿莩。灾象重重，哀鸿嗷嗷。瞬息严冬即届，无衣无食，劫后余生，势必同归于尽。言念及此，凡属人类，能不一掬同情之泪，而思有以援救之哉。同人等蒿目时艰，难安寝馈。爰联合各界人士，发起临时赈救，托钵沿门，为民请命。并公推世界红卐字会青岛分会担任各县市查放工作，深望　各界同胞本恻隐之心，发慈悲之念，慨解义囊，共襄善举，则鲁东苦与得庆更生。而台端之功德，亦永垂不朽矣。斯为启。

发起人：

丁治磐，李先良，李代芳，姜黎川，孔士劝，张公制，杜星北，于纯朴，杨济生，马登瀛，陈槎济，贺善果②

3. 烟台灾情

1948 年，国军战地视察组第十二组赵蔼辉派往视察烟台灾情。在他的视察报告《战地视察组第十二组赵蔼辉报告烟台近情摘要》，对烟台灾情报告：

一、民众负担太重及生产低落。该市现有人口约十四万，除殷富之户早经离开，所留均属贫民。原有生产事业停顿，物价高涨，生活已感困难，加以地方派款繁多，目前全市公教人员及保甲经费均由市民负担，每月平均平民每户须缴派款四五十万元，商店每号一百三四十万元，故一般众更感无法生活。

二、水道交通困难。目前定期来往船只仅有四百吨之元春轮一艘，其原因为

---

① 《烟台收复逾月仍似死城》，《上海大公报》，1947 年 12 月 18 日。
② 《鲁东各县市急赈捐册》，青岛档案馆，档号：qdB0038-003-00251-0047。

烟台市面萧条，运输生意清淡，加以船只入港之引水费及码头租赁等负担太重，不特商船不愿入港，即国营船只亦不愿停留。

三、缺乏粮食及燃料。目前大米已涨至九百万元一担，苞谷每斤须四万元，经济部虽曾核准烟台燃煤每月二千五百吨，但市民无力购买，多于夜间盗拆市屋以充燃料。致市区房屋被拆毁者满目皆是。①

针对烟台的灾情，国军战地视察组第十二组赵蔼辉也提出了自己的改善意见：

（1）减轻民众负担及奖励生产。

1）裁汰当地机关冗员，减少地方摊派。

2）奖励生产。

①种植海带，此项成本甚微，依日人经验，可年产数十万斤。②恢复酒业，该市过去销售南洋之酒类，数字甚大，似可由中央拨款济贷，恢复生产。③恢复钟表业，此项生产过去大部销售南洋，似应设法贷款资助恢复。

（2）奖励水运。

1）令交通部航政局对过往烟台船只一律减免引水浪坝等费。

2）令招商局凡往天津船只，必须经停烟台。

3）取缔码头工人及当地船夫霸占码头。

（3）充实粮食与燃料。令中央信托局、农民银行速在烟台开业并放款于地方，采运粮食与燃料（储备三个月之用），按月平价售予市民。②

（二）国民政府的慈善救济机构

八年抗战结束后，国民党山东省政府主要救济机构是山东省社会处和鲁青分署。其中，山东省社会处成立于1947年4月，其所办之业务主要包括以下几项：人民团体组训、社会运动、劳动行政、合作事业、社会福利、遗族抚救、社会救济，其中又以后三项为重点，几乎承担了鲁青分署业务以外的所有救济事项。

此外，国民党山东省政府还新成立了若干慈善组织。如山东省抚慰救济委员会、抗战烈士遗族抚恤委员会、抚恤救济委员会等。其中，参与救济烟台的慈善组织主要有：山东省临时救济委员会、山东省冬令救济委员会、烟台市救济物资急赈委员会、山东省万国救济会烟台分会、福联会（私立福利团体联合会）等。

1. 山东省临时救济委员会

1947年8月，国民党山东省临时救济委员会奉行政院令成立，聘请委员21

---

　　①　《赵蔼辉呈蒋中正视察烟台近来民众负担太重生产低落与水道交通困难缺乏粮食燃料等情及改善意见摘要》，中国台湾民国史馆藏，典藏号：002-080200-00549-064。

　　②　《赵蔼辉呈蒋中正视察烟台近来民众负担太重生产低落与水道交通困难缺乏粮食燃料等情及改善意见摘要》，中国台湾民国史馆藏，档号：002-080200-00549-064。

人，并推定省政府主席兼主任委员，省党部主委、省参议会议长、省社会处处长为副主任委员，各委员由主席就各机关团体首长及社会公正人士中聘任。1948年1月该会改组，设总干事、秘书各人，以及总务、查放、财务三组。各"收复"县市，均联合有关机关及各法团成立县市临时救济委员会，以专责成而利救济。

按照《山东省各县市难民临时救济委员会组织简则》规定，委员会设委员15～25人，由县市各有关救济机关及中外社团首长、地方公正人士组织之，内设总务组、财务组、调查组、发放组、宣慰组。

救济对象包括以下几种：

a. 因战事死亡失踪，其家属无人抚养者；

b. 因房屋财产全部烧毁，无处存身者；

c. 受战事及其他灾害，短期内非受赈不能生活者；

d. 因肢体伤残，或精神失常，丧失工作者；

e. 因战事失业，从无恒产可资维持者；

f. 其他经本会会议决议，必须予以救济者。

对救济对象，采取属地主义（即不论原籍，在何地就由何地救济）。

2. 山东省冬令救济委员会

参与难民、灾民救济的另一个机构是山东省冬令救济委员会。冬令救济委员会成立的依据是早在1942年10月，国民党社会部颁布的《冬令救济实施办法》。《冬令救济实施办法》规定各省、县（市）应按时成立冬令救济委员会，由社会行政机关（或主管社会行政人员）发动联合有关机关、团体及当地公正人士组织之，分为查放组、事务组、筹募委员会及监核委员会，分掌有关事项。冬令救济措施分为工赈、小本贷款、举办平粜或发放米面，办理粥厂或平价食堂，施送衣被或平价发售，设置庇寒所或冬令临时收容所，发放贷金等项。

冬令救济对象除灾民、难民中不能生活者，得配合临时急赈予以救济外，暂定为鳏寡孤独残障而无力生活者、家境赤贫之戡乱军人家属、生有子女至五人以上家境赤贫者。所需款物，以地方自筹为原则，必要时中央予以拨助。工作期限一律限于每年11月16日或12月1日起成立至次年3月底结束。

该办法的颁布使冬令救济有了实施依据，并建立有效做法，在社会救助制度尚未完整建立时，此种临时性救济是政府最主要的救助措施。

1947年11月，山东省冬令救济委员会成立，所有工作人员悉由各有关机关团体调用。又令各县市限期成立冬令救济委员会，未成立者，冬令救济业务由山东省救济协会各县分会负责办理。

为统一开展冬令救济工作，山东省政府制定了1947年度《举办冬令救济实施计划纲要》，其内容如下：

一、本省各县市举办冬令救济，除遵照部颁各项办法外，悉依照本计划办理之。

二、定期召集各有关机关团体及地方士绅，开冬令救济座谈会，依法成立山东省冬令救济委员会，以便推进业务。

三、各县市冬令救济委员会，由省政府社会处负责督饬各县市政府遵照规定，依限成立。

四、冬令救济除各县市政府在其所在地自行筹办外，并指定于难民集中地区，督饬当地政府举办急赈。如济南市、烟台市、潍县、周村、兖州、济宁、菏泽、临沂、泰安、即墨等十处。

五、各县市应受救济人数，由各该县政府会同救济协会县分会派员提前查明，估计需用物资数量，预先筹集。

六、各县市冬令救济，需用款物之筹集，采用下列方法：甲、遵照部颁冬令救济实施办法筹集之；乙、根据需要请由当地善救分署拨款之；丙、由本省救灾捐款项下拨给之；丁、由部拨冬令救济资助金项下配发之。

七、各县市冬令救济设施，应参照部颁实施办法及要点规定，以各该县市冬令救济委员会名义行之。

八、各县市办理冬令救济根据其成绩优劣，专案分别奖惩。①

国共内战期间，山东省参照社会部颁发的《冬令救济实施办法》之规定，制订山东省冬令救济委员会组织简则草案，经 1947 年 11 月 6 日提交省会区冬令救济座谈会修正通过，于 1947 年 11 月 16 日正式成立山东省冬令救济委员会，该机构是一个临时性的救济机构。所有工作人员悉由各有关机关团体调用。

3. 烟台市急赈委员会

国民党军队侵占烟台后，1947 年 10 月，指令商会整理委员会成立"烟台市救济物资急赈委员会"，简称"烟台市急赈委员会"，主要职能是向商民征收费用，用于解决还乡团生活。急赈委员会主任由商会整理委员会委员"顺泰号"经理柳庚光担任。

烟台市急赈委员会成立后，即向国内各大城市社会局请求赈济。1947 年 12 月，烟台市急赈委员会委员郭润生（烟台市商会常务理事）向天津市政府社会局发函，请求准予赈粮运烟台救济难民。

4. 万国救济会烟台分会

万国救济会，是 1920 年由英、美、法、日等国的慈善机构组织的一个国际

---

① 山东省政府社会处：《山东社政一年》，1948 年 4 月，第 67 页。

性的对华救济组织。1947 年秋，国民党军队侵占烟台后，美国长老会差会派美籍传教士原烟台益文商专教员兰宁（R. A. Lanning）来烟，在市府街长老会博物馆，设立"万国救济会办事处"，其全称是"山东省万国救济会烟台分会"。

根据《第四次重修蓬莱县志》记载：1948 年 3 月，国民党蓬莱县王明长县长"复洽请万国救济会烟台分会，拨给赈粮六千斤，在长山岛南城设置粥棚，日活难民二千余名，并洽拨船只，分批按志愿向烟台青岛天津疏散完毕，各自谋生"。①

5. 福联会（私立福利团体联合会）

福联会是负责处理行政院救济总署各分署所有剩余救济物资的机构。1947 年 12 月 31 日，行政院救济总署和联总中国分署即将结束。

1947 年 9 月 22 日，中华民国政府社会部、行政院上海救济总署（行总）与联合国救济善后总署代表（联总）在上海签订《处理剩余救济物资协定》。规定行政院救济总署各分署所有剩余救济物资，应于结束之日移交社会部。社会部以逐项物资半数拨交私立福利团体联合会。福联会收到物资后，应于 1948 年 3 月 31 日将接收物资的利用与分配情形，分别向联总及行总提供详细报告。

1947 年 12 月，鲁青区福联会接收物资后，福联会代表魏尔顺制定了发放原则与要点：

发放原则为：①遵照中国政府与联总之基本协定。②遵照联总会议之决定。

发放要点为：①所有物资，只准发给难民，不准出卖。②救济物资不准发给武装军人，不论其为个人或团体。③发放对象为难民，不分种族与党派。②

（三）各类慈善赈济业务

国军占领烟台期间，国民政府对难民、贫民的救济措施主要有急赈、难民救济和冬令救济等。

1. 急赈

国民党统治烟台期间，山东省政府负责慈善救济的是社会处。具体发放赈款由山东省临时救济委员会议决。从 1947 年 4 月至 1948 年 3 月，山东省请准及奉拨各类赈款共计 1407992 亿元。这些赈款均预先拟定分配标准，提交山东省临时救济委员会议决后配发各县市。涉及烟台、威海地区的各项振款如表12-1 所示。

---

① 王明长：《第四次重修蓬莱县志》，青年进修出版社 1947 年版，第 79 页。
② 《青岛福联日内放振》，《大公报》（天津），1947 年 12 月 19 日。

表 12-1 1948 年 4 月山东省奉拨及请拨各项振款一览

拨款机关	拨发款额（亿元）	拨款文号	救济区域	备考
行政院	30	酉铣、六经电	烟台、威海、龙口	发放及分配情形救济人数列附表五
行政院	40	未佳、午鱼、六经电	全省各县市	三十六年九月二十日经提省临时救济委员会第三次会议议决，按各县平均分配，分配情形及发放日期救济人数详列附表四
社会部	9	振总酉巧代电	濮县、诸城、日照、招远、莱阳、博兴、莒县、黄县、栖霞	发放情形列表 12-4
行政院	5	丑真、六经电	龙口	龙口老弱妇孺难民疏遣费于三十七年四月十二日拨到，当即汇拨饬利用租船装运难民
行政院	5	子俭、六经电	威海	难民急振款奉拨后当即转发并饬会同当地驻军利用该款疏遣难民

注：该表所列奉拨及请拨各项振款只涉及烟台、威海地区。

资料来源：山东省政府社会处：《山东社政一年》，1948 年版，第 37—38 页。

　　1947 年 10 月 14 日，国民党行政院第 25 次会通过《急赈烟台与威海卫办法案》，拨急赈专款 30 亿元。分别赈济烟台市、龙口市和威海市。由国民党社会部指派参事郑若谷、视导王前傅共同前往督导办理。在专款未发出前，先由山东省政府垫拨 5 亿元，立即予以汇发。急赈专款 30 亿元具体分配如表 12-2 所示。

表 12-2 奉行政院酉铣六经电拨烟台、威海急振款 30 亿元配发情形及救济人数统计

市别	分配款额（亿元）	实发款额（亿元）	发放日期	救济人数		
				大口	小口	计
烟台市	16	16	1947 年 12 月 15 日	32125	12613	44738
威海市	12	12	1947 年 12 月 15 日	30515	2048	32563
龙口市	2	2	1947 年 12 月 15 日	5321	268	5589
合计	30	30		67961	14929	82890

资料来源：山东省政府社会处：《山东社政一年》，1948 年版，第 59 页。

　　1947 年 12 月 18 日，烟威视察团前来烟台施放中央赈款 16 亿元。"于 18 日分 4 区发放，大口计 9.5 万，小口 5 万。全市难民约万余人，于大雪纷飞中，接受中央此项赈款。"[①]

　　除救助烟台、威海和龙口这些城市外，山东省临时救济委员会还对各县发放

---

① 《烟台发赈款》，《中央日报》，1947 年 12 月 19 日。

赈灾款，进行救济。行政院拨急赈款 40 亿元。1947 年 9 月 20 日，经山东省临时救济委员会第三次会议议决，按各县平均分配，每县平均 2900 万元。分配情形及发放日期救济人数详见表 12-3。

在王明长编写的《第四次重修蓬莱县志》里面，提到：

"十二月王县长复领中央赈款法币二千九百万元，救济灾民二千九百户。计发放县治镇二百万元，四关镇五百万元，炳仁乡二百万元，长岛乡二百万元，蓬岛乡二百万元，连岛乡二百万元，砣岛乡二百万元，钦岛乡二百万元。各流亡乡镇共五百万元"。①

表 12-3 山东省奉行政院午鱼、未佳、六经电拨急振款十、30 亿元分配及发放情形及救济人数一览

县市别	配额（万元）	实发款额（万元）	发放日期	救济人数		
				大口	小口	计
掖县	2900	2900	1947 年 10 月 23 日汇	2838	500	3338
莱阳	2900	2900	1947 年 10 月 23 日汇	3175		3175
福山	2900	2900	1947 年 10 月 23 日汇	3560	636	4196
海阳	2900	2900	1947 年 10 月 23 日汇	580		580
牟平	2900	2900	1947 年 10 月 23 日汇	3738	260	4000
招远	2900	2900	1947 年 10 月 23 日汇	2303	747	3050
栖霞	2900	2900	1947 年 10 月 23 日汇	1071		1071
蓬莱	2900	2900	1947 年 10 月 23 日汇	3000	736	3736
黄县	2900	2900	1947 年 10 月 23 日汇	1667		1667
烟台	2900	2900	1947 年 10 月 23 日汇	375		375
威海市	2900	2900	1947 年 10 月 23 日汇	2749	302	3051
龙口市	2900	2900	1947 年 10 月 23 日汇	5800		5800

资料来源：山东省政府社会处：《山东社政一年》，1948 年版，第 52-56 页。

此外，国民党社会部振总拨款对濮县等九县急赈。其中，涉及烟台的招远、莱阳、黄县、栖霞四县。具体赈款配发情形及救济人数如表 12-4 所示。

表 12-4 社会部振总酉巧电拨濮县等九县急赈款配发情形及救济人数统计

县别	分配款额（亿元）	实发款额（亿元）	发放日期	救济人数		
				大口	小口	计
招远	1	1	1947 年 12 月 11 日汇	4769	1704	6473
莱阳	1	1	1947 年 11 月 21 日汇	7078	2702	9780

① 《第四次重修蓬莱县志》，1947 年版，第 79 页。

续表

县别	分配款额（亿元）	实发款额（亿元）	发放日期	救济人数		
				大口	小口	计
黄县	1	1	1947 年 11 月 21 日汇	5835	2165	8000
栖霞	1	1	1947 年 11 月 21 日汇	1966		1966

资料来源：山东省政府社会处：《山东社政一年》，1948 年版，第 60-61 页。

　　尽管国民党政府对烟台及其各县进行了救济，但多是临时性的急赈。虽然解决了暂时问题，但没有解决根本性的问题。到 1947 年冬，烟市食粮日益形缺乏，邻县又被封锁。颗粒难望输入，交通困难万分。"政府所拨赈款十六亿，虽已发放完竣，但在物价暴涨下，终难持久，难民麕集，嗷嗷待哺，情势严重已极。市临参会已电社会部谷部长，呼吁速谋解救办法，并请将行总在青岛及连云港移交之食粮及其他必需品中，急拨一部运烟，以资救济"。①

　　2. 冬令救济

　　冬令救济是难民救济的一部分。是抗战后期国民党社会部实施的一项重要的救济措施。

　　1947 年冬，数万难民聚集烟台，急需待赈。为救济贫民、难民，国民党政府在烟台实施了冬令救济。冬令救济主要是办粥厂、冬赈等。国民党政府在烟台、威海、龙口和牟平县共设有粥厂六处。如表 12-5 所示。

　　在进行施粥时，"先饬各区乡保长或各县同乡会，依照冬令救济实施办法第五项之规定难民对象，认真调查后，交由警察局复查属实，再送粥厂审核登记，始准填发粥票。难民领票后，即依粥厂规定时间，齐集粥厂，男女分列排队，鱼贯入厂，依次凭票换签，以便持签领粥"②。放粥期间一般为两个月（见表 12-6）。

表 12-5　1947 年烟台各县市冬令救济设施及被救人数统计

县市别	设施概况	被救人数
威海市	粥厂 1	2667
烟台市	粥厂 1	40127
龙口市	粥厂 1	1334
牟平县	粥厂 3	725
合计	粥厂 6	44853

资料来源：山东省政府社会处：《山东社政一年》，1948 年版，第 76-78 页。

---

①　《烟台难民嗷嗷待哺》，《重庆中央日报》，1947 年 12 月 29 日第 2 版。

②　山东省政府社会处：《山东社政一年》，1948 年版，第 41 页。

表 12-6　呈报冬赈捐款数目登记

县别	捐款单位	款物额数		救济情形	被救人数
		赈款	赈物		
牟平县	自筹	87872500		办理粥厂	
	烟台万字会捐助	31000000		办理粥厂	
	第八专署拨		小麦 3000	办理粥厂	
	县府拨		苞米 180	办理粥厂	
	县府拨		小麦 263	办理粥厂	
	无名氏捐		白面 100	办理粥厂	
	无名氏捐		苞米面 50	办理粥厂	

资料来源：山东省政府社会处：《山东社政一年》，1948 年版，第 80-81 页。

3. 行总解冻、库存救济物资救济

尽管烟台市领到急赈款 16 亿元，但实际情况，可谓是杯水车薪。由于烟台粮价高涨，终难持久，数万难民，食不果腹，情势极为严重。烟台市临参会另电社会部，请求就行总在青岛及连云港移交之食粮及其他必需物资中速拨一部运烟，以资救济。[①]

1948 年 1 月 28 日，行总解冻粮食 1 万吨。由国民党社会部拟订计划，配合原有救济款物，在全国设六区。设置招待所、粥厂，实施工赈等以救济难民、平民。山东是第三区。第三区鲁 1000 吨，其中拨给青岛 300 吨。[②] 并在烟台、威海和龙口三市以奉拨解冻食粮设立救济设施。设立的救济设施如表 12-7 和表 12-8 所示。

表 12-7　1948 年 2 月奉拨解冻食粮设立救济设施分配表

县（市）别	粥厂数	被救人数	食粮分配数	备注
威海市	—	2667 人	80 吨	
烟台市	—	2667 人	80 吨	
龙口市	—	1334 人	40 吨	由烟台原拨 120 吨之数匀拨该市 40 吨

资料来源：山东省政府社会处：《山东社政一年》，1948 年版，第 113 页。

表 12-8　1948 年 3 月山东省社会处设立救济设施办理情形报告

县（市）别	粥厂数	设置地点	被救人数	食粮分配数	领米日期	经费补助			负责人
						行政费（万元）	设备费（万元）	运输费	
威海市	1	设于市区	2667 人	80 吨	由部迳拨	600	1000		丛中立

---

① 《复兴烟台需要钱》，《天津大公报》，1948 年 1 月 15 日。
② 《解冻食粮万吨分区救济难胞》，《金融日报》，1948 年 1 月 29 日。

续表

县（市）别	粥厂数	设置地点	被救人数	食粮分配数	领米日期	经费补助			负责人
						行政费（万元）	设备费（万元）	运输费	
烟台市	1	设于市区	2667 人	80 吨	由部迳拨	600	1000		丁绂庭
龙口市	1	设于市区	1334 人	40 吨	由部迳拨	600	750		王经五

资料来源：山东省政府社会处：《山东社政一年》，1948 年版，第 115 页。

此外，山东省奉令接收鲁青分署剩余物资，共计 680.2775 吨，除毛线、蓝布及缝纫机等用作他项救济，其余所有物资悉数拨归举办冬令救济。①

1947 年 12 月，福联第二次接收剩余物资 200 吨。这批物资运往烟台，救济烟威及龙口等地难民。福联代表兰陵抵达烟台后，已获得该地红卍字会之协助，备妥仓库，以备储存物资。该批物资日内即可起运，内有棉衣 1 万套，发放栖霞、福山、牟平、文登、蓬莱等县难民，每县可获得 2000 套。②

山东省政府社会处接收鲁青分署青岛库存救济物资，运送烟台配发情形如表 12-9 所示。

表 12-9　山东省政府社会处接收鲁青分署青岛库存救济物资运送烟台配发情形一览

名称	数量	重量	配发情形	救济人数
五十磅苞米粉	113 包	5085 斤	奉令设粥厂并救济慈养院及贫苦小学教员学员各难民所及散居难民等	37460 人
百磅联粉	624 包	56160 斤		
旧鞋	96 箱	4320 斤		
修补鞋	88 袋	440 斤		
旧衣	33 箱	1370 斤		
旧衣	80 包	3200 斤		
旧女单衣	18 包	1200 斤		
皮衣	1 箱（一箱半合并为一大箱共三十三件）	123 斤		
杂衣及其他	25 包	1200 斤		
男棉布裤	586100	870 斤		
毛棉袜子	57 包	840 斤		
围巾	5 包	33 斤		
白棉布	25.5 包	3825 斤		

① 王林：《山东慈善史》，山东人民出版社 2018 年版，第 507 页。
② 《青岛福联日内放振》，《大公报（天津）》，1947 年 12 月 19 日。

续表

名称	数量	重量	配发情形	救济人数
卡其布	1包（共二十段）	40斤		
法兰绒布	22捆	572斤		
棉纱	1包（共四十小捆半）	30斤		
棉纱	13捆	5200斤		
棉线	3箱	1138斤		
麻线	3箱	1210斤		
纽扣	23.5箱	2368斤		
毛线	14.5包	510斤	奉令设粥厂	
缝纫零件	2箱	400斤	并救济慈养院	37460人
棉振衣	5700件	14820斤	及贫苦小学	
修鞋材料	6袋	220斤	教员学员各	
改装衣	1袋	20斤	难民所及散	
女提包	2包	120斤	居难民等	
睡袋及毯	28捆	3920斤		
旧毯	70捆	5650斤		
修鞋器	1套	11斤		
合计		120961市斤（约计6.04805吨）		

资料来源：山东省政府社会处：《山东社政一年》，1948年版，第105-107页。

本章小结

解放战争时期，烟台是国共双方争夺的重点城市之一。烟台先后解放两次，中间国民党政府统治一年。在此期间，烟台民主政府对传统的慈善机构进行了整顿、改造，同时也进行了慈善救济活动。其慈善救济活动有急赈、冬春赈、贷款、生产救灾和医疗救助等。在救济活动中，民主政府还以四柱册的形式对救济账务进行公开，以昭公信。国军占领烟台期间，为维护自己的统治，南京国民政府也进行了一些慈善救济活动。如急赈、难民救济和冬令救济等。但由于在此期间物价飞涨、政府资金困难等，因此南京国民政府的慈善救济活动差强人意。

第十三章　近代烟台慈善事业及其基本特征

一、近代烟台慈善事业

（一）官方慈善

开埠初期，烟台从一个渔村一跃而成为通商口岸。因此，开埠初期，烟台既没有明清时期官方设置的养济院、普济堂和育婴堂，也没有救助流民的栖留所这样的慈善机构。但由于烟台经济的发展，"四方无业游民借力谋生者接踵而至，兼以前数年黄河与小清河泛溢为灾，流离就食之民如水趋壑，饥寒困苦露宿风餐，婴孺乏保恤，疾病无医药，目击情形殊堪悯恻"。[①]

因此，早期驻烟台的登莱青道台先后设立了一系列官方慈善救济机构。1862年（同治元年），"刘前道达善捐廉创设粥厂、庇寒所。龚升道易图购置房屋，立为兼善堂，添设种牛痘、施棉衣。张升道荫桓添设给棺木、修义冢。方升道汝翼又添购地亩，将兼善堂房屋扩充，增设施送医药"。[②]

1891年，登莱青道台盛宣怀在烟台创办了广仁堂，是清末山东最大的慈善机构，也是烟台首家综合类善堂。烟台广仁堂"分设十会十所，十会曰保婴、恤孀、训善、因利、拯济、保熄、备棺、运柩、掩骸、惜字，十所曰施粥、栖贫、蒙养、慈幼工艺、戒烟、施医、西法施医、养病、寄棺等名目。其完善程度为整个华北地区所罕见"。[③]

①② 《呈登郡烟台海口及莱青两郡创立广仁堂请奏明立案由》、《烟台广仁堂章程样本》，上海图书馆，档号：SD073400。

③ 《申报》，42册153页，光绪十八年八月初四。

广仁堂创办的"十所十会"既包含了传统的慈善事业内容,体现了中国传统慈善理念——"养济"。也开始引入"教养兼施"现代慈善理念。如工艺所,则体现了"教养并重""教养兼施"的慈善理念。广仁堂的创建体现了烟台慈善组织开始了向近代转型。

(二) 民间慈善

除官办慈善事业以外,民国时期烟台的民办慈善也发展很快。其中最有影响力的是烟台红卍字会。

民国时期,世界红卍字会起源于山东,是民国时期山东设置最为普遍、影响最大的民办慈善组织。世界红卍字会源于道院,中国的第一个道院是济南道院。1921年,刘福缘与吴福森等人在济南创立道院,主张东西方五教同源,以提倡道德,实行慈善事业为宗旨。1922年济南道院设红卍字会。并形成"院、会并立"的组织原则(即道院和世界红卍字会)。红卍字会着重推展慈善事业,道院则重内修。

烟台道院创设于1925年。烟台红卍字会创办于1926年5月10日。烟台红卍字会从事的慈善救济活动可分为两类:一是临时慈善事业,二是永久慈善事业。临时慈善事业是指对突发的水旱、瘟疫、战乱、匪患等自然和人为灾害进行救济。烟台红卍字会的临时慈善事业除了包括为灾区捐资助赈外,也参与战地救济。其战地救济工作除在胶东外,如1932~1933年对胶东战乱的救济等,战地救济工作还走向全国,如在日本侵略中国的"一二八"事变、长城抗战和华南救济中,烟台红卍字会始终走在前列。

永久慈善事业则指常年开办的具有固定场所的机构,专门救恤鳏寡孤独及贫困人群。其种类有卍字学校、平民工厂、施诊所、医院、因利局、平粜局、育婴堂、残废院、恤嫠局、恤产局、恤养院等,尤以恤养院规模最为庞大,举凡收养孤儿、婴儿、救济产妇、嫠妇、残废、老羸附设学校、开办工厂等,几乎无所不包。其中烟台红卍字会开办的恤养院规模大、门类全、效果好,成为全国民办慈善机构的典范。

红卍字会虽源于济南,但烟台红卍字会却将其发扬光大。烟台红卍字会的经济实力及社会影响"不第在胶东可首屈一指,统计全国,亦属不可多得"。其举办的临时、永久慈善事业有声有色。其举办的恤养院是民国时期全国民办慈善机构的典范。

二、近代烟台慈善事业特点

作为沿海开埠城市，烟台与中国近代一般传统城市不同。开埠前烟台仅仅是一个渔村，因此慈善事业几乎空白。1861 年开埠，使烟台成为中西慈善文化交汇的前线。因此近代烟台慈善事业发展与国内其他大多数城市完全不同，有着不同的慈善背景、不同的慈善理念和不同的慈善发展路径。

（一）官方慈善中隐藏的江南慈善基因

登莱青道台盛宣怀创办的广仁堂有深深的江南慈善基因。盛宣怀在创办近代烟台最大的综合性善堂广仁堂时，即称烟台广仁堂乃"仿照京津成案"所为。即仿照京都广仁堂和天津广仁堂而创建的。天津广仁堂创办于光绪四年（1878年）。在光绪五年《申报》上报道中提到，"江浙绅士就天津设广仁堂收养难孩节妇，颜曰天津河间广仁堂。……劝捐由江浙绅士，开办亦由江浙绅士，提纲挈领者李秋亭司马金镛"[1]。天津广仁堂这些创办者都是近代有名的江南善士。近代江南地区是中国慈善事业最为发达的地区。明清时期，江南地区就有"东南好义之名称天下"[2]。"今世善堂、义学之法，意犹近古，能行之者，惟我江苏为备。江苏中，又惟苏州、上海为备"[3]。可见，天津广仁堂的创立与江南社会有着密切关系，进一步说，与江南慈善事业有着密切关系。

至于光绪八年（1882 年）间创办的京都广仁堂，盛宣怀在京都广仁堂弁言中即称：是堂专为各省难孩流落而设，参照天津广仁堂成案，凡孤儿之无依无靠者，均准收养。正额拟先以二百名为率，其资质优者立义学以教之，其次教以手艺，如刻字成衣之类，其蠢而有力者，如栽桑植蔬，皆可因材而施。仍其名曰广仁，盖示流分而源合之意。[4]

烟台广仁堂"仿照京津成案"所为，而天津广仁堂又与江南慈善事业有着密切关系，加之盛宣怀又是江南义赈同人。综合以上因素，烟台广仁堂背后隐藏的江南慈善基因当毋庸置疑。

---

① 《申报》，14 册 394 页，光绪五年闰三月初六日。

② 刘宗志：《清代慈善机构的地域分布及其原因》，《河南师范大学学报》2007 年第 5 期。

③ 冯桂芬：《显志堂稿》卷三《上海果育堂记》，参见沈云龙主编《近代中国史料丛刊续编》（第 79 辑），（台北）文海出版有限公司 1981 年版，第 30 页（总第 361 页）。

④ 《京都广仁堂章程》（光绪年间刻本），第 1~3 页。

（二）民间慈善是近代慈善事业典范

本书将近代烟台慈善分为官方慈善、民间慈善两个方面。近代，烟台在民间慈善领域各类慈善创新层出不穷，在很多领域都堪称近代慈善的典范。列举如下：

（1）烟台是近代义赈的发源地。清末官赈衰落，义赈兴起。先是烟台的传教士在灾区进行赈济，然后是江南善士受此影响，也深入山东灾区进行赈济。山东成为近代义赈的发源地。

（2）烟台是中国红十字会的起源地之一。早在1894年甲午中日战争中，内地会医疗传教士稻惟德医生在烟台率先开设了国内最早一批红十字会医院之一。1904年，中国红十字会前身万国红十字会率先设立了烟台分会。中国红十字会的创始人之一吕海寰和吴重熹都是山东人。

（3）民国时期，烟台红卍字会是世界红卍字会系统的先进，烟台红卍字会举办的恤养院是民国时期全国民办慈善机构的典范。

近代烟台慈善事业，在慈善理念、慈善内容、慈善救助程序上各有特色，彼此分工、相辅相成、相互影响、相互作用，共同构建了近代烟台发达的慈善事业，并成为近代山东慈善事业的引领者。

参考文献

一、史料

《行政院善后救济总署业务总报告》，行政院善后救济总署1948年版。

林修竹：《山东各县乡土调查录》，商务印书馆1920年版。

郑千里：《烟台要览》，烟台要览编纂局1923年版。

刘精一等：《烟台概览》，复兴印刷书局1937年版。

阿美德：《图说烟台（1935-1936）》，陈海涛、刘惠琴译，齐鲁书社2007年版。

吕梁建：《道慈概要》，龙口道院1938年版。

世界红卍字会烟台分会：《世界红卍字会烟台分会恤养院三周纪念册》，1936年版。

《世界红卍字会全鲁各分会联合救济办事处救济水兵灾总报告》，世界红十字会全鲁各分会联合救济办事处1938年版。

池田薫、刘云楼：《烟台大观》，鲁东日报社1941年版。

朱寿朋：《光绪朝东华录》，中华书局1958年版。

东亚宗教协会：《华北宗教年鉴》，新民印书馆1941年版。

山东师范大学历史系中国近代史研究室：《清实录山东史料选》（下册），齐鲁书社1984年版。

山东省档案馆、山东社会科学院历史研究所：《山东革命历史档案资料选编》（第一辑），山东人民出版社1981年版。

山东省档案馆：《山东革命历史档案资料选编》（第七辑），山东人民出版社1983年版。

山东省卫生史志办公室：《山东卫生档案资料选编》（第三辑），1986年版。

山东省地方史志编纂委员会：《山东史志丛刊》1987年第1期。

烟台市民政志编纂办公室：《烟台市民政志》，1987年版。

山东省民族志宗教志编纂委员会：《山东省宗教志资料选编》（第 2 辑），1989 年版。

山东省地方史志编纂委员会：《山东省志·民政志》，山东人民出版社 1992 年版。

栾恤俭：《烟台恤养院史志》，济南华夏印务所 1998 年版。

李文海等：《近代中国灾荒纪年》，湖南教育出版社 1990 年版。

李文海等：《近代中国灾荒纪年续编（1919—1949）》，湖南教育出版社 1993 年版。

中国红十字总会：《中国红十字会历史资料选编》，南京大学出版社 1993 年版。

庄维民编：《近代鲁商史料集》，山东人民出版社 2010 年版。

李文海、夏明方：《中国荒政全书》（第一辑），北京古籍出版社 2003 年版。

李文海、夏明方：《中国荒政全书》（第二辑）（第一至第四卷），北京古籍出版社 2004 年版。

李文海、夏明方、朱浒：《中国荒政书集成》，天津古籍出版社 2010 年版。

中国第二历史档案馆：《中华民国史档案资料汇编》（第三辑），（农商），江苏古籍出版社 1996 年版。

殷梦霞、李强：《民国赈灾史料初编》，国家图书馆出版社 2008 年版。

殷梦霞、李强：《民国赈灾史料续编》，国家图书馆出版社 2009 年版。

梁太济、包伟民：《宋史食货志补正》，中华书局 2008 年版。

庄建平：《近代史资料文库》，上海书店出版社 2009 年版。

张研、孙燕京：《民国史料丛刊》，大象出版社 2009 年版。

孙燕京、张研：《民国史料丛刊续编》，大象出版社 2012 年版。

上海市档案馆：《上海档案史料研究》（第十一辑），上海三联书店 2011 年版。

池子华、严晓凤、郝如一：《〈申报〉上的红十字》，安徽人民出版社 2011 年版。

池子华、郝如一：《中国红十字历史编年（1904—2004）》，安徽人民出版社 2005 年版。

苏州市博物馆：《谢家福日记（外一种）》，文物出版社 2013 年版。

池子华、丁泽丽、傅亮：《〈新闻报〉上的红十字》，合肥工业大学出版社 2014 年版。

［英］李提摩太：《亲历晚清四十五年——李提摩太在华回忆录》，李宪堂、侯林莉译，天津人民出版社 2005 年版。

〔英〕费丹尼：《狄考文》，郭大松、崔华杰译，中国文史出版社 2009 年版。

蔡克明：《胶东半岛自然灾害史料》，地震出版社 1994 年版。

桑兵主：《续编清代稿钞本》（第 93 册），广东人民出版社 2008 年版。

〔日〕《在芝罘日本领事馆管内状况》，外务省通商局 1921 年版。

魏春洋：《西方人在烟台》，山东大学出版社 2020 年版。

民国时期文献保护中心、中国社会科学院近代史研究所：《民国文献类编续编》（政治卷），第 155 页，国家图书馆出版社 2018 年版。

沈敦和：《中国红十字会战地写真》，中国红十字会，1913 年 8 月。

中国红十字会总会总办事处：《中国红十字会会员题名录》（增刊），1913 年 5 月。

中国红十字会：《中国红十字会会员题名录》（第三次校刊），中国红十字会总会总办事处 1913 年版。

山东省政府社会处：《山东社政一年》，1948 年 4 月。

《财政说明书：山东省》，经济学会，1915 年。

《中国劳动年鉴》，实业部劳工司，民国 23 年 12 月。

内政部年鉴编纂委员会：《内政年鉴》（第 1 册），商务印书馆 1936 年版。

Timothy Richard，"Forty—Five Years in China"，BiblioLife，2009.

Papers Relative to the Establishment of a Court of Judicature in China，China（Great Britain. Foreign Office），Harrison，1918，No. 1.

二、地方志

烟台市民政志编纂办公室：《烟台民政志》，山东省出版社烟台分社 1987 年版。

烟台市地方史志编纂委员会办公室：《烟台市志》，科学普及出版社 1994 年版。

《山东通志》，嘉靖十二年（1533 年）刻本，载《中国华东文献丛书·华东稀见方志文献》（第 45 卷），学苑出版社 2010 年版。

（清）岳浚等纂修：《山东通志》（36 卷，首 1 卷），乾隆元年（1736 年）刻本。

张曜、杨士骧修，孙葆田等纂：《山东通志》，山东通志刊印局 1915 年版。

山东文献集成编纂委员会：《山东文献集成》（第一辑，第 21-27 册），山东大学出版社 2007 年版。

《中国地方志集成·山东府县志辑》，凤凰出版社、上海书店、巴蜀书社 1990 年版。

以下地方志未注明版本者同此

《乾隆掖县志》。

《乾隆莱州府志》。

《咸丰青州府志》。

《光绪栖霞县志》。

《光绪益都图志》。

《民国牟平县志》。

《民国莱阳县志》。

《四续掖县志》。

三、报刊

《申报》。

《万国公报》。

《烟台日报》

《鲁东日报》。

《鲁东月刊》。

《东海日报》。

《晨星报》。

《泰东日报》。

《大公报》。

《民国日报》。

南京《中央日报》

《山东民国日报》。

《华北新闻》。

《华北日报》。

《渤海日报》。

《光明日报》。

《东方杂志》。

《道德杂志》。

《救灾会刊》

《政府公报》。

《内政公报》。

《山东省政府行政报告》。

《山东省政府公报》。

《山东民政公报》。

《华北救灾专刊》。

《善后救济总署鲁青分署旬报》。

《鲁青善救旬刊》。

《鲁青善救月刊》。

《民国档案》。

《近代史研究》。

The Red Cross Magazine

The North-China Herald and Supreme Court & Consular Gazette（1870-1941）

四、论著

何汉威：《光绪初年（1876—1879）华北的大旱灾》，香港中文大学中国文化研究所专刊（二），香港中文大学出版社 1979 年版。

刘素芬：《烟台贸易研究（1867—1919）》，台湾商务印书馆 1990 年版。

张玉法、中国现代化的区域研究：《山东省（1860—1916）》，中国台湾中研院近代史研究所 1982 年版。

顾长声：《从马礼逊到司徒雷登——来华新教传教士评传》，上海人民出版社 1985 年版。

李光伟：《老安少怀——烟台恤养院研究》，人民出版社 2016 年版。

吕伟俊：《张宗昌》，山东人民出版社 1989 年版。

李文海、周源：《灾荒与饥馑(1840—1919)》，高等教育出版社 1991 年版。

李文海等：《中国近代十大灾荒》，上海人民出版社 1994 年版。

陶飞亚、刘天路：《基督教会与近代山东社会》，山东大学出版社 1995 年版。

吕伟俊：《民国山东史》，山东人民出版社 1995 年版。

李向军：《清代荒政研究》，中国农业出版社 1995 年版。

吕伟俊：《韩复榘传》，山东人民出版社 1997 年版。

邓拓：《中国救荒史》，北京出版社 1998 年版。

刘大可：《民国山东财政史》，中华书局 1998 年版。

郑功成等：《中华慈善事业》，广东经济出版社 1999 年版。

夏明方：《民国时期的自然灾害与乡村社会》，中华书局 2000 年版。

王守中、郭大松：《近代山东城市变迁史》，山东教育出版社 2001 年版。

梁其姿：《施善与教化——明清的慈善组织》，河北教育出版社 2001 年版。

张文：《宋朝社会救济研究》，西南师范大学出版社 2001 年版。

吕伟俊等：《山东区域现代化研究》，齐鲁书社 2002 年版。

张玉法：《民国山东通志》，（台湾）山东文献杂志社 2002 年版。

张玉法：《中国现代化的区域研究：山东省（1860-1916）》，近代史研究所 1982 年版。

山东省红十字会：《山东红十字事业九十年》，山东友谊出版社 2002 年版。

蔡勤禹：《国家、社会与弱势群体——民国时期的社会救济（1927-1949）》，天津人民出版社 2003 年版。

王林：《山东近代灾荒史》，齐鲁书社 2004 年版。

池子华：《红十字与近代中国》，安徽人民出版社 2004 年版。

刘大可：《山东重要历史事件》（北洋政府时期），山东人民出版社 2004 年版。

王德春：《联合国善后救济总署与中国》，人民出版社 2004 年版。

王卫平、黄鸿山：《中国古代传统社会保障与慈善事业》，群言出版社 2005 年版。

陈桦、刘宗志：《救灾与济贫——中国封建时代的社会救助活动（1750-1911）》，中国人民大学出版社 2005 年版。

庄维民、刘大可：《日本工商资本与近代山东》，社会科学文献出版社 2005 年版

蔡勤禹：《民间组织与灾荒救治——民国华洋义赈会研究》，商务印书馆 2005 年版。

汪朝光：《中国近代通史》（第十卷《中国命运的决战》），江苏人民出版社 2006 年版。

周秋光、曾桂林：《中国慈善简史》，人民出版社 2006 年版。

朱浒：《地方性流动及其超越——晚清义赈与近代中国的新陈代谢》，中国人民大学出版社 2006 年版。

周荣：《明清社会保障制度与两湖基层社会》，武汉大学出版社 2006 年版。

岳宗福：《近代中国社会保障立法研究》，齐鲁书社 2006 年版。

任云兰：《近代天津的慈善与社会救济》，天津人民出版社 2007 年版。

王文涛：《秦汉社会保障研究——以灾害救助为中心的考察》，中华书局 2007 年版。

张建俅：《中国红十字会初期发展之研究》，中华书局 2007 年版。

周秋光：《红十字会在中国》，人民出版社 2008 年版。

杨鹏程等：《湖南灾荒史》，湖南人民出版社 2006 年版。

阎守诚主编：《危机与应对——自然灾害与唐代社会》，人民出版社 2008 年版。

孙语圣：《1931 年救灾社会化》，安徽大学出版社 2008 年版。

安作璋主编：《山东通史》，人民出版社 2009 年版。

池子华：《中国红十字运动史散论》，安徽人民出版社 2009 年版。

杨琪：《民国时期的减灾研究（1912-1937）》，齐鲁书社 2009 年版。

周秋光：《近代中国慈善论稿》，人民出版社 2010 年版。

蔡勤禹、李娜：《民国以来慈善救济事业研究》，天津人民出版社 2010 年版。

鞠明库：《灾害与明代政治》，中国社会科学出版社 2011 年版。

王卫平、黄鸿山、曾桂林：《中国慈善史纲》，中国劳动与社会保障出版社 2011 年版。

高鹏程：《红字会及其社会救助事业研究》，合肥工业大学出版社 2011 年版。

黄鸿山：《中国近代慈善事业研究——以晚清江南为中心》，天津古籍出版社 2011 年版。

王林：《山东近代救济史》，齐鲁书社 2012 年版。

朱浒：《民胞物与：中国近代义赈（1876-1912）》，人民出版社 2012 年版。

蔡勤禹、王永君主编：《山东红十字会百年史》，中国海洋大学出版社 2012 年版

徐建设、张文科主编：《儒家文化慈善思想研究》，中国社会出版社 2013 年版。

王子今、刘悦斌、常宗虎：《中国社会福利史》，武汉大学出版社 2013 年版。

周秋光主编：《中国近代慈善事业研究》，天津古籍出版社 2013 年版。

曾桂林：《民国时期慈善法制研究》，人民出版社 2013 年版。

蔡勤禹、张家惠：《青岛慈善史》，中国社会科学出版社 2014 年版。

张奇林等：《中国慈善事业发展研究》，人民出版社 2014 年版。

［日］夫马进：《中国善会善堂史研究》，武跃等译，商务印书馆 2005 年版。

［英］苏慧廉：《李提摩太在中国》，关志远等译，广西师范大学出版社 2007 年版。

邵雍：《中国近代会道门史》，合肥工业大学出版社 2010 年版。

五、学位论文

期刊论文

李文海：《晚清义赈的兴起与发展》，《清史研究》1993 年第 3 期。

夏明方：《清季"丁戊奇荒"的赈济及善后问题初探》，《近代史研究》1993 年第 2 期。

郭大松、曹立前：《源起齐鲁的道院组织及其时代特征》，《山东师大学报》

（社会科学版）1994 年第 3 期。

夏明方：《论 1876 至 1879 年间西方新教传教士的对华赈济事业》，《清史研究》1997 年第 2 期。

A. G. 帕克、郭大松：《济南社会一瞥》（1924 年），《民国档案》1993 年第 3 期。

郭大松、曹立前：《传教士与近代中国启喑教育》，《近代史研究》1994 年第 6 期。

曹立前、郭大松：《传教士与烟台启喑学校》，《烟台大学学报》1999 年第 2 期。

郭大松：《济南道院暨红卍字会之调查辨证》，《青岛大学师范学院学报》2005 年第 3 期。

李光伟：《20 世界上半叶民间慈善救助事业之典范——世界红卍字会烟台恤养院的历史考察》，《鲁东大学学报》（社会科学版）2007 年第 3 期。

李光伟：《世界红卍字会牟平分会暨恤养院历史初探》，《鲁东大学学报》（社会科学版）2009 年第 2 期。

李光伟：《民国道院暨世界红卍字会的缘起与发展述论》，《理论学刊》2010 年第 1 期。

张玉法：《民国初年的社会救济（1912—1937）——山东地区的个案研究》，《中华民国史专题论文集》（第二届讨论会），国史馆印行 1993 年版。

学位论文

袁滢滢：《近代山东灾荒研究》，山东师范大学 2004 年硕士学位论文。

董传岭：《晚清山东的自然灾害与乡村社会》，山东师范大学 2004 年硕士学位论文。

孙勇：《近代山东社会救济研究》，山东师范大学 2005 年硕士学位论文。

邓峰：《明末山东灾荒与社会应对——以〈醒世姻缘传〉展现的山东社会为中心》，北京师范大学 2001 年硕士学位论文。

陈凌：《1920 年华北五省旱灾与赈务研究》，山东师范大学 2006 年硕士学位论文。

钟丽：《民国时期山东疫病传播与卫生防疫》，山东大学 2007 年硕士学位论文。

董鹏鹏：《明清山东地区灾荒救助研究》，中共中央党校 2008 年硕士学位论文。

李光伟：《道院·道德社·世界红卍字会——新兴民间宗教慈善组织的历史考察（1916—1954）》，山东师范大学 2008 年硕士学位论文。

后记

为什么要写这本著作？这与这几年的经历密切相关。

最近几年，笔者一直从事近代烟台开埠史的写作，对近代烟台有了一定的资料积累，并出版了一本专著《西方人与近代烟台》（2020年）。近年，笔者所在的院开设了慈善专业，院长于秀琴教授一直激励我写一本关于烟台慈善史的著作。笔者自惭非慈善史研究专家，又非中国历史学专业，一直不敢应承。新冠肺炎疫情期间，笔者在《烟台晚报》上发表了《一百多年前的防疫之战》一文，文章颇受欢迎，这篇文章后来也在山东政协的《联合日报》上转载。此外，在2020年疫情期间的一些经历，促使自己痛下决心，将近代烟台慈善史撰写出来。

本书的资料收集达一年半之久，先后去过上海图书馆、国家图书馆，也使用过山东图书馆、天津档案馆、青岛档案馆的收藏资料，直到2022年才开始动笔，特别是假期期间，晚上写作，白天休息。为此，经常对家人自嘲"天天在做白日梦"。

本书由笔者与王湘越先生合作完成。笔者撰写了第五章清末烟台官办慈善组织——广仁堂，第八章烟台红十字会，第九章烟台红卍字会，第十一章抗战后胶东解放区的善后救济，第十二章解放战争时期的慈善救济和第十三章近代烟台慈善事业及其基本特征部分的写作。

王湘越先生撰写了第一章烟台慈善概述，第二章烟台传统慈善救济机构，第三章清末烟台慈善救济事业，第四章"丁戊奇荒"与烟台慈善事业，第六章民国前期烟台慈善救济，第七章民国前期新型慈善救济机构和第十章日占时期的慈善救济。

尽管十分努力，但由于水平有限，本书还有许多错漏之处和很多需要改进的地方。另外，本书参考、借鉴了许多学者的以往研究成果，疏漏之处，还希望各位学术前辈、专家学者的不吝赐教。

最后，感谢同好姜振友、林卫滨、曲德顺、冷永超、李军等友人提供的无私帮助。

魏春洋